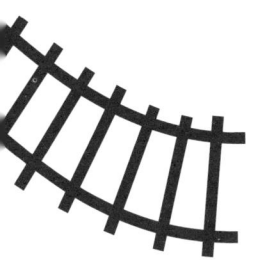

作者简介：

李思逸，香港中文大学文化及宗教研究系哲学博士，哈佛燕京学社访问学者；曾任教于香港不同高校，发表研究论文数篇，著有《铁路现代性：晚清至民国的时空体验与文化想象》《文学与电影十讲》。

铁路现代性

晚清至民国的
时空体验与文化想象

李思逸 著

推荐序　铁路现代性，
　　　　　文化研究的一种新范式

本书原是作者李思逸提交给香港中文大学文化及宗教研究系的博士论文（2012—2018），在随后的两年内几经修改，终于成为现在这样一部内容丰富的学术著作。它的立足点与众不同——从理论的角度，探讨一个大题目：晚清和民国时期铁路与火车所引起的时空体验和文化想象，并以此为契机重新思考现代性的诸多问题。在最初的开题报告中（2013），作者有如下构思："本文采取一种经验追踪的研究路径，将具体的物质对象置于抽象的理论话语之上，确立铁路作为现代性的范式和言说方法，重构晚清至民国现代性的想象图景。"具体的物质就是铁路和火车，抽象的理论指的则是现代性。

作者曾告诉我，每当他提及自己论文题目的时候，听者的反应大多轻慢视之,不当一回事:"火车这玩意儿司空见惯,有什么好研究的?又何来文化可言呢?"这是不经思考就随便说出来的话,更证明火车和铁路早已变成大家日常生活中随处可见的交通工具,习以为常。因此作者必须面对两方面的挑战:首先,他需要说服那些自认为理所当然、持有常理(common sense)的读者,关于铁路的故事是说不完的,而且背后另有文化和思想的洞天,值得深入研究;其次,他也必须挑战充塞文化理论界的各种关于现代性话语之混淆,以求得他自己的论述方法,进而提出自己的见解。于是思逸双管齐下,一方面搜集大量的历史、文学和视觉图像的材料作为研究思考的文本依据,另一方面更审视关于现代性的各家理论学说(特别是在"导论"一章),反思作为"物"的铁路为现代中国文化带来的各种冲击和变化。

在这篇序中,我应该依照惯例,为本书的内容和理论架构做一个初步的介绍和诠释。然而在书写的过程中,却发现十分困难,屡屡改写,仍然觉得不满意。还是建议有心的读者和学术界人士直接阅读这本书,不必看这篇序言,因为我的文字远较李思逸的语言逊色,而且章法不够严谨,行文和结构也十分散乱,只能算是一篇普通的导读。尚请作者和读者原谅。

一

在中文语境,一般研究中国铁路的学者大多是历史学家,他／她们多从历史资料中去挖掘它的来龙去脉，并叙述铁路如何推动中国现代化进程。换言之，这就是一种实证式的叙述，最多也不过以中国的历史经验来印证或反驳西方既定的理论。在此类研究中，往往把现代性（modernity）和现代化（modernization）混为一谈；描述的是铁路发展的表面现象，忽略了其所包含的文化意义。在中国现代文学研究的领域，铁路则作为一种"再现"（representation），在文本中扮演现代性的一个表征角色。本书作者李思逸则更进一步，从火车／铁路作为一个具体的"物"为出发点，首先确立铁路作为现代性的言说方法和研究范式，然后依据大量的史料钩沉和文本分析来解读现代性之于铁路的派生方式：时空概念的演变，意识形态的争论，（乘坐在活动的）火车中的身体感受，以及文学文本再现的人物的主观经验等。在这个论辩和叙述的过程中，火车和铁路——这个"物"的现代性理论体系——变成了全书的思想动力。

在本书的"导论"中，作者从一种理论的高度来讨论如何言说现代性的方法，把将近二十多家的学说，做抽丝剥茧的梳理和分析，等于为我们上了一堂理论课。作者的语言虽然带有学理式的抽象性——很多新的理论关键词都需要翻译成适当且能懂的中文，因此读来有相当的难度。但这样的写法又谈何容易？理论语言本来出自西方，中文语境（特别是白话）没有那么多对等的抽象语言，于是不少中文学界的学者就从水平参差不齐的中译本望文生义，胡乱假造字眼，故弄玄虚或故作艰深，织造转弯抹角的长句子，读来聱牙。更多的学者则根本排斥理论——我认为这是一种反智的态度，他/她们不去尝试了解作者的用心与思考路径，就大肆批评，实是一种极不负责任的做法，我以为这更不可取。本书的语言虽然有时也颇为抽象，但行文十分流畅，熟悉作者的修辞风格后，我反而觉得他的每一句话都是经过深思熟虑的（至少我个人的反应是如此）。我甚至认为，这本书应该出一个英文版，可能在西方学界引起更大的反响。

全书的内容共六个章节，分别为我们讲述了铁路现代性在中国文化中所呈现的六个面向。第一章仔细追索铁路和"火（轮）车"这个名词的由来及内涵，探讨它在中国传统语境中的多种指涉。第二章以著名的《点石斋画报》为例，把各种有关火车和铁路的图像做深层次的分析和比较，还原当时的认知背景，反而得出了不同凡响的新见解。第三章聚焦于吴淞铁路的论争，把洋务运动中的各方人士论点放在同一个平台，显示速度并非当时中国最重要的考虑。第四章讨论孙中山的铁路梦，是我推荐的题目，作者花了不少功力，在哈佛大学做研究时，连原来的铁路地图都找到了，发现孙中山的铁路梦背后潜藏的民族国家之主观意志。第五章聚焦在民国时期的文学作品方面，选材内容也包罗甚广，但不是随意拼凑，而是把不同背景的作家及文本并置，统摄在一个有关现代性的主体性问题之下；再分别以两个互相关联的理念作为分析框架——主体与风景（以及风景化的他者）来考察火车车厢内的个体经验。除此之外，作者还在适当的环节谈到老舍、丰子恺和刘呐鸥等作家关于火车经验的作品。对我个人启发最大的是第六章"邂逅他／她者",讨论车厢中的界限和陌生人的问题,作者把先锋派的施蛰存和传统鸳鸯蝴蝶派的张恨水放在一起思考,两人的文学取向南辕北辙,然而经过层层分析之后(包括对弗洛伊德本人的铁路梦),得出的结论超乎我的意料,令我大为佩服。因为这些作家都是我自己研究过的,也曾经在课堂上教过——比如张恨水的《平沪通车》,却从来没有想到这种诠释的可能性。这也引发我的灵感,很想继续从这个思路来研究其他作家和铁路有关的作品(见后文)。本书跨越的历史时间大约一百年,从1840年到1937年。我真希望作者能继续写下去,把当代的视觉文本(例如侯孝贤的电影《冬冬的假期》和姜文的《让子弹飞》)也包括在内,更遑论中国最近的"高铁"现象及相关话题。此外,如果作者愿意从横向研究的话,其实也可以把日本和印度的铁路拿来做个比较。

在反复阅读本书的过程中,作为读者的我早已忘记自己是作者的论文指导老师,反而从这本书中学到不少东西。所谓教学相长,青出于蓝,绝非虚言,我深有体会,此次又得到一个例证。作者李思逸的本科训练是西方哲学,特别是德国观念论哲学,这使其惯于抽象思辨;研究生时期改攻文化研究,故而对西方文化理论的哲学背景颇为熟悉,也有超乎寻常的理解。文化研究(Cultural Studies)是西方(特别是英美)学院中较为新颖的学科,或可称为"跨学科",因为它横跨文学、视觉研究(Visual Studies)、性别研究、文化政治等多个领域。然而就我看来,文化研究存在两大弊病,一是缺乏历史的视野（因为只关心、追逐当前的热门问题和流行学说），二是达不到哲学思辨应有的深度。李思逸现在终于弥补了这个缺陷，而且犹有过之——写出了一本独特的跨学科著作。前文提过，他的切入点很特别，用拉图尔（Bruno Latour）的理论说法，就是"恢复物的历史及阐释地位"；物不是静止、稳固、被动的东西，而是一团复杂的行动网络，一条流变的轨迹。换句话说，物也有它的主体性。火车是西方资本主义社会工业化的产物，因此成了现代性的表征。然而它最初进入中国人的视野中（经由《点石斋画报》），却被当作怪兽，和龙蛇巨兽对等，互相争夺大自然的空间。后又有经过建设（最终拆卸）吴淞铁路的历史经验，火车和铁路的文化意义亦随之逐渐改变，也可以说铁路多少带动了中国的现代性文化。到了民国时代，经过孙中山的大力吹捧，铁路变成建设新民族国家的主要机制之一，它的地位显然较晚清时期不同了。铁路旅行成为一种现代经验，与文学展开互动，"对民国时期的主体建构有着极为深刻的影响"，这个主体建构指的不仅是国家，也是个人。五四以降的文学作品也扩展了铁路旅行的主观视野。李思逸批判性地援引日本理论家柄谷行人关于风景的"认识论倒置"一说，以一种反辩证的辩证方法阐发铁路和风景——个人在火车上观看风景，以及风景对个体的认知影响——之诸多可能，我觉得是本书最抽象而艰涩的部分，然而并不影响作者文本分析得来的精彩洞见。从第五章开始，本书显然又换了一个"调性"，作者不再从铁路的物之本质来探讨人、物和铁路的主客关系，而"逐渐学会坦然接受人和物的纠葛不清"。作者似乎从理论思辨的建构立场，逐渐向文本经验的阐释倾斜。在全书的"结语"中有一段意味深长的自我反思："既然人总是借助非人的物来表达自身，那么我们就不能否认物也可以通过人来显现自己。"如果纯从物的立场继续推演下去，本书势必陷入"后人类、新物质主义"的理论旋涡，思逸不愿意加入这个当今时髦的"理论家"行列。最后他主张：如果理论不能用来思考问题而只能生产喧嚣，那么我们还不如到具体的文本中，寻找承载历史隐喻、文学意义的铁路。这一段话我读后十分感动，但也觉得自己对此有点责任：思逸是否是为了迎合他老师的兴趣而回归传统的文学和文化史的研究？

其实我从来不反对理论，只是反对肤浅地随便套用理论，或乱／滥用理论名词，故作"抽象"状，实际上却是言之无物。所以我特别强调应该从扎实的文本资料和细节解读开始，甚至在研读理论时也必须用文本细读的方法，步步为营，推敲理论背后的系谱和脉络。因此严格来说，我的方法不能算是理论的，最多不过是用现代性作为一个关照系统。用思逸的话说，就是"现代性的经验研究"，它和现代文本的阐释工作密不可分，而研究者的洞见也往往"依赖文本的选择及其自身对相关文本的阐释"。但对于思逸而言，这根本不是问题，真正的问题在于理论最终的目的何在？本书的结语，不但总结了各章节的论点，而且阐明作者对于理论的立场，可谓与我心有戚戚焉："理论不是普世的，对理论的思考却可以是；理论也不解决实际的问题，反而是制造更多问题以此给人启发。只要理论不是用来吓唬人的摆设、生搬硬套的教条，又或制造中西对立这类伪问题的伪术，那么它在任何时候任何地方与思考研究发生关联都没有什么不可。"总而言之，理论的目的就是思考问题，对我而言，更是在研究上不断帮助我发掘新问题。因此我要感谢这本书对我的启发。

二

以上关于本书的理论意见，大多是在重复思逸的观点，了无新意。然而再次读完本书，感想良多，在此忍不住写下几点零碎的杂感，或可作为这本书和这篇序言的"附录"。权且请读者将其视为置身于行进的列车内，从窗外即逝而去的景色中捕捉到的零星片影。

（一）关于车站的联想：朱自清的《背影》

车头／车厢／铁轨，是火车的机械组合的主体，而车站则可作为一个延伸设置。本书在相关章节提到了车站（例如郁达夫的《银灰色的死》），但没有仔细讨论，也许因为车站是固定的建筑物，代表铁路旅途的起点和终点，而不属于动态的时空体验。在电影中火车进站和出站早已成为一个惯常的场景，虽然片中火车头的形象往往被凸显，但背景却是车站。最著名的例子就是卢米埃尔兄弟（Auguste and Louis Lumière）在1896年拍的默片《火车抵达拉西奥塔站》的经典镜头，据传当时的观众惊吓万分，纷纷跑出电影院。相关电影学者早已指出，电影的发明和火车几乎同步，二者加起来，才构成了现代性的集体震惊体验。另一部经典影片是鲁特曼（Walter Ruttmann）的《柏林：城市交响曲》（1927），影片开始就有火车出站的镜头，它启动了都市（柏林）一天的生活，因此也成为都市文化的表征。思逸提到希弗尔布施（Wolfgang Schivelbusch）的《铁道之旅》（The Railway Journey）一书，内中有一章（第十一章）专门讨论火车站的历史和文化意义，于是令我想到中西文学中不少以火车站为背景的作品。火车站是一种现代建筑物，也是一个连接火车和铁路的文化指标，用作文学作品中的时空节点（chronotope），一点都不奇怪，而且意味深远。

车站是一种建筑物，但是否也可以成为铁路带出来的"风景"？这就令我想到朱自清的著名散文《背影》。读了思逸书中讨论张恨水《平沪通车》的章节，我突然惊醒，《背影》中的浦口火车站不就是小说中那个女骗子借故下车，扬长而去的车站吗？在同一个地点，不同的人间喜剧和悲剧不停地上演，两个文本的写作的年代相差只不过十年（《背影》写于1925年，《平沪通车》于1935年开始在《旅行杂志》连载）。《背影》关注的不是主人公和陌生人"他者"（或经过第三者眼中）的互相凝视（例如施蛰存的《魔道》和《夜叉》），而是从儿子的主观视角凝视父亲——其实火车站的月台在其中扮演了一个关键的角色。虽然当年的车站建筑不见得和欧洲一样，但依然有月台。朱自清坐在尚未开出的车厢中，眼看身体肥胖的父亲爬过月台去买橘子的场景，是整篇散文的情感中心，它把读者直接带入一个现代性的场景：父亲到车站送别儿子，先为儿子在车厢内捡定了一个靠车门的座位（为什么要靠近车门？或许是为了行动方便，待火车抵达时可以早一步下车）。在车厢这个闲适、相对静态的空间内，作者看到车厢外的另一番风景——父亲穿过铁道，艰难地爬上那边的月台："他用两手攀着上面，两脚再向上缩；他肥胖的身子向左微倾，显出努力的样子。这时我看见他的背影，我的眼泪很快地流下来了。"在这一个经典场景中，火车的现代性几乎"缺席"了，没有人会问：如果另一班平沪通车就在此刻开进站来怎么办？实证式的答案是：绝对不会如此，因为有了火车时间表，大家心里早有准备。这一个文学场景如果拍成电影的话，又会产生什么效果？西方无数的影片中时常出现同一个场景：火车从月台慢慢开动了，车厢内和月台上的两个人——多为一男一女——互相对望，凝视的镜头永远配合火车启动后越来越快的速度，而车站本身也变成一个人的"感伤旅行"（sentimental journey）的起点或终点了。

（二）舟车之辨：夏目漱石和丰子恺

丰子恺曾写过数篇带有现代性批评气质的散文，与火车有关的至少有两篇：一是本书提过的《车厢世界》，另一则是《塘栖》。后者文章一开头就引用夏目漱石小说《草枕》中关于火车的说法：

> 像火车那样足以代表20世纪的文明的东西，恐怕

没有了。把几百个人装在同样的箱子里蓦然地拉走,毫不留情。被装进在箱子里的许多人,必须大家用同样的速度奔向同一车站,同样地熏沐蒸汽的恩泽。别人都说乘火车,我说是装进火车里。别人都说乘了火车走,我说被火车搬运。像火车那样蔑视个性的东西是没有的了……

在漱石笔下,乘客的身体反而被代表现代文明的火车肢解,速度被同化,人的主体性也被"物化"了。这样的批判视角似乎回归到现代性产生以前的人文主义价值系统。翻译漱石的丰子恺说:"我翻译这篇小说时,一面非笑这位夏目先生的顽固,一面体谅他的心情。在20世纪中,这样重视个性,这样嫌恶物质文明的,恐怕没有了。有之,还有一个我,我自己也怀着和他同样的心情呢。"

漱石、丰子恺是否也和甘地一样,是个"反现代性的现代人"呢?对此,丰子恺是否比漱石更有自觉?在《塘栖》一文中,他从家乡石门湾到杭州,只需乘坐一小时轮船,一小时火车,即可抵达。但正像他在《闲居》中调侃、揶揄时钟一样,在此文中他又开起了火车的玩笑:宁愿坐客船而舍火车——也暗含"夜半钟声到客船"的典故——多半是因为他喜欢闲适的情趣,并不渴慕速度之便捷。我以为在丰子恺的作品中(也包括他的漫画创作如《病车》《再过半秒钟》等),传统的美学价值与现代的生活情趣近乎完美而直接地融合在一起。这是文本自身的力量,并不存在什么过渡或反转,也无须经过柄谷行人等后结构主义者所预设的那种"颠倒"。我想漱石也是如此。

（三）火车的分身：电车与地铁

电车可以作为火车的类比（metonymic）物或连接物。众所周知，张爱玲喜欢电车，她的短篇小说《封锁》所述故事就发生在一辆因警报拉响而突然停顿的电车车厢中。思逸和我有过多次讨论，甚至也举出了一个类似的故事：阿根廷小说家科塔萨尔（Julio Cortázar）的《南方高速》，但始终感觉与全书气质不合，难以放入，还是决定"割爱"。另外一个铁路的连接物是地铁，它是铁路进入城市地下空间的延伸。但它于中国出现在本书叙述的时间范围（从清末到1937年）之外，且和铁路在运作机制、时空叙述方面存在显著区别。本书结尾引用了本雅明起草《拱廊计划》大纲的一句话："铁路的入口进入梦和象征的境界。"——这总令我怀疑，本雅明所谓的入口指的是火车站还是地铁站呢？巴黎地铁叫作Metro，本就是大都市（métropolitain）的缩写。于是乎，我也不禁做起梦来。我个人第一次坐火车的回忆真像是一场梦魇。1948年，母亲只身带我和妹妹冒充淮南煤矿公司职员的家眷，从武汉坐公司的专用火车逃难到上海。车厢内外都挤满了人，有一个陌生男人向我们搭讪，母亲用我和妹妹做"挡箭牌"。情节有点类似张恨水的小说《平沪通车》，不同之处在于当时我们心中只有惊恐。母亲不敢得罪眼前的这个男人，因为他可能是真正的公司职员，而我们才是冒牌"骗子"。结果这个好心的陌生男人一路护送我们到上海车站，然后我们改乘电车到外公住的旅馆……我的《上海摩登》经验从此开始。那时我只有九岁！

李欧梵
哈佛大学荣退教授
香港中文大学讲座教授

目　录

推荐序　铁路现代性，文化研究的一种新范式 / i

导论　以铁路为方法，言说现代性 / 1

　　铁路研究的路径之一：作为现代性的象征 / 4

　　铁路研究的路径之二：作为决定现代性的技术 / 6

　　现代性的言说方式之一：经验的追踪与描述 / 11

　　现代性的言说方式之二：理论思辨的建构 / 16

　　物的启示与可能 / 21

　　铁路之于中国现代性的六个面向 / 25

第一章　沿着语言概念的轨迹：铁路的命名故事 / 30

　　物的名字 / 30

　　"铁路"的由来 / 33

　　从"火车/火轮车"到"'火'车" / 37

　　作为认知装置的铁路火车 / 44

　　概念的象征化：《"火"车》/ 51

第二章　从视觉图像出发：
　　　　《点石斋画报》中的铁路与火车 / 59

　　"马拉火车"的"传统"陷阱 / 59

　　《点石斋画报》研究与"现代性"争议 / 65

　　认知范式的潜移：吴友如笔下的火车与巨龙 / 74

　　新经验的默化 / 87

第三章　回归物的历史：从吴淞铁路到洋务运动 / 101

　　事件、话语，和物的历史 / 101

　　事件：吴淞铁路 / 109

　　话语：洋务运动中的铁路论战 / 126

第四章　民族国家的想象与测绘：
　　　　孙中山的"铁路梦" / 145

　　中国的铁路，铁路的"中国" / 145

　　孙中山早期的铁路规划 / 148

　　孙中山后期的全国铁路系统 / 161

第五章　风景之于主体：
　　　　民国时期的铁路旅行与文学书写 / 182

铁路旅行的研究策略 / 182

异邦的火车旅行：瞿秋白与徐志摩的苏俄之旅 / 190

尾声：风景淡出，他／她者进入 / 250

第六章　邂逅他／她者：
　　　　车厢中的界限与陌生人问题 / 255

反思车厢的可能性 / 255

施蛰存笔下的铁路与欲望试炼 / 264

《平沪通车》中的信任危机与欺诈游戏 / 283

结语　无尽的铁路 / 301

注　　释 / 310

参考文献 / 344

导论　以铁路为方法，言说现代性

人体器官往往根据人们对它们扩大或缩小的需要，或萎缩，或增强。自从有了铁路之后，免误火车的必要性使我们学会了重视每一分钟，而在古罗马时代，不仅天文知识粗浅，而且生活也不那么紧张，人们不仅没有分钟的概念，甚至连固定的小时的概念也不明确。

——马塞尔·普鲁斯特，
《追忆逝水年华 4：索多姆和戈摩尔》

龙旗的中国也不再神秘，有了火车呀，穿坟过墓破坏着风水。

——老舍，《断魂枪》

不得人心的火车，就此不分昼夜地骚扰这个小镇，

> 火车自管来了，自管去了，吼呀、叫呀、敲打呀，强逼着人认命地习惯它。
>
> ——朱西甯，《铁浆》

吴淞铁路全长 14.5 千米，是中国第一条营业性铁路。其上海至江湾段于 1876 年 6 月 30 日正式通车，吴淞铁路有限公司于翌日邀请当地华人免费试坐，并于《申报》上刊登了中国第一份铁路时刻表。由于铁路的铺设一开始是英商以投机、欺瞒的手法悄悄进行，不仅有违中英双方合约，更直接挑战了当时清政府拒绝发展铁路的立场。时任上海道台的冯焌光感到受骗后反应十分激烈，在谈判时态度强硬、寸步不让，直斥英方违背万国公法，是"违我朝廷素愿，而明欺我朝廷也"[1]。他甚至发出极端言论，称若火车开行，自己将卧于铁轨之中任车轧死，让英使威妥玛、梅辉立等人深感不可理喻，视为疯人。[2] 最终经过多方干预和反复交涉，吴淞铁路通车运行十六个月后被清政府以二十八万五千两白银买回，后由两江总督沈葆桢下令拆除、废置。

需要指出的是，冯焌光、沈葆桢等人并非愚昧无知、反对现代科技与文明的庸人，相反，他们都对铁路能给中国带来的效益有着清楚的认识。他们反对铁路的理由，除了外国修建侵害主权外，更多是基于一种我们已感陌生的认识论：为什么要那么快呢？有效益我们就一定要去争取吗？况且，铁路带来的垄断性收益最终都是归于政府，机器技术夺走了贩夫走卒赖以生存的饭碗，国家与民争利，有什么光彩可言呢？有钱不赚，难怪会被洋人当作傻子和疯子。我们当然可以基于西方现代性的发展视角，悲叹晚清知识分子腐朽的道德观阻碍了中国的富强之路。但我们也不应忽视当前的后移民研究，盛赞圣雄甘地对纺织机器的拒斥是"反现代的现代性"；而随着经济崛起，中国政府反过来向欧美国家推销高铁时，那些来自发达地区人们的疑虑仍和冯焌光们保持了几乎一致的论调：我们现在的生活难道不好吗？有必要那么快吗？那些被高铁影响的底层民众、破坏的环境该怎么弥补呢？

长期以来，铁路、火车作为现代技术文明最耀眼的产物，自然也就被我们当作现代性的象征。但吴淞铁路的故事却告诉我们，铁路与现代性的关系不是一成不变的：一方面，铁路并非一开始就被所有人都当作进步，且带有必然性的历史取向——这是一个逐步建构的过程；另一方面，曾经看似愚昧、落后的反铁路姿态，在语境变换之后倒有可能成为更加"现代"的反思资源。

本书的出发点源于我个人长期浸染文化研究所形成的一种偏见：一切看似天经地义、理所应当的东西都是在具体历史情境中逐步形成，伴随着各种细节的想象性建构。不论是铁路还是现代性，我们都没有自以为的那样了解它们。如果铁路现代性是资本主义经济发展的技术产物，那么一切与之有关的文学书写、文化产品乃至心智与经验是否都要被统摄于这些宏大术语之下？如果铁路现代性仅仅是一种建构的话语与意识形态，我们又该如何处理现代性之中真实而切身的物质对象，以及时空中的身体经验呢？"铁路"和"现代性"二者之间除了直接的映射关系外,是否还存在其他形式的关联与互动?铁路为现代性提供的叙述空间、修辞手法、建构过程在中西语境中存在哪些异同之处?随着对这些问题思考的逐渐深入,我意识到铁路不仅是现代性的产物或象征,更可以是言说现代性的一种思路和方法。不过在展开具体论证之前,我们有必要先参考一下当前的铁路研究概况。

铁路研究的路径之一:作为现代性的象征

几乎所有关于铁路的物质文化史研究,都将现代性默认为铁路的基本特征。尽管不同国家和地区的案例各具特色,但它们所共同遵循的前提保证了结论的一致性——铁路由最初的一种物与技术逐渐转变为现代文明的象征和隐喻。比如在铁路的发源地英国,火车和维多利亚时期的生活文化以及现代性想象之间的关联一直是关注焦点。迈克尔·弗里曼（Michael Freeman）详述了铁路为英国带来的地理形态、社会经济方面的重大变化,以及其作为强有力的文化象征对维多利亚时期历史想象、日常生活的形塑;伊恩·卡特（Ian Carter）除了分析有关铁路的经典文学作品外,特别注重英国的大众文化——犯罪小说、连环画等对铁路表现出的狂热。[3]尼古拉斯·戴利（Nicholas Daly）聚焦于维多利亚时期的通俗剧（melodrama）和奇情小说（sensation novel）中的铁路故事,指出前者竭力表现个体从工业机器中逃离,后者引导读者去适应铁路创造的新时空体系。[4]安娜·德斯波特普鲁（Anna Despotopoulou）

的《女人与铁路，1850—1915》则从女性主义的角度，探讨了维多利亚时期及早期现代主义中女性的铁路旅行经验和相应的文化表征，为我们呈现了在城市化、移动性的背景下女性对铁路空间的多方面回应。火车中的女性一直是维多利亚社会中的热门话题，通过梳理、阐释大量的新闻报道、小说故事、摄影传媒，德斯波特普鲁发现维多利亚时期的意识形态致力于宣传铁路旅行对女性充满了严重危险，试图规训移动中的女性乘客，但铁路其实却为女性提供了一个在日常生活中抵抗意识形态的空间、一种在物理和心理层面表达自身主体性的方式。[5]

至于中国学界，对于早期铁路的探讨一直是近现代中国研究的重要构成部分。长期以来这一工作主要由隶属于交通史、经济史下的铁路史承担，比如宓汝成以深厚的史料功底详尽介绍了1949年以前的铁路建筑史及其对中国近代社会的政治、经济影响，控诉帝国主义对近代中国的领土侵略与经济掠夺。[6]新近的铁路研究则避开了这类通史宏论，更加关注铁路与具体地方、人们的日常生活之间的互动。熊亚平的《铁路与华北乡村社会变迁1880—1937》以华北地区为研究范围，考察铁路之于交通体系的重组、产业结构的变迁、城乡经济关系演变、乡村城市化进程等方面的影响。[7]吴兴帜采取一种文化人类学的视角，通过对云南滇越铁路这一"事件之物"进行民族志调查，揭示滇越铁路于不同历史时期对边民社会的不同意义，进而论证铁路如何介入边民社会各种群体及个人的身份构筑中。[8]陈建华的《文以载车：民国火车小传》则是为铁路撰写的一份文学小史，搜集、分析了晚清至民国有关铁路的游记、小说等文学作品，勾勒出火车在民国通俗文学中的一般形象和铁路旅行的文学经验。[9]

铁路之于日常生活的具体探讨，由目前英文学界最新出版的几本论文合集可窥得一二。马修·博蒙特（Matthew Beaumont）和迈克尔·弗里曼合编的《铁路与现代性：时间、空间及机器集成》从物质文化和现代性经验的角度探究铁路的方方面面。所选论文涉及的主题包括铁路对于近代时间统一、空间划分（私人领域、公共空间）的影响，铁路旅行衍生出新的视觉性和精神分析，火车与现代主义文学叙述及隐喻生产之间的关联，都市规划与车厢犯罪，战争及历史记忆，模型玩具与商品的流通等。史蒂文·斯波尔丁（Steven D. Spalding）和本杰明·弗雷泽（Benjamin Fraser）编选的两本论文集《火车、文化和移动性：搭乘铁路》《火车、文学和文化：阅读与书写铁路》借由不同国家的具体案例探讨铁路的移动文化与地方经验的互动，涵盖了文学批评、都市空间、视觉研究、旅游消费、大众文化等角度。[10]

铁路研究的路径之二：作为决定现代性的技术

就铁路与现代性的综合思考而言，首推德国文化史学者希弗尔布施关于19世纪铁路旅行的原创性研究。他考察了铁路作为一种"机器集成"（machine ensemble）在工业化过程中对人们的时空认知演变和现代主体的形成所施予的多方面影响。铁路以其物质形态和机械速度清除了地理障碍，缩短了距离，真正实现了"时空的湮灭"（the annihilation of time and space）。铁路旅行将乘客个体从原有在地的自然环境中剥离出来，抛入一种全景式的（panoramic）视觉速度体验中，成为与外部观看对象区别的观看者。同时，铁路旅行也是一种最早的现代震惊体验，涉及车厢隔离引发的焦虑与尴尬、机械运动唤起的神经衰弱等现代心理病症，与现代文化的各种典型症候有着千丝万缕的联系。[11] 铁路在希弗尔布施的呈现中仿佛成了决定 19 世纪现代性文化的决定性技术——虽然他本意是想遵循本雅明（Walter Benjamin）和弗洛伊德（Sigmund Freud）的思路。如果没有铁路的出现，我们根本无法想象以时间、速度和个体自我为显著特征的现代主义文学艺术还有诞生的可能。

法国思想家塞尔托（Michel de Certeau）从日常生活角度分析了铁路对现代经验的形塑及与现代主体之间的互动。他将铁路视为一间划分权力的圆形监狱、一个规训主体的禁闭空间、一组构建现代经验的句法规则，孕育了现代性的两大基本原理。其一是通过火车的玻璃窗去观看，让我们获得一种"全景视域"（panoramic view）；其二是经由铁轨的线路产生的运动过程，区隔出空间的内部、外部以及观看者和被观看的对象。铁路这一现代性的宰制机器看似绝对，但塞尔托并未放弃乘客个体对此加以抵抗和改变的可能。因为悖论在于，这些机械之物、遥远之物自身的沉默让乘客的记忆能够言说、秘密的梦境得以显现。在塞尔托看来，一种精神性的、思想的东西恰恰在这种最为物质和技术性的状态下回归，并且坐落于机械秩序的核心——铁路于是成了"技术和梦境的结合"。[12]

新的文化表征与新的身体经验总是伴随着技术创新应运而生,这在视觉研究领域几乎已成为老生常谈。乔纳森·克拉里(Jonathan Crary)论证以视觉性为主导的现代文化和作为观察者的现代主体是如何由不同的知识、体制、技术、器物建构出来的。他提出视觉领域中原本占据统治地位的古典模型——暗箱(camera obscura)于19世纪瓦解,这使得视域从固定不变的关系中解放出来进入流变与运动的状态,促使了观看主体的转变,也奠定了现代视觉性与移动经验之间的共生关系。[13]也难怪汤姆·冈宁(Tom Gunning)会认为早在电影发明之前,铁路借助自身对实时性的掌控、距离的缩短以及速度的规训作用,成为第一个触发经验从传统向现代转变的技术装置。[14]琳恩·柯比(Lynne Kirby)则注意到铁路和早期无声电影在经验生产以及意识形态上的同构与互补,从视觉认知、性别认同、都市消费、民族身份等方面详细考察了两者之间的紧密关联。她认为铁路和早期电影是一对平行又互补的现代性机制,共同形塑了现代生活和它那不稳定的主体——"观众/乘客"(the spectator passenger);铁路旅行为无声电影的观众提供了一种观看的模式,引导他们去消费视觉图像与运动快感,适应现代西方社会的范畴与规则。[15]

需要指出的是,这种看似中立的技术论调往往可能预设了西方白人主体的有色眼镜;因为对于所有非西方国家来说,铁路在带来速度和利益之前首先意味着暴力与侵略。玛丽安·阿吉亚尔(Marian Aguiar)立足于印度的近现代史,考察铁路带来的移动性文化与移民、后移民之间的张力变化。她通过梳理西方移民帝国和印度本土有关火车的意识形态争论，探讨铁路在印巴分治进程中如何从外来移民者的侵略工具演变为独立民族国家的象征，同时分析后移民／全球化时代下游记文学和宝莱坞电影对铁路的本土再现，凸显移动性的经验及表征与不同时期印度现代性的主导叙事，时而合作共谋，时而激烈对抗的过程。[16]

以上两种研究途径无疑从各个层面丰富了我们对铁路的认识，但也都存在着明显的局限性。在第一种模式中，技术与物永远都是现代性的一种修辞，服务整个宏大历史的进程，而铁路不过是其中的一个例证罢了。所以无论怎样书写铁路的历史，资本主义现代性发展之类的最终结论在一开始就被设定好了。落实在中国的语境里，就是铁路如何从西方帝国主义移民扩张的工具转变为民族国家追求独立富强的象征，而其对人们日常生活的影响不过是响应这一主旋律的伴奏。铁路在这种研究中成了一个空洞的能指，适用于铁路的论述也同样可以套在轮船、飞机、电报，乃至蔗糖、茶叶身上；因为物本身并不重要，重要的是物与技术背后的资本市场、移民帝国、权力关系等。所以物成了没有个性、没有自身历史的"死物"——从人的角度来看，它们似乎都没有什么区别。反过来，第二种研究模式则始终隐含了一种技术决定论的姿态——无论具体的研究者对此持什么意见，他们毕竟都默认一种新技术的出现改变了我们的经验、我们的观念，以及我们的文化。所以铁路这类的科技产物不仅重新塑造了我们的日常生活，还开启了工业化、资本主义全球化这一普遍进程。所有的现代文化表征都可以被归结为对现代科技的一种回应——有时是种共鸣，有时则体现为抵抗。[17]在这种技术决定论的框架下，现代科技就像复魅的魔法一样，深沉而内在地影响着日常生活、经济发展、历史事件——换句话说，技术和器物又被意识形态化了。曾几何时，我们倾向于诉诸无法说清的"大词"来作为各种问题的终极答案，比如资本、权力、历史规律等，现在我们又把物与技术加入这个词汇表中。

铁路研究中暴露出来的"空洞能指化"与"再意识形态化"实质上体现了物本身难以被把握——被排除在物之外的人永远无法给非人的物一个恰当的位置。而人与物的分裂又与现代哲学中主体与客体、自我和他者的二元对立是一脉相承的难题。即使求助于黑格尔的辩证法，开启这一扬弃过程的前提依然是作为主体的自我施加于自身的对象化（objectification）。[18]对象化本身蕴含着客体化，即非人化、物化的意思，以物的眼光出发去对待人貌似调和矛盾的基础，却是为了以人的权力统摄物的取巧手段。批判理论中经常使用"物化"这个词，但我们是否反思过自己真的理解"像物一样"是什么意思吗？又或我们真能做到以物的角度去理解世界吗？不过，对物的反思并不必然要在物与技术之内展开，就像人的问题常常是非人的因素造成的一样。海德格尔（Martin Heidegger）曾在一篇著名的文章中提醒我们：技术的本质并不必然是技术性的，对技术本质的反思，以及人与技术不可避免的相遇都是发生在技术以外的层面上。[19]而人与物的分裂恰好就发生在现代性显现之际，这又必然涉及现代性更为显著的另一对矛盾：理论与经验的对立。

现代性，可能是学术领域最具争议又最难被界定的术语之一。不过相对于以民族国家为单位、指涉政治经济发展过程的现代化这一概念，现代性更多强调人的历史经验与文化意义。为了便于读者理解，我在这里先简要梳理一下现代性的主要内涵。首先，它可能是指一种历史分期，一般从17—18世纪"启蒙、理性的时代"开始延伸至第一次世界大战前后；其次，它也指涉一种形式风格，比如现代主义文学中的意识流手法，又或现代艺术中的先锋运动（Avant-garde）；再次，它与主体的普遍自觉密不可分，既是启蒙的产物，也蕴含着对启蒙的反思；最后，它在很多情况下都表示一种新的经验，特别是我们对于时间和空间有了不同以往的体验。当然这四重内涵远远没有穷尽有关现代性的言说，而它们彼此之间也可能存在冲突和重合。就此而言，我认为现代性的言说方式以及由此引发的思考远比某一个被采纳的定义更重要。所以我并不想在现代性的内容之中寻找矛盾与对立——这实在是太多了，而是关注研究者究竟以何种方式来言说现代性，他们不同的言说方式又是怎样与物的难题联系在一起。

现代性的言说方式之一：经验的追踪与描述

现代性最著名的说法，必然要归属于波德莱尔（Charles Baudelaire）。他从一开始就把现代性理解为与时间、速度有关的某种矛盾性体验。"现代性就是过渡、短暂、偶然，就是艺术的一半，另一半是永恒和不变。"[20] 有趣的是，虽然波德莱尔的这句名言今天仍然是人们谈论现代性势必援引的经典依据，却鲜少有人真的会接受现代性仅仅是一些形容词的修饰。齐美尔（Georg Simmel）紧随其后，依然是把现代性看作一种新的生理和心理经验，但具体到紧张多变的都市空间，在其中生活的现代人不得不理智与震惊并存。[21] 在1909年撰写的《罗丹艺术和雕塑中的运动动机》一文中，他宣称：现代性的本质是心理主义，是根据我们内在生活的反应来体验（das Erleben）和解释世界，是固定的内容在易变的心智中被消解，一切实质性的东西都被心智过滤掉，而后者的形式永远变动不居。[22]

本雅明关于现代性的言说最难概括，多半源于他致力于为我们展现的是一连串关于现代性的辩证意象，所谓现代性的"碎片和瓦砾"，是"存在于背景中由来已久的新"。[23] 它是拱廊街、街道、城市本身和它的废墟；是与作为古代性的巴黎相对的大众，消费的、革命的、仅仅是在街上来来往往无定形的大众；是商店里展览的、时尚和广告中宣传的商品；是全景图、摄影机，以及伴随摄影的震惊体验和想象；是闲逛者、懒汉、赌徒，以及妓女；是马克思、波德莱尔、卡夫卡；当然，还有机械复制时代灵光的消失，和那个背对未来、面朝过去的历史的天使。某种意义上，本雅明践行了维特根斯坦（Ludwig Wittgenstein）所谓"不要想，去看！"（Don't think, look!）的信念——通过对现代性碎片的挖掘与修复，将其保存在一连串人与物的辩证意象之中。

福柯（Michel Foucault）对于现代性研究范式的重建和理论思辨方面的影响至今无人能敌。虽然他更多被视为具有启发意义的理论家、思想家，但他的研究所具有的启发性皆是得益于追踪、复原、重塑话语、空间和身体在历史语境中的经验形态，以此重构现代性权力关系的谱系。除了在有关疯癫、监狱的具体研究中有所体现外，福柯在《什么是启蒙？》这一短文中直接表明了自己对于现代性的经验倾向。"为什么我们不能将现代性设想为一种态度，而不是一段历史时期。所谓'态度'，我指的是一种与同时代的现实发生关联的模式；一种由一些人所做出的自愿选择；总之，是一种思考和感受的方式；也是一种行动和表达的方式，其同时标志着某种归属关系，且将自身呈现为一项任务。""与其致力于区分'现代''前现代'或'后现代'这些不同时期，我认为对我们来说更有意义的，是试着探究现代性的态度如何自形成伊始就与各种'反现代性'的态度处于争斗之中。"[24]

保罗·维利里奥（Paul Virilio）亦是从一种经验的角度切入现代性的理论研究——他选择了速度这一典型体验，进而将其转化为一种超历史的、普遍的人类学范畴，发展出一套"战备现代性"（logistical modernity）的论述。一方面，他认为人类的感觉认知能力因为加速而与现代战争机器紧密地结合在一起，比如军事及电影技术如何改变了我们的视觉，现代武器是如何成为经验的认知工具；[25]另一方面，他亦分析了火车等现代交通工具为人类的经验和感知所带来的冲击：我们的移动速度与生活体验成反比，被一种所谓"引擎制造的恐惧"困扰。在被动的加速度过程中，我们不再是运动经验的主体，而沦为技术机器运作的物件——这种由机械速度引起的现代性焦虑处境正是他所称的"否定的视野"（Negative Horizon）[26]。

此外，对现代性的经验论述自然会和对19世纪至20世纪初的文化表征、文学文本的解读结合在一起。马歇尔·伯曼（Marshall Berman）的文学批评可算是这方面的佼佼者。从歌德的《浮士德》到马克思的《共产主义宣言》，从波德莱尔的抒情诗至陀思妥耶夫斯基的"水晶宫"及"地下人"，圣彼得堡的都市街道和纽约的建筑空间——伯曼没有借助任何理论名词的权威性，而是直接进入历史与文本之中体会经验的力量、美感以及深度。毕竟，对他来说现代性就是一种经验和感受，关于"时间与空间、自我与他人、生活中的各种可能与危险的体验"[27]。与此类似，在中文语境里，现代性的热潮和现代文学研究之间的联系更为密切。李欧梵一方面立足于具体的历史文本，通过研究鲁迅、郁达夫等人的文学作品来探讨现代性的文学表达方式；另一方面从文化研究的路径追寻现代的时间意识和空间体验之转变，将其与晚清的印刷文化、民国上海的都市空间，以及现代主义的文学想象结合在一起。[28]王德威则提出了著名的"被压抑的现代性"之概念，颠覆了现代文学论述中长期以五四运动、新文学运动为正统的现代性叙事，将晚清小说作为一种新型文化场域涵盖在启蒙与颓废、革命与回转、理性与滥情、模仿与谑仿四个阐释框架中重新探讨，勾连出现代性的复杂经验。[29] 近年来，他更提倡在革命与启蒙之外，将"抒情"作为主导中国文学现代性的一种可能，考察其于现代主体的建构作用。[30]

以上种种关于现代性的言说方式都可以归结为描述，即在挖掘、阐释某一时期的文本和事物的基础上勾勒出现代性的经验和感受。在批评者看来，他们的修辞往往胜过推论，过于依赖寓言或隐喻的阐释模式，或者仅仅借助关联和想象来对现代性进行界定。究其原因，这种言说方式所做的工作本来就是对经验的归纳。如果现代性的本质事关经验，那么任何言说与描述都意味着对经验的归类和对直观的抽离。况且归纳永无止境，这样现代性不仅是未完成的事业，注定更是永远完成不了的事业。现代性经验的描述就像它们言说的对象一样，将自身设置成了一项无法完成的任务——言说不可言说之物、抵达不可抵达之彼岸，倒也因此成为现代性的一部分。此外，我们总是可以利用矛盾的辩证法，将部分升华为整体，将新轮回为旧，将本雅明关于现代性碎片与废墟的研究视作有关现代性本身最灵动的发现。然而对于信奉去经验化的理论派来说，这种做法更多是在表达一种审美的姿态，欠缺理论思辨的洞见。事实上，在对现代性经验的言说中，不论是主动拒斥还是无奈回避，有关理论的焦虑始终沉潜其中。这在中国现代性的研究领域更是形成了一个怪圈：一方面宣称西方的现代性理论不适合中国的历史语境；另一方面又强烈渴求任何新的理论学说，特别是对反现代性的现代性理论趋之若鹜。

现代性的言说方式之二：理论思辨的建构

海德格尔在《世界作为图像的时代》中总结出了关于现代的五个根本现象——科学的诞生、机械技术的出现、艺术进入美学的视界、人类活动被当作文化来理解和贯彻，以及对神的舍弃。"世界之成为图像，与人在存在者范围内成为主体，乃是同一个过程。"[31]这一经典论断蕴含了有关现代性的两层意义，继而为后来现代性理论规划了两个方向。首先，现代性作为一个历史过程一定关乎某一／某些历史时期，尽管对时期的划分可能存在不同。其次，现代性是关乎人与世界的一个现象，而现代性的这一面逐渐被默认为一种整体的社会现象、集体的历史实践、抽象的经验范畴，或者简单讲，一个什么都能装的意识形态术语。

比如列斐伏尔（Henri Lefebvre）和鲍曼（Zygmunt Bauman）对现代性的定义就是兼顾这两者的典范。"我们可以把现代性当作这样一个时期，在这一时期，人们开始反思世界的秩序、人类栖居的秩序、人类自我的秩序——以及这三者之关联的秩序；现代性是思想，是关怀，是意识到自身的实践，其意识到自己正在成为一种有意识的实践并为自己有一天如果终止或仅仅是衰落而所留下的虚空感到担忧。"[32]"所谓现代性，我们可以把它理解为一个反思过程的开始，一项对批判和自我批判或多或少先进的尝试，一种对知识的渴求。我们在一系列文本和文献中接触到它，其带有自己时代的标志，然而又超越了时尚的诱惑和新奇的模仿。"[33]

卡林内斯库（Matei Călinescu）有关两种现代性的著名区分，也是遵循这两个方向对现代性自身的矛盾特征进行阐释。在 19 世纪上半叶的某个时期，所谓现代性发生了一种根本的分裂：一则是作为西方历史文明中某一时期的现代性——科技进步、工业革命、资本主义兴起的产物，包含进步的信条、对科技造福人类的自信、对时间的关切、对理性的崇拜、对行动和成功的崇拜等——第一种现代性即布尔乔亚（bourgeois）观念下资本主义的现代性；而第二种现代性则是从一开始就采取激烈的反资本主义姿态，痛恨中产阶级的价值标准，最终演化为先锋（Avant-garde）的一种美学概念。[34]

当然，各种有关现代性的理论因为不同学科背景、知识结构的差异而各有偏向。比如政治哲学出身的列奥·施特劳斯（Leo Strauss）将现代性解释为西方文化的没落危机，而首要的是现代政治哲学的危机。在从对马基雅维利、霍布斯到卢梭再至尼采的探讨中，施特劳斯勾勒出现代性所经历的三次浪潮，并论证现代性作为一种不确定的状态在经历过这三次浪潮后，再也不可能为我们自身提供一个统一坚固的基础。即不再有可以区分好坏的规范标准，我们也不再知道什么是对，什么是错。[35] 深受启蒙哲学熏陶的哈贝马斯（Jürgen Habermas）则为一种根源于启蒙运动的现代性理想提出了辩护。他坚持"现代性是一项未竟的事业"，这项事业由 18 世纪的启蒙哲学家们制定，建立在他们致力于按照各自的内在逻辑去发展客观科学、普世的道德与法律，以及自主的艺术这些努力之上。哈贝马斯认为不能让启蒙背负所有权力的罪恶，现代性并不是"恐怖主义理性"（terroristic reason）的产物，而是工具理性和交往理性之间的一种斗争，也是生活世界和社会系统之间的冲突。[36]从后移民的角度看，现代性又是西方中心主义的意识形态操作下，向外移民扩张的一部分。费瑟斯通（Mike Featherstone）说道："从后现代主义的观点看，现代性已被视为导致了将统一性和普遍观念强加于思想和世界之上的探索。其使命就是将有序强加给无序，把服从的规则强加给未开垦的处女地。事实上，现代性使得欧洲人可以把自己的文明、历史和知识作为普遍的文明、历史和知识投射给别人。"[37]

不过所有现代性的理论模型中，影响最大的仍然是资本主义批判论述，即把现代性视为资本主义历史发展中的一部分，对现代性的言说离不开对资本主义的批判。这方面的代表首推大卫·哈维（David Harvey）和詹明信（Fredric Jameson），两人分别从资本主义的生产过程和意识形态角度建构现代性的理论框架。哈维认为，由于"资本主义历史具有使生活节奏加速的特征，同时又克服了空间上的各种障碍，以致世界有时似乎是内在于我们而崩溃了"。[38]

他以"时空压缩"（time-space compression）来形容这一处境，而其正是现代性（或后现代性）在文化表征以及日常生活层面上对资本主义扩张、变革、危机的一种回应。詹明信则提出现代性本质上是一种叙事范畴，承载了资本主义意识形态最喜欢讲的故事与承诺，而"现代性的理论，只不过是作为修辞的现代性自身之投射"。[39]他更是巧妙地将现代性划分为三种不同风格的文化表征与资本主义发展的三个阶段串联在一起,论证前现代、现代及后现代等时空体验、文化表征都是资本主义特定时期内的历史产物。[40]

社会学家吉登斯(Anthony Giddens)关注资本主义的社会结构和组织关系,将现代性到来的绝对速度视作现代社会制度从传统社会秩序中分离出去的主要识别特征。他认为,时空分离作为现代性动力的主要来源时,时空转换与现代性的扩张同时展开;进而以"脱域机制"(disembedding mechanisms)这一概念阐释社会活动从原有的在地语境中抽离出来,在更广阔的时空系统中重新建立起新的抽象体系。在此脱域过程中,社会关系的确立包含了对抽象系统的信任(比如时分秒这样的时间秩序和个人归属的单位体制)以及知识的反思性运用。[41]哈特穆特·罗萨(Hartmut Rosa)则将资本主义社会中的加速现象分解为技术加速、社会变革加速及日常生活加速三个相互作用的不同层面,由资本对速度的追求所驱动,三者构成一个相对自主的循环系统。[42]

相较于第一种言说方式,这种对现代性的言说更像是一种解释,借由将之前的形容词、比喻、想象置换为抽象名词、术语和论证,在去经验化的基础上,发展出种种关于现代性的理论思辨。事实上,在这种言说框架下,现代性总是被默认为一个抽象但完整的社会历史实体。相对于现代性经验的显现,这类理论家对现代性的历史起源和政治作用更感兴趣——与其将精力放在不可能穷尽的物与感受的描述上,不如力图对现代性的社会功能及造成的历史影响予以一种合理解释。但这也使任何关于现代性的言说永远受制于背后看不见的知识权力、意识形态或者政治无意识。事实上，对抽象理论的癖好本身也是现代性的病症之一，在试图彻底抹杀经验的同时又前所未有地强调经验之独特，最终导致理论与经验的互不相容。[43] 理论思辨这一言说方式的最大风险是沉溺于名词术语的快感中，以此替代知识上的努力，回避对真正问题的思考。

经验与理论之间的不可调和是摆在每一位现代性研究者面前的难题。但对于一个中国现代性的研究者来说，这尤其体现为西方知识理论和中国的历史经验之间存在一道不可逾越的鸿沟。它有时被表述为历史（中国历史的特性）和价值（西方的普遍现代性）之间的斗争[44]，或者直接简称为"西方理论"对"中国经验"的模式[45]。在其中，任何关于现代中国的研究都可以被转换为某些理论的试验场。或者用一则历史数据为其证实，或者又用另一则个案调查将其证伪。而后者又总是落入"中国特殊论"的怪圈——尽管这一提法背后充满强烈的情感诉求，可它的秉持者们却似乎忘了所有的非西方国家在各有各的不同历史经验这点上倒没有谁是特殊的——或许所谓的西方国家也概莫能外。即使我们能制造出一套以中国为中心的"理论"，但对于其在认识论上的价值、思想的意义方面依然半信半疑。因为这种在不改变关系本身的基础上要求调换位置的做法，本身就是在重复西方理论的范式。[46] 西方的理论能解决中国的问题吗？又或西方的理论适宜于中国的语境吗？这些难题困扰了我多年，直到在铁路的帮助下我才意识到我所焦虑的很有可能只是一些伪问题：没有任何一个理论是能完全拿来用的——西方的理论当然解决不了中国的问题，它连西方自己的问题都解决不了（如果这个"西方"存在的话）；但也没有任何理论是完全不能用的——因为理论本质上就是围绕人与物的经验而引发的话语与思想。

物的启示与可能

人与物、理论与经验，也许并没有它们表面上那般截然对立。说到底，解释的过程必然涉及描述，而描述本身也不可能完全避开解释。就像人内心最纯粹、最私密的东西无法仅仅从我们自身直接表达出来——所以我们才会借景抒情、托物言志等，物也要借助非物的对象来显现自己，主动参与到人的历史经验和文化活动中。只要我们没有预先设定人与物、文化与技术是完全不同的范畴，那么我们就能看到在很多情况下，它们其实是在言说着彼此。以物之名的研究潮流最近十几年又在欧美学术界风起云涌，"新物质主义"（New Materialism）、"后人类"（Posthuman）或"非人类转向"（Nonhuman Turn）等术语层出不穷。需要说明的是，本书对于物的理解与探索与这些新兴理论没有直接的联系，反倒是受惠于拉图尔（Bruno Latour）早期从物的角度对现代性展开的批判，以及海德格尔中后期有关物的沉思。

拉图尔可能是最早直接将现代性的二元对立、诸种割裂危机归咎于物的历史被剥夺——作为主体的人和客体的物之间不对称、不平等的分类系统。他并不相信是什么凭空出现的时间意识、公共空间、民族国家划分了自然与社会，导致了传统与现代的断裂，而是上述不对称、不平等的分类系统被投射进了空间（自然 vs 社会）和时间（传统 vs 现代）领域。拉图尔也不满意过去的社会学、人类学不假思索地将"社会"（同样适用于"自然""文化""技术"等）视作一种确定无疑的整体现象，并为所有事件提供一种所谓的"社会或文化解释"，即在自然或社会现象背后操纵、牵线的权力、结构、阶级、资本、性别等抽象实体。[47]"没有人观察到一则事实、一种理论、一个机器，可以独立于其所诞生的网络而单独存在。"[48]他提出的"行动者网络理论"（ANT）宣称根本没有一个叫"社会"/"文化"的领域存在，有的只是运动、替换、转换、翻译及参与——众多异质事物之间的联系。它用一种普遍的对称原则来处理人和物，将它们放进更为宽广、复杂的异质网络中一起进行分析。[49]对此最常见的误解就是以为它要求我们假装桌子、椅子有着和人一样的感受、语言和内心活动——这当然是不切实际的一厢情愿。在我看来，拉图尔对"恢复物的阐释地位"之强调以及 ANT 理论，其实是建议我们要用言说主体一样的方式去言说客体，用呈现人一样的办法来呈现物。如果我们接受主体是多元的、复杂的、处于不断变化的建构之中，那么我们也不要理所当然地把物仅仅当作静止的、被动的、千篇一律的"死物"。ANT 这种异质、多元的"块茎"（Rhizome）网络[50]，让物在其中成为一条流变的轨迹，一个平等的"行动者"；我们借此展开探索，"跟随行动者自身，或确切地说，那些使它们行动的循环流通的存在者"[51]。

在这种对物的理解中，铁路的位置也会发生迁移：不再是"人—世界"之中出现了铁路这一物和技术,而是伴随着铁路的出现,我们对于世界的书写必须以"人—铁路—世界"的方式进行。[52] 所以在本书中,我将铁路视作参与中国现代性这个复杂网络中的一员,跟随其流动:穿梭于技术、社会、身体、意识形态等不同的知识脉络;浸入又逸出中国、西方、传统、现代这些常见的叙事范畴。就这样,铁路成了一条可供辨识、追溯的线索,也是一种能动的联结和提供反思的纽带。

至于海德格尔的繁杂论述,我主要用两个绕口的关键词来把握其特征——"在世之在"(being-in-the-world)和"物之物化"(thinging, or the thing things)。首先,他将"在世界中存在"规定为此在的一种基本建构,是存在者本来就具有的存在方式。没有脱离世界之外而存在的主体／客体,因为"在先行于自身已经在世的存在中,本质上就一同包括有沉沦地寓于所操劳的世内上手事物的存在"。[53]"世界"这一概念在海德格尔的思想体系中几经变化:从早期的"在世之在"到后来"世界与大地的争执",以及最终"世界是包含天、地、神,及有限性的人这四元的整体"。但世界作为一种本源上的容纳结构这一含义是一以贯之的。

在《艺术作品的本源》一文中,海德格尔批判了西方思想中三种常见的对于物的理解方式,它们分别将物视作不同属性的载体、多种感官受众的统一体,以及质料和形式的结合。[54]海德格尔认为这些看法过于贫乏,未能把握艺术作品的物性本源。因为从"在世之在"的前提下来看,"物"也有动词的属性——所谓"物之物化";它根本上是一种和人有关的聚集（Versammlung），持续聚集着世界的关联，令世界与我们切近（nearness），也让我们得以在这世上停留。[55] 后期海德格尔又从艺术作品的物过渡到日常之物——比如桥和水罐（the bridge and the jug），他在《筑·居·思》中以极富诗意的笔调描绘了作为物的桥梁是如何以自己的方式聚集起大地、天空、神圣者和终有一死的人。我将他的论证思路在这里做简要的概括：

1. 桥当然是一物，但绝不仅仅是作为桥的物。

2. 人们对于物的一般想象，过于贫乏地估计了物的本质：首先想象有一个空间，其中存在一座桥；然后桥开始能表达其他的一些东西；最后桥成为一种象征。这其实是把物想象成一个未知的 X，然后为它附加上一些属性。

3. 但桥并非只是连接早已存在的两岸。事实上，河岸能作为河岸而显现仅仅是因为桥跨越了河流。桥在以自己的方式让两边的河岸横亘于彼此，一边对着另一边。

4. 桥是一物，但倘若不是它本质上聚集起了天、地、神、人这四重维度（即世界），桥根本不会是桥。[56]

那些对海德格尔这种绕圈思考完全不感兴趣的读者，可以从张光直对"楚王问鼎"这个故事的卓越解读中获得类似的启发。张光直提出，"物"这个关键词在《左传》中的释义并非"物品"（objects），而是"牺牲"或"助天地交通之动物"。"夏代铸造铜鼎时在上面铸造了一些'物'的形象，这样人们就能一目了然地认出哪些是能够帮助人类交通天地的器物，哪些是无助甚至有害的动物。"[57] 换言之，汉语"物"的本源意义就是对天与地的沟通。所以，套用海德格尔的语言，我将自己对于铁路的研究概括如下：铁路当然是一物，但如果不是它以自己的方式在语言、视觉、事件、国家、运动、他者中聚集起现代性的世界，铁路也不会是铁路。

铁路之于中国现代性的六个面向

本书依据晚清至民国（1840—1937）的时间顺序作为约定俗成的展开，从六个不同面向细察铁路现代性的各种叙述发生、建立的过程，关注人与物的互动中衍生出的身体经验与意识形态，在将理论话语恢复物化的同时致力于将物抽象化、思辨化——铁路不只是现代性的条件与产物，同时也是思考现代性的理论与方法。在晚清部分，我将沿着铁路派生出的三条轨迹——语言概念、视觉图像、历史事件追溯现代性发生之际的复杂语境；到了民国时期，我则围绕现代性的三个主题——民族国家、风景旅行、陌生他者探讨铁路的叙事功能和文学经验。

第一章"沿着语言概念的轨迹：铁路的命名故事"考察与铁路、火车相关的认知概念、新词翻译在晚清至民国的形成过程，特别是语言概念形塑过程中人的活动与物的影响。不同于符号论及跨语际实践的一般论断，甚至也不局限于对相关概念的知识考古，本章试图在能指所指的约定俗成、中国西方的二元对立框架外，回到具体历史情境中追溯物的命名过程。换言之，本章并不寻求"铁路为什么要叫铁路，火车为什么要叫火车"这类问题的正确答案，而是尽可能呈现这一发问背后的各种故事——历史与想象、现实和虚构。通过梳理早期传教士的文献翻译、西学东渐中格致学的知识分类，分析《申报》等大众传媒中的新闻记录、老舍的小说《"火"车》，本章重新标记铁路派生出的现代语言概念，探讨语言符号自身之外的异质经验，揭示物与经验在现代性的抽象范畴中所烙下的深刻印记。

第二章"从视觉图像出发：《点石斋画报》中的铁路与火车"关注19世纪晚清画报对铁路和火车的视觉再现。本章首先借着对"马拉火车"这一视觉隐喻的反思拆解现代性的刻板印象，继而通过铁路介入《点石斋画报》"现代或传统"的研究论争中。我认为，我们不应只是将《点石斋画报》中的图片报道当作史料档案归纳进预设的框架中，而是应将其复原为视觉性和文本叙述的聚合体，探究潜藏着的认知变化及经验融合。为此，我将画师吴友如笔下的"火车"和"巨龙"作为一对辩证的认知范式，一方面指出再现火车的传统方式，另一方面挖掘巨龙背后的现代意识，将这两大巨兽并置在一起重述《点石斋画报》中的视觉现代性。在延续这一范式的基础上，本章最后对《点石斋画报》中其他有关铁路和火车的图片报道进行具体分析，阐明新的视觉经验——移动性和实时性是如何在现代与传统的游移流变中得以成形。

第三章"回归物的历史：从吴淞铁路到洋务运动"探讨晚清社会对铁路、火车的接受过程，从物的角度重读吴淞铁路的兴废与洋务运动中的争论。本章首先重组吴淞铁路这一历史事件，解读相应的火车时刻表、铁路规章制度以及围绕铁路的各方不同立场。尽管铁路这种外来科技为晚清国人带来了新的时空体验和身体规训，但其核心的速度与效益仍被视为一种可有可无的选项。其次，本章对洋务运动中围绕铁路兴废的争论进行话语分析，比较洋务大臣李鸿章、保守派的刘锡鸿等人支持及反对的不同理据。到了此一时期，对于支持兴建铁路的洋务派来说，铁路不再只是可供选择的外来器物或新的技术，而成为一种历史必然。速度和效益借助铁路而获得了伦理上的合法性，进入占据主导地位的意识形态之中。我希望以此说明晚清围绕铁路兴废的争论，既不涉及认识论的高下之分，也不只是价值观的义利取舍，而是源于一种新的速度伦理和新的历史观。

第四章"民族国家的想象与测绘：孙中山的'铁路梦'"呈现孙中山的铁路规划思想与民族国家论述之间的互动，论证铁路的乌托邦规划对共同体的建构作用。本章第一部分讨论孙中山早期的铁路计划及共同体设想，指出一个在地理空间上统一、可感的中国形象借着铁路规划而逐渐浮现于历史语境之中。本章第二部分聚焦于孙中山后期的全国铁路规划与绘图，特别是制图学衍生出的视觉隐喻对于现代领土想象的意义。地图上的铁路线路一方面以视觉隐喻的形式加快同质空间的确立，另一方面形成新的知识空间为想象一种新的共同体奠定了基础。本章最后反思孙中山的民族国家学说，比较铁路与民族主义之间的同构性，指出民族国家这一同质理想诉求背后的物质载体与主体依托。由此，孙中山的"铁路梦"不仅参与了中华民国这一共同体建构的想象实践，更是承载从天下到国家、从帝国疆域到主权领土、从多元民族到单一民族诸多转变的重要桥梁。

第五章"风景之于主体：民国时期的铁路旅行与文学书写"选择主体和风景作为思考线索，探讨民国时期的铁路旅行与相应的文学文本。本章第一部分勾勒西伯利亚大铁路和中东铁路在历史风云中的浮沉变换，阐释1920年代瞿秋白、徐志摩两人在不同的铁路旅行经验中形成的常规和例外之两种乘客主体。借由旅行经验和乘客主体的角度重新打开文本阐释空间，我认为风景在《饿乡纪程》和《欧游漫录》中既存在类似的观看背景，又有着截然不同的认识论、政治学职能。本章第二部分处理文学与铁路旅行在中国境内的结盟——1930年代《旅行杂志》对铁路沿线风景的导览及郁达夫等文人受铁路局之邀撰写的旅行游记，分析其所生产出的消费者主体和作为商品的风景。此一时期风景的书写呈现为一个人的视野，对风景的消费是乘客主体的绝对占有，这其实是一种不经过他者承认的主体确立方式。郁达夫作品中自我的强烈暴露与深度缺失，与这种铁路旅行对风景的视觉消费遥相呼应。

第六章"邂逅他／她者：车厢中的界限与陌生人问题"聚焦于车厢邂逅这一主题，通过对施蛰存、张恨水相关作品的解读，思考现代主体与陌生他者的铁路经验和文学表述。本章首先反思我们对于车厢的理解模式，强调以界限和陌生人为要素重新定义车厢经验，恢复车厢之于文本的叙述功能。接下来，我将具体阅读施蛰存有关铁路旅行的短篇小说，比较其与精神分析学说背后的铁路经验,在此基础上揭示《魔道》等短篇小说以车厢邂逅呈现主体的欲望试炼——或是坚持自身欲望而陷入否定现实的疯狂,或是以放弃主体地位为代价以保全自身。本章最后审视张恨水的《平沪通车》,其以车厢邂逅来书写现代社会中的艳遇骗局和女性犯罪。在我看来,车厢经验的混入,使得《平沪通车》不再只是一部包含传统说教的男女言情故事:从艳遇到骗局的发展,指向了现代抽象体系中的风险与信任问题;而从陌生人到女骗子的转变,则蕴含着女性对现代主体的教益——颠覆的可能与解构的力量。

第一章　沿着语言概念的轨迹：
铁路的命名故事

物的名字

为什么晚清的中国人要用"铁路""火车"指称这种来自异域的新事物呢？是西学东渐过程中对外来语的翻译？是一种对新事物、新经验的命名？还是人与语言的历史纠葛中一次偶然的相互成全？不论是索绪尔（Ferdinand de Saussure）还是维特根斯坦对语言的理解都始于反思所谓的命名问题：他们宣称语言符号联结的不是事物与名称而是概念与音响形象；抑或命名只是对各种语言游戏的片面误解，这样一个事物为什么会有这样一个名字其实是偶然的、约定俗成的。[58]这意味着作为物的"火车"与汉语中的"火车"、英语中的"train"、德语中的"der Zug"、日语中的"汽車（きしゃ）"没有必然的本质联系，而且本来也可以被叫作"水船""椅子""phallus"等。

那么约定俗成又意味着什么？这看似充满魔力可以解释一切的回答却也流露出某种苍白无力——它的实质含义无非是"人们就是这么用的"。如果你想继续追问下去，维特根斯坦会告诉你问错了问题。因为词语在语境中的用法就是它的意义，若以为这背后还存在什么"真正的意义"，其实是想把丰富多彩的语言游戏缩减为某一确定的答案——这本身就是一个错误的冲动。[59]

但思想中的"错误冲动"仍会留下身体经验的痕迹，考虑到像"铁路""火车"这些新词的出现、确立总是伴随着新式器物与技术在晚清的接受以及中西之间的翻译交流，那么"约定俗成"又可以替换为"文化与历史"。同样的对象，在英文中叫"railway"，在中文里则是"铁路"，这或者是因为出于不同的文化背景，所以即使意指同一个对象，但意向性（intentionality）样式不同，那么对不同语言、国家的人意味也就不同。[60] 或者我们可以将其归因于某些历史条件，比如刘禾（Lydia H. Liu）提出的跨语际实践就是考察翻译新名词在中西意识形态及观念的互动中兴起、代谢、获得合法地位的具体过程。所谓新词语的建构本身就是历史变迁的隐喻，人们借助翻译创造着对等关系（中国与西方、传统与现代）的喻说。[61] 然而这两种思考路径对事物名称的探究均依赖于个体对事例的枚举与归纳，却最终导向了整体性、具有强大解释力的宏伟框架——文化背景和历史条件。这种对新词概念、外来翻译的历史化处理是将事物本身从历史和文化中割裂了出去，变成话语的点缀。换言之，物的名称是任意的，重要的是物背后不可见的文化因素，是物的名字暗含着的历史内涵。这种表面与内在的设定和习以为常的"深度模式"，往往使得对命名的探究变成不同意识形态争夺合法性的战场——用一种约定俗成去取代另一种，由此偏离了物本身和它们的名称。[62]

借由丹尼尔·米勒（Daniel Miller）的反思，我们之所以认为像衣服这样的器具、事物肤浅、不值一提，往往是因为符号论式的思维方式预设了内外、深浅这样的关系。我们总以为本质和意义存在于器具表面的背后，事物的内部深处，"我们不得不探求自身深处的内在以求找到自己，但这都只是隐喻罢了。我们的内在深处只有血液和胆汁，而非哲学上的确定性"。[63]

另一方面，对于"铁路"这类新名词的研究也倾向于将其和近代中国人的思维方式、价值观念以及认知水平绑定在一起。特别是那些和自然科学、现代技术相关的术语名称，它们的确立过程总是由繁杂到统一、由随意到规范、由错误到正确——名称的合法化。这也与所对应的物、技术在晚清中国从误解到摸索，再在正确认识的基础上大规模引进这样一个接受过程相一致。比如黄兴涛提出："近代中国人思维方式和基本价值观念的变化，可能正开始于和被强化于大量带有'现代性'品格的各种新名词的流行与潜移默化，尤其是双音节以上的词汇和抽象概念的大量引入、创造、广泛传播与社会认同之中。换言之，正是那些人们在不经意之中反复使用的表示近现代新生事物、新思想的新名词、新概念，在社会化的重要维度和实践功能的意义上，将思维方式与基本观念的变迁两者有机地联系了起来。"[64]而王宪群所勾勒的蒸汽技术在晚清社会中之接受过程，就是其先在语言概念上误解，继而在实验和学习中摸索，最终借助制度创新和资本实现大规模的引进。[65] 这种认为现代物与技术的语言概念影响人们思想认知的观点，在晚清的传教士翻译家们那里早已出现。艾尔曼（Benjamin A. Elman）指出，以傅兰雅为代表的晚清传教士们进行的翻译工作，就试图通过建立一套系统、科学的术语命名体系作为启蒙的工具。依靠发明新词汇、确立新术语，并使其标准化、统一化，继而有效地普及科学，提升晚清中国人的知识水平。[66] 不过事实上，事物命名的变化、技术术语的演进并不一定和我们对物与技术的科学认识存在必然关联，更不用说是正相关联系。我们对于现代技术的熟练应用和习以为常也并不代表我们对技术有了深入的理解。现代社会中，人们关于物的命名、应用和思考也并不必然是统一的。我们将一个对象命名为"智能手机"并不必然反映我们对于电子技术、通信物件的思想认识水平；同样，手机的使用者即使无法清晰说出它的运作原理，也不影响他们在日常生活中熟练地使用、享受它。这一模式和晚清中国人对于铁路的命名、认识和接触其实并无太大区别。需要指出的是，尽管本章认为物的指称命名和我们对于其的认识思考并无必然关联，但从不否认技术和器物有能力在新生名词及抽象概念中留下自己的烙印。

"铁路"的由来

意大利汉学家马西尼（Federico Masini）通过对19世纪

汉语外来词的考察，指出"火车/火轮车"是当时"本土自生的新词"，而"铁路"则是德语"Eisenbahn"的"借译词"。[67] 其所依据的文本材料是德国传教士郭实腊（Karl Gützlaff）于1840年所著的《贸易通志》。据魏源《海国图志》中对《贸易通志》的摘录："且火机所施不独舟也，又有火轮车，车旁插铁管煮水，压蒸动轮，其后竖缚数十车，皆被火车拉动，每一时走四十余里，无马无驴，如翼自飞。欲施此车，先平其险路，铺以铁辙，无坑坎，无纡曲，然后轮行无滞。道光十年，英吉利国都两大城间，造辙路九十余里，费银四百万元，其费甚巨，故非京都繁盛之地不能用。"西洋贸易力求简易轻便之术：一曰运渠，一曰铁路。"[68] 从语言学的角度看，得出"铁路"是从德语词汇借译来的这一结论固然不错，但并不意味着可以就此画上句号——相反，从物的生命历史入手，问题才刚刚开始。[69] 知道"铁路"这一汉语复合词是对"Eisenbahn"的仿译并不能推断出晚清中国人在接触铁路时就径直采用该词来指称相关对象。铁路并不是当时火车运行轨道唯一的名称。不仅是"铁路"和"Eisenbahn"具有不同的意向性样式，我们也无法保证在晚清被中国人逐渐广泛接受的"铁路"一词和当初普鲁士传教士创制的词语有着相同的内涵及意指。同理，我们也无法确认晚清词汇中的"铁路"与我们今天语言中的"铁路"有着一致的意向性样式。尽管我们仍旧使用着同一词语，却是在不同的历史时段里、具体的经验中接触着已经变化了的事物。如果说这一借译词的确立隐喻了某种意识形态或权力关系——比如中国/西方、传统/现代，那也仅仅是对身处现代之中的现代性研究者（往往是中国的研究者）才具有意义。身处现代性发生之际的晚清中国人——这也是一幅后设的图画，并不与我们分享同一种有关西方/中国、传统/现代的对立想象；与其寻找新词译介和科学认识、意识形态之间的关联，不如干脆承认这更像是人与物、身体与机器偶然相遇的派生产物。

早在林则徐1839年主持编译的《四洲志》中，铁路还是尚未成形、不知如何表述的缥缈意象；只知道"火烟车"所行之路必须"穿凿山岭，砌成坦途"，而且"如值大寒河冻"，"火烟车"也可以在冰面上行驶。[70] 也许在林则徐等人的想象中，"铁路"大约是和冰面一样，光滑平坦、不能有山岭丘壑之类的障碍。不过在西学流入的介绍书籍、译介历史中，铁路很早就有了自己的第一个名字——辘轳路。比如新加坡人息力1835年所撰的《英国论略》中，称"又造辘轳路，用火车往来，一时可行百有八十里"。[71] 所谓"辘轳"，一指有着圆形转轮、缫丝用的缫车，例如王念孙疏证，"《方言》：缫车，赵魏之间谓之辘轳车……'辘轳'与'历鹿'同"；二指车轮转动的声音，金元好问《送吴子英之官东桥且为解嘲》诗云"柴车历鹿送君东，万古书生蹭蹬中"，元尹廷高《车中作古乐府》诗云"车辘轳，车辘轳，驴牛逐逐双轮声"；而有时则直接借指车子或车行驶的轨道，宋欧阳修《蝶恋花》词之十七云"紫陌闲随金辘轳，马蹄踏遍春郊绿"。宋苏轼《次韵舒教授寄李公择诗》云"松下纵横余屐齿，门前辘轳想君车"。用"辘轳路"指称铁路也许只是为了强调火车所行之路的与众不同，却因为对过去经验的继承,融入了圆轮的图像和转动的声音。为了更加突出铁路与过去常见之路的与众不同,郭实腊《万国地理全图集》(1838)和祎理哲《地球图说》(1848)将其改称为"铁辂辘之路"。[72]至此,材质——铁、图像——圆轮、声音——车轮转动,三者较为完整地构筑了铁路在晚清中国语言中的显现方式。然而"铁辂辘之路"很快就被"铁路"取代,比如郭实腊随后撰写的《贸易通志》(1840)和徐继畬的《瀛环志略》(1849)。这一改变是出于语言的经济性原则?还是为了和德语"Eisenbahn"形成更好的对应?那么"铁辂辘"难道不也是一种对应的可能选项吗?况且,从"铁辂辘之路"到"铁路"并没有显示出对铁路描述信息量的增加,或是反映出人们对铁路认识水平的提高。《瀛环志略》更是直接将"铁路"等同于"用铁建造的路",比如"造火轮车,而熔铁为路以速其行……内地通衢,多用铁汁冶成以利火轮车之行"。[73]"铁"似乎成了铁路的本质,"铁路"也变成了一种"属加种差"的真实定义法——我们并不知晓徐继畬在使用"铁路"一词时是否懂得这是从德语仿译过来的词。为了更清楚说明铁路的样式,或者更像是为了消除铁路就是"铁造之路"的印象,丁韪良1868年编译的《格物入门》就指出铁道之式首先是要"于车辙两边,各置大木,须极坚固。大木之上,钉以凸出铁条"。[74]《申报》在吴淞铁路落成之前刊登了一篇普及火车铁路的文章,其中也特别提到"考铁路之制,非以铁铺路也。乃以铁为槽,接长其形如倒写之人字形路"。[75]确实,如果仅考虑技术原理、资讯传递的准确性,"铁路"算不上是一个优秀的命名选项；可倘若将其合法性来源归于原本的德语词，又未免陷入一种对名词出现优先权的盲从之中。或许以"铁"为路的意象对晚清中国人的刺激太强烈，将此新奇之处作为辨识这种新事物的特征也未必不合理。从"铁轳辘之路"到"铁路"真正引起改变的既不是认识论水平也不是语言学规范，而是新经验对旧经验的覆盖，更准确地说，是一种转化。"轳辘"的消失也许对晚清人来说并不成为问题，作为日常经验之内的事物本来就无须区分"轳辘"与"路"，值得强调的当然是通过技术创造出的新物——"铁路"。可对于已经变换了参照系，步入现代之中的我们而言，"轳辘"成了只能在古代诗文、图画中寻找到的事物，其意向性的所指与所谓的传统、过去连在一起：经验遭到了覆盖与转化，语言指称也出现了断裂。如果我们并不认为人们可以自觉地选择某种语言概念，同时也不想用一种抽象的名词，或是隐藏幕后的整体力量来解释这种现象，那么我们也许可以设想：并不是人们在为事物命名，而是铁路这种现代之物以其向晚清中国人独有的显现方式选择了自己的名字。作为语言概念的"铁路"与现代之物的铁路所呈现出的一种分裂，恰恰说明我们不应在"阶梯进步"式的启蒙想象和"直线型"的认识设定中去研究这些名词概念。这一点在"火车"这个所谓的自源新词中有更强烈的体现。

从"火车／火轮车"到"'火'车"

铁路和火车均是中国语境中前所未有的新事物，可它们的名称却有着不同的待遇。相较于作为德语借译词的"铁路"，马西尼将"火车/火轮车"视作本土自生的新词，仅仅是因为没有在作为参照系的西方语言中找到相似的对应。跨语际翻译实践试图将语言论述、知识概念还原为历史事件，将翻译过程处理为制造对等关系的喻说以此来消解中/西、传统/现代的对立，可它的言说工具——比如物的语言指称，本身就立足于对不同等级秩序的默许基础上。语言符号与现实世界之分离，使得意义与指称、语言与对象的关系成了比存在、主体等更为基本的哲学问题，"漂浮的能指"建立起自成体系的王国。可研究者所处的位置，又令我们不得不尽力嵌合两个不同的世界：不论是努力返回历史现场还是在思辨的道路上越走越远，都是为了让我们关于语言符号的研究与现实世界重新关联，继而产生意义。事实上，语言概念从来不只是符号层面的问题，也不只是符号背后历史结构、意识形态的运作；它直接感受着经验的变迁，与具体的物与技术打着交道。要想明白"火车"这一语言概念在中国语境中的诞生确立，不是要将焦点放在人们对于相关技术原理的认识发展，而是要去参考火车衍生出的各种意象，以及它们如何嵌入日常经验之中。

马西尼对于"火车"一词的探讨依据的是美国传教士裨治文（Elijah Coleman Bridgman，又称高理文）于1838年出版的《美理哥合省国志略》，其将"火车"一词解释为"唯以火力旋轮"。[76]根据该书第一次印刷版本《美理哥合省国志略》记载："其外更有火车，不用马匹，内以火力旋绕，日可行千余里。"[77]不论是"以火力旋轮"还是"内以火力旋绕"，都是从火车运行的动力原因方面加以解释,"火力"很难说属于科学知识性的范畴,更像是混杂了外来技术和新经验而融入了晚清帝国关于现代之物的想象中。同样,林则徐将火车称为"火烟车",并不是缘于火车烟囱排出的烟气这一形象,而是其意识到火车运行是"均用火烟激机运动,不资人力"[78],所以这里的"火烟"其实指的是"蒸汽"。郭实腊在《贸易通志》中提出:"天地间空中运动流转之物,唯风水火三者,今风力水利皆无可恃,唯有火力可借。"为什么不能用火轮以代风轮、水轮呢?"于是以火蒸水",凭借"炎热郁蒸之气","施之以轮,不使自转。"[79] 遂用火轮机之法,造火轮船、火轮车。丁拱辰在1843年刊行的《西洋火轮车火轮船图说》中也是强调这种机器"俱不假人力,唯用水火牛马运转";而火轮车和火轮船"其形虽异,其机则一"。[80] 徐继畬也是如此梳理了从火轮机的发明到火轮船再到火轮车的这一先后递进顺序。[81] 王韬在1890年刊行的《漫游随录》中记载自己二十多年前的赴欧所见,介绍了他所理解的西方电学、火学、气学、光学、化学、重学等"实学"。在他的分类体系中,火车和"火学""气学"都没什么关系——前者研究"金木之类何以生火、灭火",后者考察"各气之轻重";反而是由"化学、重学"而"知水火之力,因而创火机,制轮船火车,以省人力,日行千里"。[82] 所以是由"火力"而有了"火机",最终创造出"火车"。由此可见,"火车/火轮车"的"火"与"轮"本应该是指通过烧煤生火产生蒸汽动能的蒸汽机。但晚清中国人却是用"火力""火轮"来解释火车轮船的运行,故有学者认为这是出于他们对蒸汽原理的误解，以致无法想象何以蒸汽能够产生如此的能量。[83] 而用与风轮、水轮并举的火轮指代蒸汽机，也体现了一种对传统中国认识论中风水火的附会。晚清的格物/格致之学，不同于日后单一、普遍西化的"现代科学"，其本身就是在传统文化资源、中国既有哲学认识论层面与西方的、新进的科学技术、社会政治学说之间的互认与摸索，从而形成一种不中不西，既非传统也不现代，同时混杂多元的知识分类体系。[84] 也有学者认为晚清的格致之学本有可能发展成为一种"非西方"的现代科学，却因为战争、政治的原因，无法承载起作为现代民族国家之中国的建立，使得自身现代身份被全盘否定，最终"现代化"变成了纯粹的"西化"。[85] 在这里，我并不想评判格致和科学孰优孰劣，也不想探讨格致是否有成为一种另类科学的可能。令人感兴趣的是，格致学的混杂与多元、糅合传统本体论想象与西方科学技术的知识，恰恰印证了晚清帝国关于现代性经验的复杂与异质。我们同样应注意到，即使不同于科学建制体系，作为一种知识话语的格致学其内部也存在权力层级和盛衰轮替，比如以火力、火轮为重心的火学之淡出。可能是意识到用火力、火轮形容蒸汽机的运转不够准确，在丁韪良《格物入门》所区分的水、气、火、电、力、化、算七大学类中，有关火轮机、火轮船、火轮车的部分是放在"气学"下面，而"火学"研究的则是冷热、光学一类的问题。其在"卷二气学"一章中着重强调所谓火力是以"蒸汽转运火轮"，火轮因"蒸汽之稠稀"而有高度机、低度机之分，"嘉庆五年间，有人始造气机轮车，遂用火力以代马"。[86] 傅兰雅编撰的《格致汇编》也刊登了《气机要说》和《气机命名说》等文章，前者采用"气之力""气机"代替"火力""火轮机"；后者则直接解释，当初轮船初进中国时，"见者因内燃以火、外转以轮，即呼曰火轮船。其机沿曰火轮机"。"今按此器，乃以水气运机，当名曰汽机轮船，或省曰汽机船，再省曰轮船。机则名曰水气机，省曰气机。"[87] 薛福成为1890年出版的《格致汇编》所作的序言中，已然不见"火学"的踪影，只剩下重学、化学、气学、光学、电学、几何学六大类，其中"气学"即是"以火化水，使积力而生动者"。[88]

可见格致学知识体系内部确实呈现出一股以气代火的趋势，气学成了更为规范准确描述火轮车运作原理的话语。如果说这一变化体现了人们认识水平的提高——由误解走向正确，那么按照先前研究者的普遍设想，相应的翻译术语、事物命名也应该有所体现——至少变得更为准确。可如今火轮机、火轮船的叫法都已成为过去，为何火车仍然是叫"火车"呢？阿梅龙（Iwo Amelung）有关晚清中国人对西方力学的接纳之研究或许能为我们带来些启发。他关注翻译西方力学（Mechanics）的术语概念如何从"重学"演变为"力学"的过程，强调像"重学"（与"火学"类似）这些晚清的科普词汇虽然自身缺乏必要的科学性基础，却为将来新知识体系的确立铺平了道路。更重要的是，他指出："19世纪传入中国的'重的研究'和'力的研究'事实上与西方科学中的力学并不完全相同。力学的抽象概念和名称都被具体化了，它们都被视为有具体内容的名词，这就导致了其原初内容的压缩或扩展。"[89] 换句话说，我们不应将它们当作同一事物、同一知识的移植与复制，而是在中西不同的语境中有着各异的聚合方式。像"火轮""火学"这些词，虽然缺乏所谓的科学内涵，也逐渐被知识话语体系淘汰，却对于现代之物的命名有着强烈的影响。此外，就像现代科学技术与日常生活经验存在隔阂一样，我们也不能纯粹用格致学的分类变化印证晚清中国人对火车、火轮、火的认识与理解。况且考虑到格致学的实际接受情况，像《格致汇编》的发行量最高也只有两千左右的读者。[90] 如前所述，物的原理、技术知识与身体作为人与物的经验中介总是呈现出一种分裂，事物的本质（如果有）处在其所传递的信息之外。换句话说，物向人显现的意象总是优先于人对物的认识理解。接触火车的晚清人士，不乏有人也许并不在意"火轮"（蒸汽机）与车轮的区分；也许对火车带来的新奇、震惊甚至创伤性的"火"之感受，要远胜于格致学试图普及的火力、蒸汽；也许对"火车"的接受只是出于习惯后的泰然任之，并不必然关乎自身知识水平的提高以及集体文明程度的增长。

比如《格物入门》中回答"物之下坠生热，何以验之"的问题，就举例为"火轮车陡然停止，轮下必生火焰，皆其验也"。[91] 王韬记录自己1868年参观火轮车时，有英人向他讲了这样一个故事："火车之行，轮铁迅捷，辙生火焰，昔时车每被焚。有阿士贝者，创造凉油，使车行久而轮不热，遂获厚利，富甲一乡。"[92] 单从故事来看，该英人讲的很可能是1866年发明蒸汽机润滑油的美国医生约翰·艾理斯（John Ellis），其恰好在两年后王韬赴英的这一年创立著名的华孚兰机油公司（Valvoline）批量生产润滑油致富。王韬却把润滑油想成防止车轮生火的"凉油"，遂构想出一幅"轮铁迅捷，辙生火焰"的画面。可见"火轮"与其指涉的对象蒸汽机已然在王韬的认识想象中互不干涉，并且取得了新的意象。王韬至少也是亲眼见过、乘过火轮车的知识分子，而在道听途说的顽固派大臣那里"火"之意象就更夸张了。比如余联沅上奏反对修建铁路，就声称："抑臣又闻之，外洋火轮车行走剽疾，电发飙驰，其中机器之蹶张，火焰之猛烈，非人力所能施，并有非人意所能料者。"[93] 吴淞铁路开通以后，《申报》刊载了一首《咏火轮车》的竹枝词，其中开篇就是"轮随铁路与周旋，飞往吴淞客亦仙。他省不知机器巧，艳传陆地可行船"。[94] 这里的"轮"自然也是指铁路上旋转的车轮，而"车轮生火"也随着吴淞铁路的引入在中国语境中成了事实。《申报》记载"火车遇阻"一事报道称，前日吴淞至江湾的火车正在行驶途中，突然被男女老少等八九百人拦路截停，问其原因，原来是前日机器车中的火星飞到了附近农民的茅屋上，导致房屋被毁。管车的洋人赶紧好言相劝，并承诺会派人前去查看，众人方才散去。然而没走几步，人群中有人喊"何为轻纵？"，众人复又蜂拥回来，企图拉住火车。"后觉机器力大，人不能敌，遂各释手"，火车才又重新开行。[95] 这实在是极具戏剧性的一幕。农民们不仅直接遭受了火车造成的火灾，还在与机器的正面交锋中败下阵来，只是因为数百人的身体之力仍旧敌不过火车这一新鲜事物的力量。试想，如果换作轿子、马车，哪怕是小一点的汽车，也一定能不被"轻纵"的。火车就是这样真切地用它的"火"与"力"改变了人们的居住环境、生活习惯，乃至内在的观念世界——"机器力大，人不能敌"既是火车给晚清中国人身体记忆打上的深刻烙印，也开启了现代之物的自然化过程——即使不愿，也只能无可奈何、默默接受了。而晚清火车事故引发的火灾更是屡屡出现。单是津塘线，在光绪十五年便发生过两列对行火车相撞起火的事故，多人在火灾中丧生；光绪十七年，一列火车因为烟囱迸出的火星引燃车上装载的棉花包，导致车轮被毁、人员伤亡。[96]《点石斋画报》更是将光绪十七年这一起火车事故以图文并茂的方式加以报道，并声称这是"火车开行以来仅见之事也，故志之"。[97]

火车变"火"车的灾难性事故到了民国时期仍有发生。比如1924年1月18日，济南开往青岛的二次旅客快车因车内旅客吸烟起火，烧毁客车三辆，公事车一辆，旅客死十人，伤四十五人。[98]不过与晚清不同的是，民国的这种火车事故已是发生在铁路现代性建立起的框架之内，火车变"火"车不仅是事故，也开始成为故事，披上了隐喻的外衣，担负起象征功能，进入到中国现代文学的作品中——这就是老舍创作于1939年的短篇小说《"火"车》。不过在进入这一文本之前，我们还是先来考察一下铁路与火车是如何生产，或如何协助生产出更为广泛的新词概念。

作为认知装置的铁路火车

德龄的《御香缥缈录》中有这样一段慈禧太后与铁路官

员孟福祥的对话：

"究竟是什么东西使这辆火车行动的呢？"太后的第一个问题。"回太后回老佛爷，"孟福祥是有口吃病的，因此他的说话是很慢，而且断断续续地不能连贯，"就是车上这些工役们把火车开动的！"

"这还怕咱不知道吗！现在，只要问你，他们究竟是怎样把火车开动的？"

"奴才该死！奴奴才不知道！奴才不不不敢妄回！"

"记得在前一站的时候，"他的答复虽然是这样的令人失望，可是太后偏要问他，"为着一件什么事情，我们的车子曾经往后面退过，你现在就告诉我，何以这些车轮既能望前面滚，又能望后面滚呢？"

"奴奴才知知知道！回太后！这是那司机的人弄的！"

"那么，他们又是怎样把这个车子停下来的呢？"

"回太后！六个人从车上跳下来，奔到最后的那节车子里去，抓住了那个轮盘，只要他们尽力地抓住，这个车子就停下来了！"[99]

尽管德龄记述的历史真实性一直备受质疑，我们也暂且悬搁慈禧太后此一人物所具有的特殊身份。虽然对话的真实性无法确定，可这一问一答却正体现了某一时期的中国人面对火车时的困惑：明明身体已感受到，却在知识分类上无法安然面对，只能通过原有的经验知识加以附会。如果孟福祥的回答是

"火力""蒸汽"的缘故，我们是否会觉得这样的回答更加科学？是否会觉得孟福祥更为现代，与我们的距离更加接近？事实上，即使我们能够给出"蒸汽""火力"的答案，并非我们比孟福祥更为聪明，也不是因为我们都是火车专家，精通相应的科学技术——仅仅是依靠语言概念和知识经验的积累过程，让"火力""蒸汽"这些对我们来说不算新奇，甚至反倒有些过时的概念脱口而出。今天火车的动力早已延伸至电力、磁悬浮，衍生出的种类也涵盖动车、地铁等不同类型，我们搭乘高速列车出门旅行，跟随地铁线路上班返校，一切都是这样自然而然，我们并不会一直意识到这种现代技术之物与自然的疏离：物的自然化在日常生活经验里早已大功告成。这并不意味着火车进化为地铁，成了我们日常生活的背景，而是我们的日常生活早已由火车所塑造，我们早就已是置身于"火车"之中而习以为常的现代人了。

大多数的地铁线都是为了符合日常所需。不是由我们去选择要不要把它们保留在记忆里：我们是整个浸泡在里面，好像当兵的回忆一样。

让我们在搭地铁的路程中交叉对照的，正是我们自身的历史。我们今天的路线和昨天的路线彼此交错，聚集成生活的团块，而像行事历一般印在我们心里的地图路线图，只能让我们看到生活的一个切面，一个同时最具空间向度和时间规律的面向。[100]

当然，科学技术名词也有自己的知识逻辑，但在日常生活中，它们更为显著的作用是使我们对技术感到安心，泰然处之（Gelassenheit）。只有当技术失灵，或是被干扰、打断时，"人们突然清楚地意识到，技术的'自然性'并非来自对技术的完全掌握，而是习以为常和常用的结果"[101]。我们可以经常在一些电影场景中看到（实际生活中也会遇到），当飞机或是机车快要失控、遇险的时候，驾驶者像对人一样祈求着机器之物能够"加把劲""坚持住"，然而危险一旦度过，受到赞誉、被称作英雄的永远是机长、司机等人，而之前的"祈求"也被解释为人在面对绝望时的无奈与非理性的表现——机器、技术不会回应人的祈求或是接受赞誉，在遵照自身规则而不矛盾这一点上，它们远比人更为"理性"。人们之所以很快忘掉技术、器物的危机，无非是因为有一个技术自然化的世界可以回去，其中对技术的泰然处之远胜于对技术的忧虑和怀疑。慈禧和孟福祥的问答正是发生在这一世界于晚清中国的建立之际，他们目击了火车作为物的自然化之起始。他们的对话在身处现代世界中的我们看来，固然显得愚昧、可笑，但这也仅仅是因为我们忘了这被视作理所当然的"世界"是如何建构起来的。仿照柄谷行人谈论"风景之于现代性"[102]的句式，我们可以将其表述为：

> 火车是一种认识性装置，这个装置一旦形成，其起源就被忘却了。火车，似乎一开始就是存在于外部的客观之物。其实，这个客观之物，如同主观自我一样，都是在火车经验的自然化过程中确立起来的。

火轮船、火轮机今天已不再使用,格致、气学、火学都已湮灭在历史之中,唯独"火车"这一日常语言概念的幸存,使我们能够重新了解其背后真实的物的载体,相应的认知变化,以及层层堆积、相互覆盖的现代性经验。新与旧、中国与西方、传统与现代的对立统一都深埋在这累积的经验之中,时而历史地壳变动,旧的化石又被视作新的东西挖掘了出来。正是因为经验的含混与覆盖,我们才能既得出现代性、速度、交通技术导致了经验贬值的结论,又同时可以把火车、铁路等技术器物视作新经验的可能源泉。

事实上,铁路现代性派生的语言概念轨迹,并不局限于自身的专有名词,同样包括我们日常生活中的其他词语,特别是"时间"。"时间"一词本身出自古汉语佛经译语,表示"立即""一时"之意,由现代日语借去对译英文"time"一词后,又于晚清传回中国。[103] 比如佛经中有"如是时间,经五十小劫""一刹那时间"等用法[104],其他古籍中有"时间尚在白衣,目下风云未遂"(《西厢记诸宫调》)、"如果不,时间就打上灵霄宝殿,教他龙床定坐不成"(《西游记》第四回)等用法[105],都是表示时间极短,即刻之意。不过,"时间"一词在晚清的使用推广也并非一帆风顺,在对译"time""space"方面,"时间""空间"当时都有自己的竞争对手——"宙"和"宇"。"空间,时间,佛典译语,日本人沿用之。若依中国古义,则空间,宇也;时间,宙也。其语不尽通行,故用译语。"[106] 梁启超是从语言使用现象对此加以解释的,不过为什么"不尽通行"呢？要知道，在严复那些享有盛名的译著中可都是用"宙"和"宇"对应"time"和"space"的。

根据黄兴涛的发现，王国维在1905年的一篇文章《论新学语之输入》中，正好对严复用"宇"和"宙"来翻译"space"和"time"提出批评，认为不如"空间"和"时间"来得准确。[107]因为严复的译法只能表达抽象、无限的空间和时间，未能涵盖具体的时间表征。"夫谓infinite space（无限之空间）、infinite time（无限之时间）曰宇曰宙可矣。至于一孔之隙、一弹指之间，何莫非空间时间乎？空间时间之概念，足以该宇宙；而宇宙之概念，不足以该空间时间。"[108]那么，王国维试图强调的具体、短暂、蕴含着速度节奏"一弹指之间"的时间又是指什么呢？虽然今天我们多是将"时间"作为抽象名词来使用，可在20世纪初，中国本土汉语从日本引回"时间"一词时，出现过既将"时间"视作表示抽象概念的名词，又用"时间"表示时间长度单位——等同于"小时"的现象。黄兴涛根据日本学者松井利彦的研究，指出这一现象背后的原因乃是现代日语用"时间"对译"time"一词时，就存在抽象概念与具体小时并用的双层含义。"从日本幕末兰学时期编译《厚生新编》一书起，表示时长的时间单位汉字词之'时间'（意即小时）即已问世，明治之前和之初，独立使用、表示时长的非时间单位名词之'时间'也已出现。前一用法，因1872年铁路的开通而迅速传播开来。"[109]由此推论，王国维认为严复译法中所缺失的具体时间表征，那能表示短暂、即刻的意味，不恰恰是铁路火车所带来的具体时间单位内的现代性体验吗?"钟声一及时,顷刻不少留。虽有万钧柁,动如绕指柔。"[110]"一自火轮车迅驶,游人省唤渡头船。""巧同缩地哄人游,斜日西沉尚未休。"[111]"风樯阵马不及追,瞬息已经数十里。"[112]在晚清中国,还有什么能比铁路火车更能给人以直接的快捷、迅速、时间短暂的经验感受呢?难道不正是铁路火车带来的这种速度和短暂即刻的时间,才让人们更愿意用能表征"一弹指之间"这样短暂、具体时间状态的"时间"一词对译"time"吗?

斯蒂文·埃里克森(Steven Ericson)对日本铁路的研究也足以证明这一点。他提到火车对精确时间的需求引入了一种现代性的新时间观念:"在终点,火车也许会整点出发,但是在中转站,出发和到达的时间就未必会是整点。这就引入了非常新的时间观念,一个更为精准的'分钟'概念,这是以前日本人从未有过的。在铁路到来前,人们管理生活的最小时间单位是半小时。突然,铁路要求将这个最小单位减少到分,对于铁路使用者来说这确实是一个巨大的变化。"[113]不论是佛典、古籍中的"时间"这一传统经验借助铁路火车这一现代器物得以复活,并融入新的经验,拥有了现代性的身份特征;还是铁路火车这一现代性经验融入传统语言概念"时间"中,保存并扩大其含义,都再次说明,传统和现代不仅不是相互隔绝,甚至也不能用对立统一、相辅相成来简单处理。传统和现代本身就是不同经验层次的累积与覆盖,通过对语言概念的挖掘,我们才得以看到彼此的交错与偶合。而"时间",不论是其在古汉语里表示立即、片刻,还是在晚清民国曾被当成时间单位使用,或是在哲学等领域作为一个抽象的、形而上的概念,其本身就包含着不同历史时期的物与经验,同时亦在具体的物与经验中被重新塑造。列维-斯特劳斯(Lévi-Strauss)曾说:"要想对一个社会事实有适当的理解,必须从整体上去把握它。即从外部把它当成一个物体,一个包含了有意识及无意识的主观认知的物体。对此我们都有所了解,毕竟不可避免地生而为人,我们生活的事实更像是土生土长的原住民,而非在旁观察的民族志学者。"[114] 不论现代性的概念如何被挪用变换,其相关的历史事实、身体经验总是无法否定的;尽管我们只是在策略上将其"当成"一个物体,可只要置身其中——毕竟我们不是清醒旁观的民族志学者——策略就会和经验发生重合,经验也有可能成为新的策略。

概念的象征化:《"火"车》

老舍1939年的短篇小说《"火"车》对铁路火灾事故予以隐喻化的处理,其既和我们有关"火车"、"火"车的概念辨析相互呼应,且本身就是有关语言概念演变为故事叙述的生动例子。某种程度上,老舍这篇小说的诞生可看作铁路火车命名故事的完结宣言——或者说,它是以文学特有的反讽方式对概念认知的"正确"过程开玩笑。小说讲述的是除夕夜行进中的火车上,二等车内萍水相逢的张、乔两位先生因为大年三十同在列车上的"缘分",结交聊天、喝酒抽烟,醉酒的张先生无意间引燃了隔壁几个蛮横的军人放置在车上的爆竹,从而导致了一场惨烈的火灾。[115]

张先生醉酒抽烟当然是这场火灾的直接原因，但车上抽烟的不独他一人，尚有很多；蛮横的军人不按规定放置的爆竹可算诱因，可火灾发生时他们都已疲倦，倒也老实地睡着了；小说中唯一受到处罚、丢掉工作的看车夫老五恰恰在这个时候去餐车寻觅酒食去了，如此将责任全部推给他似乎也说不过去；车站的管理人员也逃不了干系——这也恰是情节最奇特之处，刚起火不久的火车进入第一个小站时，站上的人们虽然"微见火影"却"疑是眼花"，"全不想说什么"直到"心中那点火光渐息"，重新感到"天下极太平"；如果用更加现代的视角怪罪于制度不健全，也并非不可以，当火车驶入最后一站，已是"全车烧起，烟浓火烈"成为"最惨烈的火葬"，可站上的站长、办事员、书记、闲员等都只能干瞪眼，因为站上并没有救火设备——即使有也于事无补。我们似乎找不到该为这场火灾而被怪罪的具体对象，尽管什么都又像是要负上一定的责任。"事后检尸，得五十二具；沿路拾取，跳车而亡者又十一人。"在老舍不露褒贬、不陈善恶的叙述下面，与其说是悲悯或同情，更像是展现一种关于这场火灾根本的无谓以及因此痛苦死亡的无意义。为什么老舍要写一个发生在除夕夜、无意义的火车火灾故事？

我们刚才似乎只检查了情节内部，与火车空间有关的人、物等因素，漏掉了一个隐形的重要责任者，即阴历除夕本身。想想开篇那老舍特有的谈话式味道的倒装句："除夕。阴历的，当然；国历的那个还未曾算过数儿"。除夕，不只是故事发生的时间背景，其本身就含有新旧交替、辞旧迎新的意味；而除夕作为一个独特的时间指标，也是与整个小说中火车所创造的新式空间、簇拥着的各式新派人物及相应的生活方式相区别的、唯一的传统中国的载体；而随着叙述情节的层层递进，我们恍然发现，原来"阴历除夕"才像是这场火灾的真正元凶。正是除夕，忙了一年本该在三十歇班的老五又要临时跑车，因此一路上的抱怨难免不和其对工作的懈怠有所关联；是除夕，所以上车的七八个军人才会抬着巨大的爆竹，"准是给曹旅长送去的"；是除夕，本来萍水相逢、彼此世故的张、乔二位先生才会有"大年三十交的朋友，前缘！""好，我舍命陪君子！"这样的对话；又是除夕，好像都看见起火的火车"火舌长曳，如悬百十火把"的站员们，却又"全不想说什么"，开始"群议如何守岁"，"乃放炮，吃酒，打牌"，仿佛"天下极太平"；因为除夕过年，事故调查员各方面请客，应酬很忙，只等"宴残事了，乃着手调查"；而"快去过年，还不到家！"这一感叹或祈愿，更是反复出现在火灾发生之前的叙述者画外音之中。也许，作家设置除夕这一时间境况的本意并不重要，因为在叙述进程的推动中，中国人过年的这一传统习惯一点一滴地与一场无谓的火车灾难纠葛在一起，好像在新旧交替之际发生这样一场"火"车之灾也是无可奈何的必然。就这样有意无意之间，传统倒成了灾难本身的替罪羊。我们在此见证了一个微观层面上新与旧、传统与现代之对立的创建过程，火车变"火"车，从物与经验进入现代中国的叙述与象征层面。而在此过程中发生的意外或灾难，该责怪的往往都是旧与传统。比如小说中，一切人、物都与火灾脱不了干系，哪怕是阴历除夕，可唯独火车本身是无罪的。暂容我们不解风情地追问一句，为什么老舍的这篇小说不去怪罪火车本身呢？

王德威将《"火"车》视为一篇带有隐喻性质的小说，认为车厢中的故事暗指当时的中国社会，而"火车"也成为老舍对个人前途和国家命运紧张情感的症候——"在一个非理性的世界里，任何努力终归徒劳，这甚至无关战争"。[116] 更有俄国学者将小说中的借喻性形象与当时的社会现实做了更直接的对应：发生火灾的火车是暗喻当时的中华民国，管理火车的人员是指当时中国的统治集团，而火车上的个别事件则反映了当时错综复杂的社会矛盾。[117] 这未尝不是一种阐释，但老舍毕竟不是茅盾，况且就算其中蕴含着对历史现实的反映及讽刺，硬要说它是对社会现实的深刻分析也略显牵强。因为老舍的短篇小说最重要的是其总有"传奇的气味"[118]，即它首先讲的是一个有关火车变"火"车的故事。故事的叙述总是把偶然的经验与物罗织成一种必然的象征及符号。如同卢卡奇（Lukács）的经典论述："关键的问题是，小说中的'偶然'意味着什么？没有偶然，所有的叙述都是僵死而抽象的。如果排除掉意外，没有作家还能描绘生活。另一方面，在作家对生活的再现中，他必须超越各种粗糙的意外事故，将偶然提升为必然。"[119] 看车夫老五本该休假的时候上班是偶然，在火灾发生时前去餐车是巧合；张、乔二位在车上相遇本身就具有偶然性，而张先生醉酒抛出的火柴恰好点燃爆竹更是极为巧合；军人抬爆竹上车是偶发事件，排长因为疲倦空洞而发脾气拒绝老五将花炮搬到上面的请求亦是偶然；其他等偶然与意外不消多说。而正是老舍以逼真的细节、变幻的节奏、紧凑的叙事，将火车上的这些种种巧合与偶然，转化为一场无谓、无意义却又必然发生的灾难，才让其本身拥有了多层内涵以及不同的象征意味。不过任何一种蕴含必然的叙述或象征本身仍旧是众多偶然经验中的一者。1924年济南至青岛的火车火灾是历史上偶然的事故，而《"火"车》讲述的故事却带有一种必然的象征。这并非寻求一种新的反映论，或试图在历史与文学中建构某种对应关系。只有在把握了偶然与必然的关联之基础上，我们才能理解并引入塞尔托有关"文学是对历史的理论表述"这一论点，因为"文学的虚构使历史可以被思考"。[120]

我们可以读出《"火"车》蕴含着对传统的批判与揶揄，或是接受其反映、讽刺了当时中国的社会现实，却很难有阐释出其对物的思考、对技术进行反省的可能。事实上，火车在老舍笔下亦非完全被动供人驱使的"死"物，反而是一再用拟人、借喻的手法对此加以描绘，比如"车悲鸣，客轻叹""跑，跑，不喘气，飞驰"等。当我们问《"火"车》为什么不去要求火车本身为火灾负责时，如果这一问题显得愚蠢，那并不是我们对文本本身提出了过分而可笑的要求，而是忽略了具体历史经验施加于其理论表述对象——文学文本上的感受。因为这一发问也可以被阐释为在质疑这篇小说为什么不具有某种现代性的批判，对技术、器物本身的反思。对比来看，在西方语境里，铁路、火车事故尽管往往也是人为引发，但在叙述象征层面常意喻现代性和技术的阴暗面——破坏、邪恶的那一面，而这也是为我们所广泛接受的。依据这种西方语境中的现代性论述策略，我们去怪罪铁路、火车器物本身，对技术展开批判显得如此理所应当、自然而然。[121]如果我们觉得两者在认识论上有高低、优劣之分，无疑是因为我们已经默认了某一种现代性论述作为参照。从更广阔的范围上来看，一个合理的解释也许只是物与经验的显现方式在此时此地与彼时彼地的具体历史情境中总存在着差异。因此，我们并不是要依照某种论述为现代性找寻对应的历史对象，恰恰相反，从火车到"火"车这一具体的变换历程——无论是基于历史经验还是文本叙事——才是在晚清民国语境中创造现代性论述、铺展各种想象的资源和前提。

除此之外，老舍在这篇小说中对火车的描写在整个晚清至民国的文学作品中都是独树一帜的。一方面，作家大量使用短促有力的句子，配合繁多而有力的动词制造出一种配合火车运行的节奏感：

> 快去过年，还不到家！快去过年，还不到家！轮声这样催动。可是跑得很慢。星天起伏，山树村坟集团的往后急退，冲开一片黑暗，奔入另一片黑暗；上面灰烟火星急躁的冒出，后退；下面水点白气流落，落在后边；跑，跑，不喘气，飞驰。一片黑，黑得复杂，过去了；一边黑，黑得空洞，过去了。一片积雪，一列小山，明一下，暗一下，过去了。但是，还慢，还慢，快去过年，还不到家！车上，灯明，气暖，人焦躁；没有睡意，快

去过年，还不到家！……车外，黑影，黑影，星天起伏，积雪高低，没有人声，没有车马，全无所见，一片退不完，走不尽的黑影，抱着扯着一列灯明气暖的车，似永不撒手，快去过年，还不到家……

而这其中很多简单句，都是以主谓语句型构成，呈现出"物＋动词"的形象。除了开篇的"火车开了。车悲鸣，客轻叹"，中间段落描写火灾场景时更为明快："……玻璃碎，风入，火狂……车疾走，呼，呼，呼，风；拍，拍，拍，爆竹；苟先生狂奔……车出站，加速度。风火交响，星花四落，夜黑如漆，车走如长灯，火舌吞吐。"事实上，通过这种形象鲜明、结构紧凑的叙述，小说中非人的"物"无意间获得了与人一样的阐释地位。所以在上一段有关火车奔驰的画面中，我们很难说叙述者是采取了何种主体视角进行描绘（乘客？观者？），因为从观察视角的进入，对乘客的心声渲染，和作为运动着的火车是同时交融在一起的。一般意义上人的主体地位和物的客体地位已经被打散了。

另一方面，整篇小说描写火车的基调也极为独特：一直在抱怨"车走得多慢！"。晚清有关火车的文本作品中，不论态度是抵制或者接受，谁也无法否认其速度之快的事实。到了民国新感觉派作家那里，仍然是称颂机车速度之快，甚至将其视为现代性的象征加以膜拜。唯独到了《"火"车》这里，似乎是已被速度宠坏了的旅客在"快去过年，还不到家"的心境中埋怨着火车跑得太慢。只有当速度成为习惯时，慢才得以被察觉。[122] 现代性并不是只有和速度、快感联系在一起，感觉到慢，因为慢而焦躁、不耐烦，恰恰是身处现代性之中的明证。小说中，火车不再是新奇的代表，而是日常生活中平常使用的物品，甚至会遭人埋怨。在这个世界里，现代器物、技术的自然化过程已经完成，快速、加速是理所当然的，慢才是不自然、需要克服的障碍，而慢的感受在文本中一次次出现无不在提醒着——铁路尚有加速的可能；其实火车本可以更快；如果不是这么慢的话，火灾也许就不会发生。从"火车"到《"火"车》正是认知概念向象征修辞转化的过程，在其中的我们亦不知不觉进入铁路所带来的现代世界。

第二章　从视觉图像出发：
　　　　《点石斋画报》中的铁路与火车

"马拉火车"的"传统"陷阱

"革命是历史的火车头！"[123] 当马克思给出这一著名论断时，他一定相信自己的读者即使理论水平欠奉，也能够通过火车头这一视觉意象参悟革命在历史进程中所起的类似作用——力量、速度、方向、技术、变革的动力等。理解这一隐喻的前提在于我们已身处一个铁路所带来的现代世界之中：面对那迎面疾驰而来的火车势不可挡的样子，我们条件反射般联想到某种关于社会向前进步的论调、历史不断发展的观念。行进中的火车头这一视觉图像与现代性的元叙事结成了天然的同盟；任何破坏这一理想形象的企图，或不符合这一典范意象的例证都会被扫进现代性之外的沉渣中。在中国，一个典型的例子就是

"马拉火车",因其代表了一种"不正确"的现代性,往往被用来形容现代外衣之下内在的传统与腐朽。

姜文的电影《让子弹飞》(2010)以民国为背景,成功糅合了侠义传奇和娱乐化的权力故事而一度受到热捧。影片开始和结尾处使用了类似的一组镜头:疾驶而来的列车不是由火车头提供牵引力,而是由十匹奔腾的高大白马拉着行驶。这一极为夸张的视觉呈现引发了对其隐喻的诸多猜测:一种可能是作为电影本身的叙事结构首尾呼应,传达出革命并没有引起真正的改变,依旧是一场轮回;另一种可能是它指涉了晚清历史上曾因骡马牵引货车而出名的唐胥铁路(见图1)[124],无疑是暗示了当时中国外表光鲜、内里腐朽,弥漫着一股"前现代"的愚昧。1881年开始修建的唐胥铁路是中国自主修建的第一条铁路。至于为什么要用马来牵引,曾鲲化所著《中国铁路史》有如此记载:"……因朝廷禁驶机车,乃声明以骡马拖载,始得邀准,盖实马车铁路也。"而朝廷禁驶的原因则是"谓机车直驶,震动东陵,且喷出黑烟,有伤禾稼"。[125]这一迷信的论调和马拉火车的视觉形象从此联结起来,昭示着半殖民地中国腐朽落后的本质,成为"世界铁路史上的一大笑话"[126]。以至今天的观众在面对《让子弹飞》中"马拉火车"镜头时,仍能一再泛起对半殖民地中国腐朽落后的声讨与批判。[127]

但是,"马拉火车"并不必然指向着传统与愚昧,从交通运输史的角度来看,它其实是19世纪普遍存在的现象,这意味着它也曾"现代"过。19世纪初,位于威尔斯的斯旺西—曼布尔斯铁路(Swansea and Mumbles Railway)是世界上第

第二章　从视觉图像出发:《点石斋画报》中的铁路与火车　61

图 1　唐胥铁路"马拉火车"照片，约 1881—1882 年

一个投入使用的载客铁道运输系统，其建成伊始就是以马来拖曳客车运行的（见图 2）[128]。丁韪良在 19 世纪中期向中国读者介绍什么是铁路时，有如下表述："可以速行无碍，一马可拽多车，唯不如火轮之力大而速也。美国各城，多有此等车道。因人烟稠密，火轮车未便驶行，仍用马车，而车中整洁如室。"[129] 所以蒸汽火车和马拉火车是早期铁路运输系统中并行不悖的两种方式。1876 年前去美国费城参观世界博览会的清朝官员李圭，更是目睹了费城马车铁路的盛况："有所谓'街车'（西语称'克阿'），其制如屋，长约二丈，宽六尺，高六尺，两旁玻璃窗下设长凳，可坐三十人，兹值赛会人众，车内外坐立几满，可容八十余人；车底有四轮，牵以二马，行铁路，较速常车……"[130] 不仅马拉火车并不少见，就连我们对清政府是由于无知才用马去拉火车的定见也有可能是误解。有学者通过详细的史料考证指出，"唐胥铁路原本就是仿效基隆煤矿'用马拖车'的小铁路"，这一点无论是主事的李鸿章还是清政府都心知肚明；而"唐胥铁路兴建期间及其建

成以后,从未有人上过所谓'喷出黑烟,有伤禾稼'及'震动东陵'之类的奏章,清廷也不曾就唐胥铁路行驶机车之事有过任何谕旨"。[131] 遗憾的是,这一说法并未能松动我们关于"马拉火车"的刻板印象,甚至未能在讨论中激起应有的回响。

图 2 斯旺西—曼布尔斯铁路的"马拉火车",1870 年

让我们再来看两幅与唐胥铁路处于同一时期,西方世界中"马拉火车"的照片——1889 年的多伦多和 1890 年的伦敦(见图 3 及图 4)[132]。由于技术的完善、构图的讲究,与那幅昏暗模糊的唐胥铁路照片比起来,这两张照片无疑更具有一种充满细节的实感。高大的骏马在光影对比下展示着肌肉的纹理,精致的铁皮车厢比唐胥铁路上那简陋的木板更显质感与讲究,与铁轨呈倾斜角度的构图使整个画面在静止状态下也暗含一股动态趋势,最重要的是,那几位西方白人男性的肃穆的表情就像天生自带"现代"的印章,轻易地将照片烙印上 19 世

图3 多伦多老北站的骡马街车，1889年

图4 伦敦的马拉有轨街车，1890年

纪西方现代性的怀旧气息。同样的视觉题材，同一时期的摄影，却好像制造出不同的时空一般，让人感到传统与现代、中国与西方的强烈差别及沉重负担。也难怪我们在观看西方版本的"马拉火车"时竟不再执着于对传统的批评，乃至忘了嘲笑他们的"愚昧无知"。

"马拉火车"这一视觉符号在中国语境中成为特指、披上愚昧传统的隐喻，无疑是罗兰·巴特（Roland Barthes）所谓意识形态的"神话"（Myth）之例证。[133] 任何视觉再现背后都充斥着意识形态的操弄，或其本身就是某种政治无意识的流露，这已是老生常谈。但上述"马拉火车"视觉形象与"传统愚昧"意识形态偏见的脱钩演示，其实也为我们思考铁路与"现代性"之间的关联提供了新的启示。利奥·马克斯（Leo Marx）声称火车与铁路是现代文明最耀眼的产物，本身就是现代性最经典的修辞，其意义不必通过"诗人来赋予"，而在其"固有的物理属性：它的力量、速度、噪声和烟雾"。[134] 这种看似天经地义的论调，其实也是一种事后的建构。正如"马拉火车"本身也曾是一种"现代性"的象征，蒸汽火车也可以借助所谓的传统来表达自己。从视觉图像出发恰如其字面意思，是从视觉图像本身出发，而非怀揣某种业已形成的现代/传统评判标准进入视觉图像的领域，仅仅把它们作为材料证据放进早已标明的"现代""传统""进步""落后"这些框架内。接下来，我将借由"马拉火车"的解构启示来重新探讨《点石斋画报》中有关铁路与火车的视觉表征。

《点石斋画报》研究与"现代性"争议

　　《点石斋画报》是目前从视觉层面探讨中国现代性议题的最佳平台。首先，刊行于1884年至1898年的《点石斋画报》收录了四千六百多幅配有文字说明的手绘石印图画，不仅是中国最早的画报之一，也是晚清城市文化最具影响力的新闻媒介。相较于后来的摄影、电影等，石印是最早进入中国语境，且提供了一种可复制性的视觉技术。石印技术直接催生了近代中国大众图报文化的形成，同时开启了晚清至民国的"图像转向"（the pictorial turn）。[135]

　　其次，机械复制时代的摄影技术为世界提供了一种"实时的呈现"，被摄对象拥有无法否认的存在及过去，但绘画图像本身并不具有这一原初的真实性。[136] 这也同时意味着，介于绘画和摄影之间的石印图像有着更多的阐释空间——既可以让我们窥得更多《点石斋画报》创作者及读者纷繁复杂的历史经验和审美感受，也使其自身不易被意识形态简化为单一的史料证据。最后，《点石斋画报》已经成为一个关于中国现代性研究极具影响力的学术场域，相关话语早已进入我们的知识结构之中，成为我们必须面对的问题。[137] 在此，我们先从《点石斋画报》中两幅有关铁路的新闻图画出发，梳理有关《点石斋画报》的研究脉络及其"现代性"争议。

　　《点石斋画报》甲集十二是一则题为《兴办铁路》的图画报道（见图5）[138]。由于得到消息，清廷终于应允在天津修建铁路，而画报考虑到当时多数读者尚不了解这一新鲜事物，便

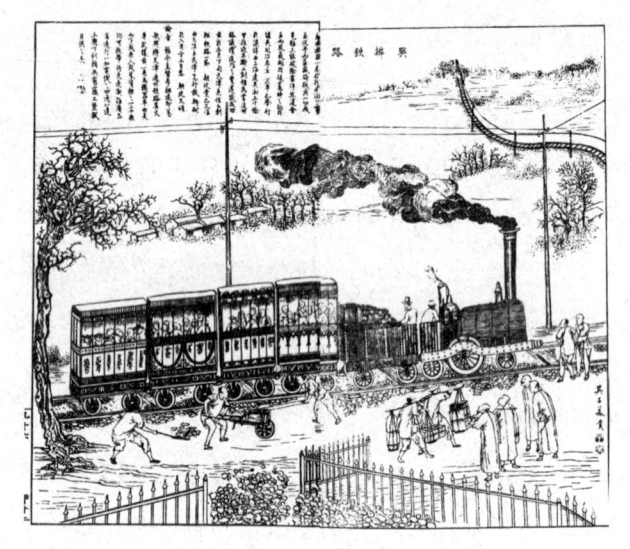

图 5 《兴办铁路》

以图文并茂的形式对铁路进行介绍。相对水平线稍加倾斜的铁轨和正在喷出的黑烟暗示了这是一列行驶中的火车。火车头和烟囱以繁复的线条制造出的阴影效果，似乎是在强调一种钢铁的质感。有趣的是，第二节车厢上的装饰与其他车厢明显不同，且里面乘客也明显最少，不知是否想表达"特等车厢"之意。在前景处西式风格的栅栏旁边，是一群转头仰视火车的好奇观者。我们可以通过画中人物是留有辫子还是戴着西洋礼帽来辨别他们的国籍。往远方延伸的铁轨指示着画面空间的纵深感，尽管有透视法的技巧融入其中，可偶尔出现的树木、村屋，以及整个类似于山水画的构图布局仍然保留了传统国画的特征。匹配的文字说明，在追溯吴淞铁路等事件、抒发己见

第二章　从视觉图像出发:《点石斋画报》中的铁路与火车　67

之后,才在介绍火车样式时与图画发生了直接关联:"其火车式样,前一乘为机器车,由是而下,或乘人,或装货,极之一二十乘,均可拖带。"随后更是表达了对未来铁路发展的乐观展望:"将来逐渐推广,各省通行,一如电线之四通八达,上与下利赖无穷。窃不禁拭目俟之矣。"

另一幅图画则是后续《点石斋画报》元集七,题目所谓《龙穴已破》(见图6)[139]。它描绘了因铁路筑成,某西洋人士买下京师外九龙山一带土地以修建仓库牟利。正在开挖施工之际,"穴中突出大蛇三头,身长十余丈,围粗若桶,盘旋逾时,御风而去"。其更进一步说明,原来"九龙山共有九蛇穴居其中,故名九龙,今见其三凌空飞去,此间风水已为所破,恐将来陵谷变迁,不知作何景象"。题词结尾更是大发世事无

图6 《龙穴已破》

常、兴亡盛衰之感。所绘图画也是极力夸张渲染：蛇之巨大，如龙一般腾云驾雾而去；施工工人看到此等景象一个个都面露惊恐，呈落荒而逃之状。大蛇飞升的烟雾是传统绘画中云纹的变形，与皴法勾勒的山石密集地交织在一起。除了图画右下角，长条状垒起的建筑材料似乎暗示了其所要建造的仓库具有某种新的形态，我们几乎在图画上找不到可以代表"现代"的事物，更别提火车铁路了。但是，"建造栈房"，大蛇"御风而去"这些视觉呈现都是基于文字报道的第一句："京师永定门外西南六里许马家堡，现已筑成铁路。"可以说，"筑成铁路"正是"龙穴已破"的前提，也奠定文末对世事变迁、沧海桑田之无奈、感伤的基调。

"铁路"与"大蛇"这两幅图画显露着截然对立的象征姿态，恰恰可以看作《点石斋画报》研究及其现代性争议的缩影。

当前研究的第一种论述重"铁路"而抑"大蛇"，认为《点石斋画报》本质上是现代的，其重要价值在于西学东渐、现代科学知识的传播。比如陈平原认为："尽管不同时期文化趣味与思想倾向略有变迁，但作为整体的《点石斋画报》，最值得重视的，还是其清晰地映现了晚清'西学东渐'的脚印。正是在此意义上，我格外关注画报中'时事'与'新知'，而不是同样占有很大篇幅的'果报'与'奇闻'。"[140]王尔敏从图说与知识普及的角度，指出"点石斋所出画报，在传播新闻，报道新知，乃是知识普及工具"。至于像"龙穴已破"这样的琐闻逸事、"大蛇"一类的封建迷信，"或为荒诞不经，或为道听途说。往往事无主名，有失新闻意义，亦无史料价值。数量虽巨，实无须采录"。[141]

第二种论述则采取截然相反的立场，认为"大蛇"代表的传统守旧才是《点石斋画报》的本质，像"铁路"一类的现代新知不过是点缀的外衣。如李孝悌所言："用传统的框架来诠释现代事物，固然让现代事物变得有些不伦不类，至少还引进了新意。但《点石斋画报》给人最强烈的印象，却是传统方志中的志异，稗官野史中的神怪，加上现代社会新闻版中的灾难和罪恶。而且这样的特性首尾一贯，没有任何的转变。""《点石斋画报》借着夸张而具体的意象，用一种看似现代的技术，重复着方志和志怪小说对传统社会魔幻却逼近真实的记叙。"[142]

金兰中（Nanny Kim）和韩瑞亚（Rania Huntington）分别从不同面向指出《点石斋画报》实质上是中国传统的志怪、笔记文体在晚清图报领域的继续。前者关注画报的读者接受，认为《点石斋画报》是以一种"新瓶旧酒"的形式，让读者在安全、娱乐的状态下接触陌生怪异之事。"通过展现任何地方都能发生奇怪之事，以及所有人类最终都受制于相同的自然或神圣的力量，对奇闻怪事的图片报道为急速变化的上海都市和其居民的日常生活引入了一种稳定的元素，既为新出现的杂志也为整个群体的新生事物创造了一种延续性。"[143]后者深入图像文本，比较探讨传统文言小说中的志怪与晚清杂志文本中的奇闻逸事之间所具有的互文与传承，认为这种怪异陌生不仅不是边缘末流，反而对晚清的新闻杂志至关重要。"观看奇闻异事正是一种开始理解杂志混杂本质的途径：比如《申报》可以看作一部由群体决定以渐进方式展开的笔记，而《点石斋画报》则是一部处理文字与图像之争的笔记小说。"[144]

因为《点石斋画报》介绍了"铁路"，所以它是现代的；因为《点石斋画报》保留了"大蛇"，所以它是传统的。这种推导逻辑预设的前提正是"铁路"和"大蛇"都有着各自固定的象征内涵——前者象征现代、后者寓意传统，这种不言自明的"神话"正和前述"马拉火车"的视觉陷阱如出一辙。所以这两种对立论述围绕《点石斋画报》的现代性争议，事实上是将相关的视觉图像与文本叙述简化成了符合或不符合各自评审标准的材料与数据。当然也有学者试图转换研究论域来引入新的思考角度。比如瓦格纳（Rudolf G. Wagner）把画报放进一个全球想象图景（global imaginaire）之中，在中西交互的时空体中见证现代与传统诸话语的形成。[145] 彭丽君着眼于现代性的视觉文化脉络，认为《点石斋画报》所代表"图像转向"根源于一种融合了客观知识和主观认同的写实欲望；而画报围绕此种欲望展现的"看"与"被看"等事例，正体现了晚清中国人试图通过视觉来认识现代世界（以及自身）的内在冲动。[146]

不过，我们有关铁路与大蛇的对立仍未得到很好的解释。在一个全球性的想象图景中，《点石斋画报》中铁路一类的钢铁巨兽与大蛇代表的神怪异兽各自处于怎样的位置？现代的"写实欲望"是否同样适用于铁路和大蛇？彼时《点石斋画报》的作者及读者在铁路和大蛇面前，是否持有同一种审美标准与认知结构？难道我们能够如此截然地想象《点石斋画报》的作者与读者在赞扬西医、汽轮、电气时就是积极而开明的现代性追求者，而一旦涉及奇闻异兽、妖魔鬼怪、因果报应就又缩回迷信落后的怀抱中？那些积极搜罗鬼怪、果报的兴趣与心态难道不同样适用于对西方各式各样的新知奇闻的渴求？铁路只能是现代的，或大蛇只能是传统的吗？甚或容我们更大胆些发问，在何种条件下，铁路是传统的，而大蛇可以代表现代性呢？自然，我们和《点石斋画报》同时代人已经是处于相异的认知、分类模式之下，对他们来说新奇有趣的事物，在我们眼里可能已司空见惯、缺少刺激。反过来，对我们来说明显矛盾、前后不一的状况，在他们的认知和经验中也许恰恰是连贯相融的。如果能意识到晚清的创作者和读者尚未像我们一样置身于一个充斥着视觉信息、大众传媒的环境下，那么《点石斋画报》真正反映的就不是一两个涉及传统或现代的例子，而是这样一个时代：美感尚未被固化为隐喻，经验尚未被缩减为信息，世界尚未被转换成图像。这并不是要在传统与现代之间为《点石斋画报》做一个平庸的折中，因为问题不在于铁路和大蛇谁更重要，甚至不在于它们如此并存，而是这一共存背后蕴含着未被驯服的多样可能。

本雅明有关经验和信息的区分是一个值得我们深思的参照点。在他看来，口口相传的具体经验是通过讲故事的艺术传承下来的，包含某种实用性的生活哲理或道德教诲，无法像信息一样被证实或证伪。所以经验总是被隔绝于现代新闻媒体之外，并最终因后者导致的信息泛滥而日渐萎缩。本雅明对现代报刊媒体也有着非同一般的见解，认为其作用就是把发生的事情从能够影响读者经验的范畴中孤立出来，其存在本身就是现代人无力用经验的方式同化周围世界的材料与远方的信息。[147] 尽管本雅明的洞见已有着广泛影响，但在实际中，要想在故事与信息、经验与新闻之间找到一条明晰可见的分界线，犹如在现代和传统之间确定一个日子作为分隔标记一样困难。在《点石斋画报》所处的这个暧昧、过渡时代，阅读新闻、画报不也曾是一种新的经验吗？铁路的新闻和巨龙的故事，对于晚清的读者而言是新与旧、现代与传统的截然对立还是含混在一起、无法区别清楚的审美与想象？因此我们要想理解经验与信息、故事与新闻、巨龙与火车之间的相似与不同，首要前提是将传统与现代放进同一个经验场域中——其所标识出的是流变中的认知与审美，而非固定的历史分期。除此之外，《点石斋画报》在发行流通、内容选材、叙述方式等方面也都暗示了其并非传递信息和知识的现代传媒，反而更像是分享经验的视觉星丛（visual constellation）。

首先，《点石斋画报》从未形成真正意义上的大众传播。它的最高发行量大约二万份，且主要局限于上海市内。[148] 尽管其他省会城市也能发现其踪影，但始终没有形成一定的市场规模。换言之，它不是一份随处可得、自由买卖的新闻报纸。这一点很大程度上受限于当时的交通条件，诚如康无为（Harold Kahn）所言："大众媒体必须等到火车、汽船加入现代邮政传递系统之后才得以出现。"[149] 其次，《点石斋画报》

所传递的信息在时间上具有明显的滞后性。画报经常挪用,有时甚至直接照搬其他媒体刊物上的报道,登出的故事往往只涉及一个模糊的"近期"范畴而没有具体的时间日期。[150]据此而言,《点石斋画报》反映出的"新"与其说是时间上的,倒不如说是经验上的。而且画报本身作为《申报》的副刊,经常将《申报》先前报道过的内容以图文并茂的新方式再现出来——可见,相比文字报道的信息,真正新颖的是视觉传播手法。再次,《点石斋画报》每幅图画报道的解说文字也有自己的独特性。它始终处于视觉框架之内作为整个图像系统的一部分出现;而西方画报中的说明文字往往是外在于所配图画的。文本长度一般总限制在一百个字内,这就决定了它无法提供具体的细节内容,更别提去解释相应的科学知识和技术原理了。而文本内容也往往借由援引传统经典来做出道德评判或给予实用性的建议。这一点反而恰恰和本雅明对故事的理解不谋而合。"一个故事或多或少都蕴含某种实用性。这实用性可以是一个道德教训,或者是一种实用性的咨询,再者以谚语或格言的方式来呈现。""讲故事不像信息和报道一样着眼于传达事情的纯粹本质,而是把所讲之事沉浸入讲故事者的生活中,以求把这些内容再次从他身上释放出来。"[151]

基于以上理由,我认为《点石斋画报》中的图片报道更应该作为异质性经验的视觉聚合来对待,而非只是新闻信息或历史数据。也只有在这样的认识前提下,我们才可能得以进入火车与巨龙并存的奇妙世界。

认知范式的潜移：吴友如笔下的火车与巨龙

《点石斋画报》的众多画师中，最著名的非吴友如莫属。他早年接受桃花坞的木板年画训练，继承了传统工笔画工整细腻的笔法特点；后在上海为西洋画报图画所吸引，故借鉴西洋画的技巧，融会贯通、自成一格。他既是中国新闻时事画的开山祖师，也对近代中国的年画、连环画等发展产生了深远影响。以往的研究往往集中于吴友如的生平、作品、绘画风格，特别是他如何在《点石斋画报》中将西方的绘画技巧——比如焦点透视法与传统的中国绘画相融合。[152] 但我们并不能据此将其诠释为是画师们在主动接受西方画法、拥抱一种更为"现代"的视觉再现方式。事实上，在吴友如等画师的新闻图画中，传统中国画的题材如山水、树木等仍用工笔白描完成，而西式的建筑、机器，以及外国人等则要靠西洋版画的技巧来呈现——特别是用密集的网状线条来表现阴影。很大程度上，是绘画对象的"身份"归属决定了其要通过何种画法再现自身，而非画师们的个人偏好。难怪有学者惊呼："不只是人和机械，连空间、时间和宇宙好像都有国籍。被一种原理掌握的空间，也会让居于其中的人们的视线遵循此原理吧！"[153]

用新的方法呈现不熟悉的陌生之物——以西法画西物，完全符合画报本身求新求异的基本原则。这也反映出人们在接触一种新经验、面对一个新事物时，原有的认知模式、分类体系无法将其完全纳入其中而引起的困惑。但若因此就认为中法画中国体现传统、西法画西方代表现代则又落入了另一个二元对立的误区。因为它们之间的界限永远都是模糊不定的。早在《点石斋画报》1884年6月的征画稿启事中就明确规定："画幅直里须中尺一尺六寸，除题头空少许外，必须尽行画足，居住姓名亦须示知。"[154] 这一规定或许是创办者出于商业利益的考量，却对整个画报的图画形式产生了决定性影响。一方面，饱满的构图和尽可能容纳多的人物、事物成为所有技巧使用的大前提；另一方面，减去了传统中国画最重要的布局要素——为使气韵流动而必需的留白——这就使绘画艺术从对抽象的整体性布局之追求移向了对现实事件与具体对象的再现。要而言之，在一个已经变形了的空间内所显现的传统技法也会随之产生不同以往的视觉效果。从这个角度看吴友如对中西画法的调和，我们会发现他从没有在严格意义上使用西方的焦点透视法，其所绘西方事物、场所涉及的透视强度往往不高；且整幅图画的布局多还是使用中国传统界画中与水平线成四十五度角来表现空间纵深的透视方法。"吴友如的折中法既能给人以透视缩短产生的深度感，又能保证尺幅之间容纳较多的人物。"[155] 所以恰恰是在这一折中的视觉空间中，中法、西法亦都发生了不同程度的变化，而由此呈现出的对象也在中西、传统／现代之间有了暧昧的游移。

《蚱蜢伤禾》（见图7）[156] 报道的是美国旧金山1885年所遭受的虫灾。"蚱蜢之多，为历来所未见……甚至火车所经之路，随铲随满，填塞而不能行……"显而易见，火车在这里是为了配合说明文字而出现的，其视觉隐喻作用尚不明确。整幅画面中，火车并不是在铁轨上行驶——吴友如并没有详细画出

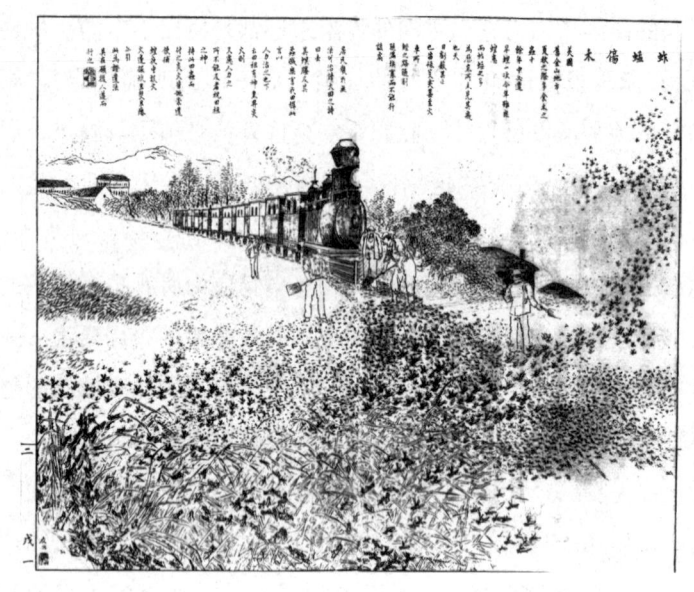

图 7 《蚱蜢伤禾》

铁轨，只是用线条和点缀表示铁路的枕木部分以示与一般道路相区别。鉴于吴友如确实看过关于铁路火车的西方图画、照片，且他把车头画得如此形象有质感，无论如何我们不会相信他不知道火车铁路运行的大致原理。唯一可能的解释是，他知道铁轨和枕木的分别，只是对此并不在意。可见，无论写实再现的愿望多么强烈，画师最想表现、最想传达给读者的仍然是最具视觉冲击力、最有新鲜感的视觉意象。在一句话提到火车路都被蚱蜢充斥之后，整篇报道转向旧金山居民对此虫灾束手无策，作者更引《小雅·大田》诗句和唐朝姚崇治蝗的案例告诫美国人民驱虫必须用火才行。乍看之下，这种天真幼稚的论调仍然是通过强调祖宗、传统之法方可治理西方、外国无法解决之问题，来说明天朝自身的优越性——他们真的相信同一时期的美国人并不懂得用火驱虫的道理。可末尾一句"遗法具在，愿后人遵而行之"又似乎显示当时人们对中西的划分不像我们今天这样决绝，反而试图将中西这种空间上的区分涵盖进"先人、后人"这样的传统历史论述中。这幅图画报道在今天看来似乎还能引申出反讽意味：现代性的火车竟然被蝗虫阻挡不能前行，而先进的美国人却对此无能为力。不论如何，这足以证明并非《点石斋画报》中所有涉及铁路、火车的图片报道都一定要和现代科学技术、进步历史潮流相联系；甚至有的报道看似科学、客观实际上却为荒诞的想象、非理性的故事创造了条件。

《水底行车》（见图8）[157]报道了英国于1886年建成默西铁路隧道（Mersey Railway Tunnels）一事，其一直被视作《点石斋画报》传播西方科技知识、拥有现代性特征的范例。[158]隧道的开幕典礼作为一项重大事件，彼时的《伦敦新闻画报》（*The Illustrated London News*）也有近十幅相关的图画报道。事实上，其中一幅图画的隧道示意图（见图9）[159]与吴友如画作的上半部分几乎如出一辙。不仅构图、布局一模一样，就连河两岸的建筑、烟囱也几乎无二。极有可能吴友如目睹过《伦敦新闻画报》的这幅图画并据此做出了些许改动：比如可能为了满足"尽行画足"的要求而增加河面上的船只；去掉了天空中以西法描绘的细致云雾；仍然用中国式传统水纹的画法表现河中的波浪。至于下半幅乘客乘坐水底火车的情景图，在

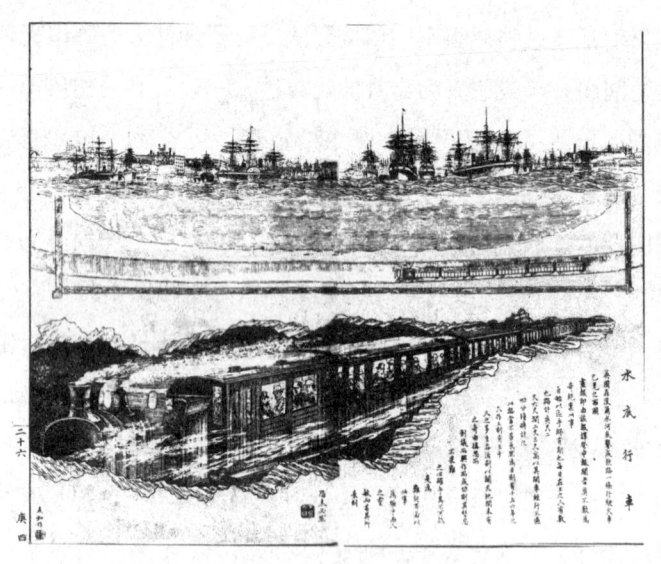

图 8 《水底行车》

图 9 《默西隧道》

《伦敦新闻画报》中难觅踪影——作为一份新闻传媒，它更加注重对事件的跟进，除了隧道的结构原理，更多是有关施工状况、宴会庆典的细节呈现。所以，将水底隧道示意图和行车的情景图置于同一幅图画报道中应该是《点石斋画报》创作者自己的创意。如果说上半幅示意图为读者提供了一个预想的水下场景，那么下半幅情景图借助幽暗的隧道和明亮的车厢形成强烈对比，令人联想起火车的速度感以及征服力量。比起介绍传播默西隧道的技术和知识，图片更想强调的是在水底乘车的这一新体验。而吴友如再次忽略了对铁轨的描绘——截取的隧道界面恰好遮住了使火车得以运行的重要载体。也许我们并不需要明白行车的原理，甚至不会去问这列火车如何能够在水底开行，因为眼前这一视觉再现强烈而清楚地表明：火车就是在水底快速向前行进。乘坐火车本身对于晚清中国人来说已是足够新奇，现在又能在水底乘车，真可谓奇上加奇。正如报道的文字部分一直强调"闻者莫不叹为惊奇""辟天地间未有之奇"的意象，却无须探究原因、原理，甚至更以西人的成功靠的是坚韧不拔而非智力灵敏这一价值判断结束全文。"水底"这一场景作为新经验"行车"的空间背景，与奇幻故事、志怪小说中的"幻境""异域"并无本质上的不同。但是，"行车"这一新的经验和实践让画报的读者意识到，即使像"水底"这样陌生的环境、奇异的地方也是可以通过某种方法进入、理解、掌控，甚至主宰的。所以图画背后编织出的现代性神话正是以潜移默化的方式建立的：借助火车，将具体的、神秘的、灵性的地方转换为同质的、可测量的"抽象空间"。[160]

也正是由于画报对再现一种新经验的重视要远远超过对它的解释，也就不难理解为何《水底行车》这则报道后来会衍化成一则奇谈逸闻，即《海外奇谈》（见图10）[161]。它讲述西人仿造火车的样式同时借鉴轮船的原理，制造出一列"游海之车"。此火车不但能入水不浸、乘风破浪、瞬息千里，还能使其中的乘客感觉如履平地、安然无恙。标题文字甚至绘声绘色地讲到乘客归来后讲述海底之所见，"禽兽草木，一如国中"。而整幅画面最有趣的地方，则是火车放着铁路不走，却一头扎进海里。尽管这里的火车形象依旧逼真写实，尽管文中极力赞扬西人的格致之学登峰造极，但报道本身却是不可思议，乃至荒诞无稽。《海外奇谈》其实是我们理解《水底行车》的绝佳参照——前者有多"荒诞"，后者就有多"科学"；唯此我们

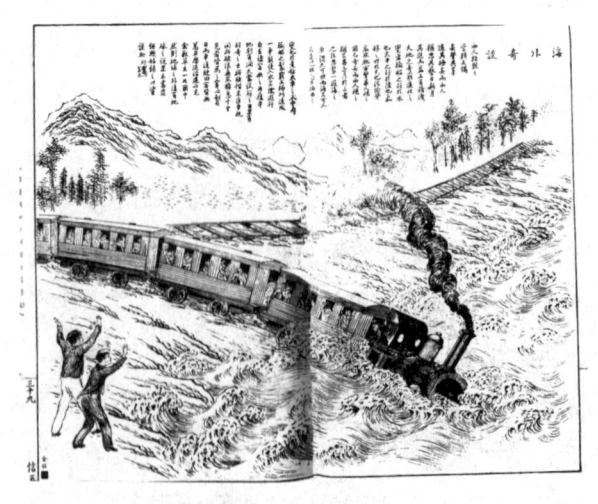

图10 《海外奇谈》

才可能领会所谓"天地未有之奇"对当时人们来说更像是经验感受而非西学新知。

事实上，正如《点石斋画报》中的火车并不必然、直接地与现代性、科学技术绑定在一起，有关巨龙的视觉再现也非总是承载着迷信与传统。《西人见龙》(见图11)[162]仍然声称是依据西报消息，讲述的是一艘外国轮船在非洲南端目击海中的巨兽，而画报断定这巨兽毫无疑问就是龙。韩瑞亚曾比较《点石斋画报》的这幅《西人见龙》与《申报》中同样是关于西方人目击海中巨兽的报道——《海中异物》，认为前者径直将传统中国的龙与西方人的相遇以一种戏剧化的视觉形式呈现；而后者更加客观中立——注重目击证词、技术细节等。[163]毫无疑问，吴友如创作的插图呈现出一种戏剧化的对立和双重

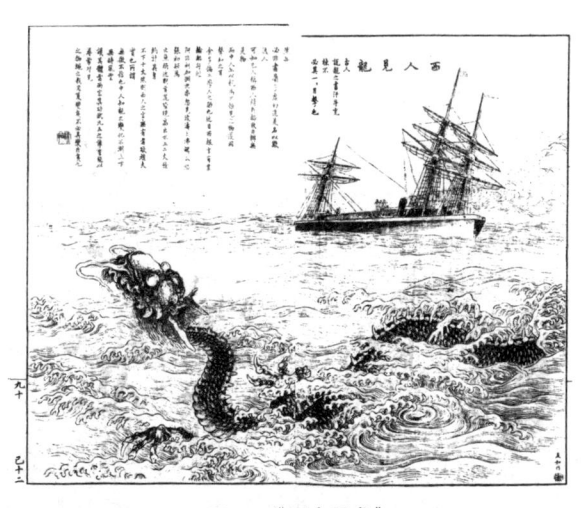

图 11 《西人见龙》

内涵：不仅是龙与轮船这两大巨兽的并置——中国传统神话中的神兽与西方科学技术的产物；更是将传说中的中国龙与现代西方的目击者联系在一起——传统文本、知识体系中的对象被西方人用西法看到了，证实了。这幅图片报道的解说文字同样值得我们认真阅读：

> 古人说龙之书，汗牛充栋，不必其一一目击也，然亦必非尽属子虚，幻造是名以欺后人可知已。人称西人精于格致，力辨无是物；而中人亦以龙为不恒见之物，遂同声和之。耳食多偏，亦学人之陋也。近日西报言有某轮船，行经阿非利加洲之南，忽见波涛上沸，鳞爪怒张。初疑为大鱼，稍近则首尾皆现，高出水上二丈余。约计其身不下十丈。然则西人之言无有者，欲核夫实也，所谓无征不信也。中人知龙之变化不测，上下无时，风云护其体，雷雨宏其功，状九五之尊，岂能以寻常习见之物绳之哉！用夏变夷，不必其变于夷也。

随着西方格致之学的传播，传说中的龙是否存在成了令中国人头痛的难题。长久以来，中国人相信龙的存在是毋庸置疑的，尽管绝少被人看见。在传统中国绘画中，最著名的画龙大师当属南宋画家陈容（约1200—1266）。如果我们观看陈容的《云龙图》《墨龙图》等名作，会发现他所画之龙总是因行云施雨、泽被人间而被人称赞、敬仰；龙的视觉形象不仅充满神通变化、叱咤风云的磅礴气势，还具有丰富多变的神态表情——

水墨晕染、点染的身体细节与粗笔干擦的背景气势交相辉映。换句话说，陈容的龙绝不是某种等着被人发现的稀有动物，而是一种带有神性的，甚至高于人类的存在。反观吴友如笔下的龙，也许是因为和背后的巨轮统一明暗度的阴影绘法，让它看起来像是没有生命力的"死"物；而它在画面中的显现也和背后的轮船类似——仅仅是为了表明自身作为客体对象的存在。这其实是将龙在绘画中的地位从一种神通广大的神物降格为现代生物学意义上可被见证的巨兽。毕竟，陈容画龙的时候根本不担心其存在论上的意义，而吴友如画龙则是为了以视觉的方法宣告它存在。除此之外，这幅画里还隐藏了一种关于"存在真实性"的视觉准则：某对象的存在需要以视觉的方式证实，其存在的真实性是由目击者的眼睛所赋予的——除了画中在轮船上远眺巨龙的西方人，《点石斋画报》当时所有的中国读者都是"龙"这一巨兽的见证者。所以这幅图画报道真正要传达的是：龙是存在的，因为不仅我们中国人看见了它，更重要的是，西方人也看见了它。如果说晚清中国人开始用视觉的方式认识世界是一种现代的追求，那么这一追求绝不只体现在对西方科技、外来事物的热情接受上。龙的存在从不言自明到需要被看见才能证实，这同样涉及一种"写实的欲望"在背后运作。[164] 在此欲望的作用下，原有的知识体系、分类方式、话语对象需要渐渐被纳入一个通过视觉性（visuality）去观看、去证实、去核查，最终重新组织的认知模式中。只不过在这整个实践过程中，当事人很可能根本就没有意识到这一变化，甚至会犯下自相矛盾的错误。支持这一论点的最佳例证，正是

《西人见龙》的文本与图画之间隐含的张力与冲突。

这篇图画报道的文字部分开篇就讲古人谈论龙的例证很多，可多没有被"目击"（see with one's own eyes），现在就被人认为是子虚乌有的事。这些人只知道一味推崇西方人的格致之学，因为龙没有被看见、被证实，就也附和西人的观点认为它不存在。可现在不就有了"西人见龙"这一例证吗？所以西方人总是强调"眼见为实""无征不信"的方法没什么了不起，因为中国人早就懂得像龙这样的神物不能用平常的方法来处理。继而作者得出，要"用夏变夷"而不要被"夷"改变的结论。可以看出，该文作者始终没有意识到，支持他／她结论的唯一论据恰恰是那一直在被批判的对象——《西人见龙》这幅图画所含有的视觉证实功能。无论如何强调中国人早已懂得龙的存在，远远高明过西人，到头来却只能借助《西人见龙》作为龙确实存在的唯一证据；无论怎样鄙夷西人的格致之学、核实之方法，最终却不得不依赖于同样的方式——吴友如对龙的刻画以及画面中西方目击证人来维护传统的优越感。这本身不就是"写实欲望"这一新视觉认知模式下的产物吗？这不也恰恰反映出中国已经是被西方改变，"变于夷也"了吗？而这里关于龙的再现难道还能仅仅被视作《点石斋画报》传统迷信的遗留，是一成不变、停留在过去的"旧传统"吗？

吴友如另外一幅画"龙"的作品更加直观地体现了这种中西、新旧、传统与现代之间的历史纠葛。《飞龙在天》（见图 12）[165] 报道的是上海港遭遇了突发的风暴袭击，而从文字记述和图画再现来看，这很有可能是一场龙卷风。在吴友如的画里，漫天卷积的云雾和翻滚的波浪交织在一起，极具气势。海中的铁甲巨轮在巨浪的冲击下显得颠簸起伏，而被风暴裹挟着的远处的房屋、倾倒的树木都像是要被撕裂了一般。岸边惊恐的渔民、码头上争相走避的人们，还有两位身穿西装、打着洋伞的外国人士在风暴中扭曲着身体，与不受控制的雨伞相互较量。吴友如对整体构图的把握和对动态细节的抓取都堪称一流。但是，这并不是一幅关于风暴灾害的新闻时事画——它的主题是"飞龙在天"，只不过画中的龙已不是作为巨兽的具体形象出现——龙变成了漫天的云卷、巨大的风暴以及惊涛骇浪。当风暴形成之初，文字记叙部分就将这一现象归类为"龙挂"；在作者看到"白气一条，蜿蜒伸缩""隐

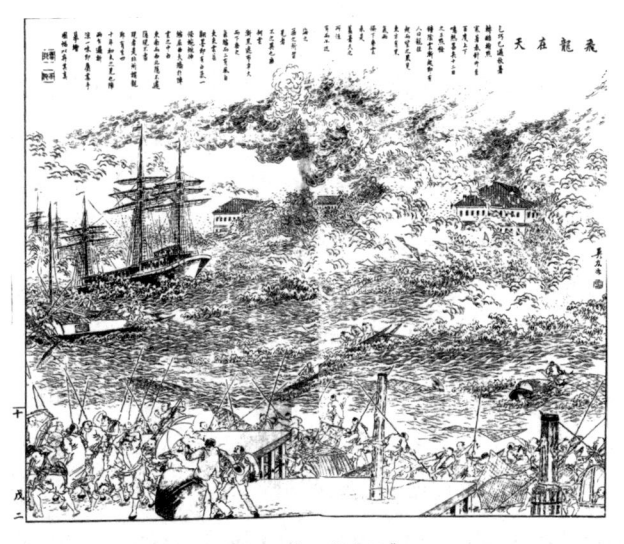

图12 《飞龙在天》

不遽隐，显不尽显"后更是不禁自问——"是非所谓龙耶"？其在文末更是声称自己有生以来四十年第一次看见（龙），故特地嘱咐"画手摹绘图幅，以存其真"。这种要求以图画摹绘"以存其真"的做法再次显露了"写实欲望"所赋予的视觉证实作用，毕竟，真伪概念在传统的视觉系统中从来都未能占据主流。可是，当吴友如真的按照自己眼前所见来摹绘图画时，"龙"却不见了。换句话说，根据这种写实的原则，传统的龙之形象只能在眼睛的证实实践下变成一条"现代"的龙——龙卷风。有的画师追随吴友如，即使是以"龙见"为主题，却也只画出双眼所见的自然风暴景象；[166] 而有的画师仍然需要在狂风暴雨中画出龙传统的神兽形象，仿佛只有这样才能使整篇报道为读者所理解[167]。当然也有一种折中的方式，即把乌云、风暴画得像龙一般模棱两可，使我们很难分清到底是这云长得像龙，还是龙本身就是以云的方式而存在。[168]

龙常常被视作传统的代表，但在吴友如笔下它已无法完全以过去的方式再现自身。毋宁说，《点石斋画报》中龙的视觉形象之复杂多元和其充满张力的文本阐释，一方面联结着过去记忆的堆栈，另一方面又暗示有新的东西悄然浸入。龙是中国固有的，火车是西方新来的。可不理解巨龙所含有的"新"，就不会意识到火车可能呈现出的"旧"。看似现代的火车，有时却只能借助传统予以认识；而所谓迷信荒谬的巨龙，却也可以涵盖新的现代因素——当然是和火车不一样的方式。因此我们必须要将这两大巨兽放置在一起相互参照，才能有意义地谈论《点石斋画报》现代、传统以及这两者之间辩证的多元意涵。必须再次强调的是，说现代之中蕴含着传统，传统也包含着现代——这样的结论并不重要。有意义的是我们突破了被视作理所当然的原有论述框架，发现了那些长期被忽略的细节与事物，进而真正见识到经验与认知模式是如何在视觉层面上具体转化的。

新经验的默化

事故的实时性

《点石斋画报》中有关铁路、火车的报道大多聚焦于不受控制、脱离正常秩序的铁路事故乃至灾难。比如铁路火灾、列车脱轨事故、动物冲上铁轨与机车相撞、途人被火车轧死、在车站发生的偷盗事件等。有学者据此指责画报不能"科学理性"地对待新事物，停留在一种传统的、未开化的认知态度上。"……很多时候，我们发现画报的作者并不以单纯地呈现或介绍某一新兴事物为己足，他们或是添油加醋地增加一些腥膻耸人的听闻，或者干脆将西方的新奇加上中国的神怪……最常见的手法，就是将新兴事物放在一个灾难的情境中加以呈现。例如在一幅题为《毙于车下》的画片中，描绘的是一辆天津铁路公司由芦台开往塘沽的火车，正要启动时，一名追赶要上车的乘客不幸失足，被车轮碾过大腿而丧命。"[169] 且不说这种看法本身是否符合"理性客观"的标准，单是其所举火车毙人的灾难事例——它们并非画报创作者刻意强加上去的——

本来就是伴随着铁路、火车而存在于晚清日常生活中的真实事件。早在吴淞铁路通车时，《申报》就有关于火车轧死途人的报道——这后来也成了吴淞铁路被拆除的导火线。[170]人们对事故、灾难的更加关注其实也是情有可原的。因为当技术自然化为背景存在于人们的日常生活中时，人们只是将它视作理所当然之物，以高度泰然任之的态度处之。只有在不受控制、被打断的例外状态发生时，传统的宗教心理、仪式的恐惧等才会借由技术的失灵而回归。[171]这也符合海德格尔所描绘的"故障现象"（breakdown phenomenon），即只有当我们意识到物的"不可用性"时，物才会对人变得醒目。[172]事实上，同一时期的大洋彼岸——19世纪末至20世纪初的纽约市，正在经历一场对于有轨电车（Trolley）的普遍恐慌，因为原有的交通工具马车已被前者取代。纽约大大小小的媒体刊物关于有轨电车撞死路人、引发灾难的报道层出不穷，图报的视觉再现更是极尽夸张。不同于中国的学者对于这种"不成熟"的反应持批评态度，本·辛格（Ben Singer）则认为，纽约有轨电车引起的集体焦虑恰恰反映了人们对现代性的高度自觉，特别是意识到在现代环境、都市空间中的身体面对机器时的孱弱不堪。[173]在这里，我们再次目睹了中西学者在研究现代性问题时因为彼此不同程度的历史负担而产生的"视差之见"（the parallax view）。不过在我看来，《点石斋画报》关于铁路事故的报道最有趣之处在于引入了一种关于时间的新体验——通过视觉注意捕捉事件的瞬间，对实时性（instantaneity）进行再现。在每一幅图片报道中，都存在着图像与文字之间的不平衡。因为图画不只是——也不能只是反映文字叙述的内容，它必须从文字形成的一连串叙述中选择某一点呈现给观者。比如康无为曾提到："(《点石斋画报》)刊登来自前线的报道或许使人知道重要时事，但这类报道并不必然就比登出绞死重犯的插图来得令人注目。"[174]

这意味着人们总是倾向于去看自己真正被吸引的东西，而视觉注意所具有的筛选功能让一个时刻比另一个时刻"看起来"更具有吸引力。铁路事故的文字报道总是可以归结为叙述事故的起因、经过、结果，并在结尾上升至一种价值判断或给出实际的告诫。但是图画再现则可以选取不同的时机——是在事故发生之前，还是事故发生的一刹那，又或事故发生之后。每个不同时间点（temporal point）的选择，既由创作者的视觉注意所筛选，又最终会强化、放大这一选择可能生产的阐释和寓意。

《吴牛当车》（见图 13）[175] 讲述的是小吕宋（今菲律宾马尼拉市）有一头牛闯入铁轨，与火车相撞导致七人毙命的事故。图画选取相撞发生之前的时刻，着力刻画排放着滚滚烟雾、迎面疾速驶来的火车与低下头、拱起身体、准备以角相抵的水牛。由于整个画面以中间呈二分构图，火车头与牛仿佛有了某种势均力敌之势，而机器与动物之间的对峙更是充满戏剧化的隐喻。无独有偶，吴友如在其随后自行创办的《飞影阁画报》中用不同的绘画再现了这同一个新闻题材。《两败俱伤》（见图 14）[176] 显示的是火车与水牛已经相撞、灾难既成的某一时刻。我们可以看到浓烟笼罩、侧翻出轨的车头，被车轮碾压

图 13 《吴牛当车》

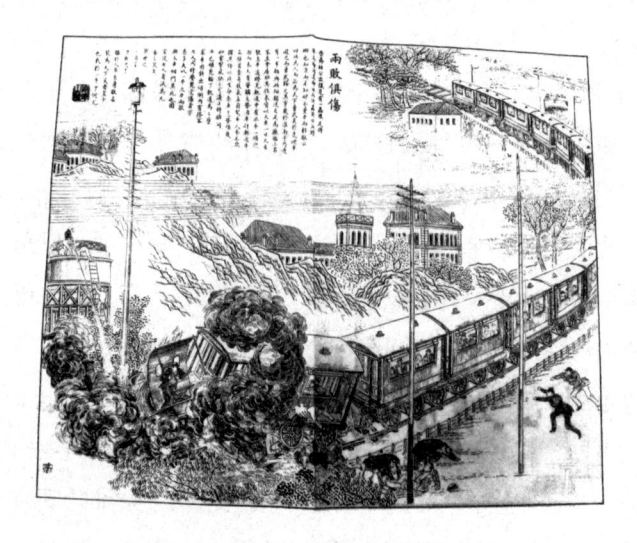

图 14 《两败俱伤》

的伤者和被抛出窗外、倒在地上的乘客。画家甚至特别画了一位身体处在半空中，刚好从车厢中飞出但尚未落在地上的遇难者。这一被抛出的身体在图画中得以被固定下来，成为事故时间的轨迹——标示事故已经发生但尚未完结的一刹那。由于吴友如没有画出水牛，我们只有在文字报道部分才获悉引发这起灾难的"罪魁祸首"。两则图报的文字部分虽然不尽相同，但在叙述、措辞上都遵循类似模式：开头以传统成语、典故引出要报道的铁路事故（比如吴牛喘月的成语和《淮南子》中的典故），接下来记叙事故的原因、经过，且都在文末批评、讥讽牛不自量力、冥顽不灵。但由于画师选择的视觉再现时间点不同，图画为读者所引发的视觉注意亦不相同。金桂的画注重铁路事故的原因，火车头与水牛的对峙容易引申为机器与动物、技术与自然的对立，使读者明白技术、机器的力量不可违抗亦无法改变。倘若有人以身相试，只会像此牛一样不自量力、愚蠢毙命。吴友如的画则强调这一灾难的后果，倒毙在铁轨上、跌落在地上的乘客向我们显示这是一场极为惨烈的现代交通事故。当我们因为这触目惊心的画面而心生恐惧、探求原因时，才发现竟是因为一头水牛走上铁轨造成的。车祸现场的视觉冲击，以及由此可能引申出的对交通安全的担忧要远远胜过文字部分对牛不自量力的讥讽。可见，同一新闻事件的视觉再现，由于选取的实时性相异，自然也就产生出不同的寓意和解读可能。

《断桥脱辐》（见图 15）[177] 展现的灾难情景则是桥断、车落、火车头与水面相撞击的一刹那。顺着近景岸上观者的视

图 15 《断桥脱辐》

线,我们可以正好见证这一铁路事故发生的瞬间。不过目光拉伸过去,我们会发现远景桥下散步的西洋人士、揽客的车夫却依旧各在其位、各做其事,丝毫不为所动。如果抛开文字报道,仅就图画而言,我们或许可以将这些人理解为异于见证者的背景人群。可一旦与文字报道的铁路事故相挂钩,一种即时性的表达就借此显现出来——事故发生得太快、太突然,一刹那的光景让远处的人物尚来不及做出反应。所以从这个角度来看,速度感和实时性不仅体现在事故发生的瞬间,也存在于身体无法及时做出回应的停滞之中。

《毙于车下》(见图 16)[178]所呈现的是灾难已经发生后的时刻。被火车车轮碾过大腿的乘客倒在铁轨上,奄奄一息,占据整个画面的中心。不论是车上其他乘客还是周遭的观者,他

图 16 《毙于车下》

们的视线也都指向这一中心。然而有一位观者的身体举止却与众不同，即电线杆下的挑夫——他是侧着身、回过头去观看这一突发事件的。《点石斋画报》中对于围观人群的刻画，往往是身体正向与视线保持一致，直指焦点。而这里的挑夫回头去看，实际上暗示了一个动作伴随着事件的发生而完成——他肯定是在身体保持正常状态下，听到了事故发生时那位乘客的惨叫以及周围人们的惊呼，才转过身去回头看，想用自己的双眼予以见证。此外，《点石斋画报》有关火车的绘画一般都着重于车头这一最具视觉冲击力的对象，可这里只选取了火车头的一个侧面。整列火车逐渐远去的视角在画报中也极为少见。所以图画由此传达出一种车刹不住、人追不上、事故已成无力改变的视觉意蕴，同时加强了文字的劝诫效果——告诫晚清的读者不要以血肉之躯与火车的力量和速度抗衡，更不要违反铁路定下的秩序与纪律。

以上关于铁路事故的图画报道都是利用图文之间的不均等而制造出时间错位，使得实时性在视觉再现中变得引人瞩目。尽管这些瞬间的视觉再现仍需借助文字的叙述，但已经显露出绘画再现的时间与事件叙述时间相分离的趋势。事实上，读者已经可以根据图画获得直观的瞬时感受，这在过去的中国视觉艺术里是较为罕见的。尽管传统绘画中利用事件的叙述来暗示时间的例子并不少见，但画家往往是将时间处理为空间化的时段而非一个纯粹的瞬间、一个时间点。这可能又涉及传统绘画中"散点透视"的争议——中国画的画面中存在多个不同的消失点以至于时间不会被凝结为一刹那，总是随着图像的叙述而流动。反观这四幅有关铁路事故的图画报道，借助叙述中引入的新的机械速度，将当下作为一个转瞬即逝的点予以视觉再现。借用海德格尔的描述，作为瞬间的当下本真地指向未来，却只有在自身成为过去时才能被呈现出来。[179] 火车与牛的对峙、车头撞入水面的一刹那、乘客被抛在空中、途人被轧断腿这四个不同的瞬间，既是作为已经发生的过去被再现了出来，却又指示着将要到来的未来。当观看这些图像时，我们会不由自主地想到接下来火车与牛将会相撞，火车会沉入海底，空中的乘客会落向地面，而被碾压的乘客将会迎来死亡。所以画报正是通过视觉再现将各种铁路事故转化为不同的、曾经体验过的瞬间，而瞬间/实时性经验之可能正是现代性震惊体验的前身。[180] 实际上，体验震惊就是体验瞬间。因为震惊只存在于短暂闪现的瞬间，也只有它能定义一瞬之为一瞬。[181] 所以，《点石斋画报》中关于铁路事故的图画报道恰恰为其同时代读者提供了多次接触瞬间、感受实时性的机会——尽管是以视觉再现的间接形式。有关铁路事故中脆弱不堪、被动无奈的身体之视觉呈现，也强化了人们对于实时性的把握——身体与机器、人与现代性遭遇都是发生在一瞬间，就像灾难和死亡也是发生在无法回头、不能改变的一瞬间一样。

想象的移动性

我们很难在《点石斋画报》中看见一列静止的火车。尽管缺乏直接的经验和成熟的技巧，画师们仍然致力于展现火车的快速移动。最常见的方法就是画出火车头烟囱排放的滚滚浓烟以及载满乘客的车厢。有时他们也会用粗糙的透视法和阴影效果来强化火车的运动状态。相比起来，文字报道的作者较为省事，只需不停强调火车行驶的速度、铁路的长度就足以吸引读者眼球。那么通过这些视觉图像和文字报道，晚清中国人对铁路火车最直观的感受是什么呢？浏览完所有《点石斋画报》关于铁路火车的报道，我们会发现它们最显著的特征既不是作为西方先进文明的技术产物，也不是造成事故灾难的罪魁祸首，而是它们最基本的功用——运载乘客，并且远远比以往用人力、畜力的交通工具移动得更快。移动性（mobility），虽然这一术语的相关知识论述尚未在19世纪的中国成形，它却借助画报中对火车的图片报道以一种间接的方式悄然弥漫其中。换句话说，在掌握、了解相关具体知识和信息之前，甚至在获得直接的身体经验之前,那些最早与《点石斋画报》接触的晚清中国人已经开始想象乘坐移动的火车的情境和体验,这或许可以称作"想象的移动性"。它除了为晚清中国人带来新的经验和视觉快感之外,也在利用这些新的感觉材料潜移默化地改变过去的知识系统。《海外崇山》(见图17)[182]是这方面的最佳例证。

画面传统构图中,右前方高耸的山石以笔墨皴法画成,除了点缀的树木和房屋,最显眼的就是从远方的山顶处延伸而至近景的铁路。行驶在铁路上的火车是画面中唯一以阴影凸显、充斥着质感和硬度的事物。尽管这里的火车形象不够饱满,而山岭、房屋也未能透露出确切地点,但一种不中不西,又或介于传统与现代的直观体验已经在整个画面中跃跃欲

图17 《海外崇山》

出。让我们回到图片的文字说明部分。其开头依旧是从关于山的传统知识脉络出发（"五岳"《山经》《尔雅·释山》），继而介绍某西报刊登的秘鲁高山——点出"海外崇山"的主题，接着说明"山中开凿一径，以通火车"，即横贯安第斯山脉的秘鲁中央铁路，告诉读者"由火车路俯视琉璃世界，上下相距六百余尺，是亦洋洋大观也"。在这里，我们已经可以意识到这其实是在介绍海外的观光景点。不只是因为"秘鲁""火车路"的出现让我们将其理解为一种现代旅游，而且文字已说明，前去这里乘火车观光的游客是为了"探奇览胜"——这与传统文人登高望远、游历名山大川的行为已是大相径庭了。有趣的是，作者最后对自己以及和自己一样不能身临其境的读者深感惋惜，但号召大家可以效仿宗少文以"卧游"（armchair travelling）的方式来代替真正的观光。

熟悉中国山水画的人对"卧游"这种说法都不会陌生，其本质即为观画，尤其是山水画。宗少文即六朝画家宗炳，根据《宋书·宗炳传》记载，当他年老体衰，无法再攀登、游历真实的崇山峻岭时，就借助画在墙壁上的山水图画进行卧游，所谓"澄怀观道，卧以游之"。"卧游"这一概念，在宗炳那篇深奥难懂却开山水画理论先河的短文《画山水序》中得到了深入阐发。特别是"应目会心"这一思想，指出画家眼睛看到的，与心灵所领悟的通过图画中山水之神韵得以相同，而观者则借此"神游"获得和在真实场景中一样的视觉、精神体验。在高居翰（James Cahill）看来，这无疑暗示了"如果图画在观者心中能够引起当他面对实景时同样的情绪，图画就有取代实景的力量"[183]。所以在卧游中，图画的再现是否如实并不重要，关键是看图画能否唤起一种情绪、引发一次出神体验——甚至是类似于宗教性质的情感。

而有明一代，旅游活动持续增加，"卧游"的理念屡屡回响，集结而出的山水画页"卧游册"也大量出现。何良俊在提到这些新印出版的山水画册使他得以"卧游五岳"时，直言自己乃效仿"宗少文卧游之意也。"[184] 万历三十七年辑刻的《新镌海内奇观》一书，以图文并茂的方式展现了一百三十余处各地的风景名胜，影响颇大。由于构图方式、绘画技巧极为相似，如果不是铁路火车的出现，上述《海外崇山》都可以被视作这本卧游册所收录的一幅画作了。不过，这些卧游册虽然具备某些旅游导览的功能，但依旧是风景名胜的图集，不能被当作在中华帝国境内旅行的实用指南。[185] 然而这些有关"卧游"的传统特征，无疑是被《点石斋画报》继承了下来。当它号召读者像宗炳一样卧游时，就是指通过《海外崇山》的视觉图片，想象自己身处穿行于秘鲁高山的火车车厢里面，观赏山上、山下不同的景色。所以，重要的不是再现，不是信息，不是新闻知识，而是卧游这种感受与经验。虽然是有关名胜风景的介绍，却不提供任何实际的指导与帮助。事实上，报道中提及的"秘鲁之加刺拿地方"的高山，和前述《水底行车》中的"英国没尔水（默西）河底"都是为了安置一种从未有过的新奇经验而设定的地方场所，在晚清读者眼中，依旧是遥不可及的"域外"之地。然而，当我们将火车的视觉形象所暗示出"想象的移动性"也考虑在内的话，就会发现"卧游"这一概念术语已不再仅仅是关于山水画、导览册的传统经验,它的知识内涵被画中的铁路火车改写了。

由于想象的移动性进入,"卧游"从一种相对静止的观看体验过渡到一种快速移动中的观看体验。不只是图画中喷出烟雾、行进中的火车带来了速度感,文字说明部分指出这条山中铁轨长"三千八百四十七里",山中雪景覆盖有"六百余尺"的高度,如此"洋洋大观"要想在短时间完成"卧游"必须借助铁路的速度和移动性。不论是伫立在山水画前的静止个体,还是借助非机械力行走山间的移动个体,都无法领略图片报道描绘的奇特景观。而在快速运动中,通过火车窗向外观看——视觉和运动的结合,正是一种重要的现代性经验生成机制,尽管在这里仍是在想象的层面显现的。固然在语言层面上,他们仍然是用传统的"卧游"来指涉这种经验,可这里的"卧游"已不再是山水画观看讲求澄怀观道、物我两忘的审美境界,也不同于明朝卧游册所提供的便利导赏,而是与铁路旅行的移动性相结合而成的新体验。而当传统"卧游"追求的山水、个人、天地和谐唯一的整体格局被想象的移动性打破时,这就势必要求其读者、观者开始关注处于车厢中,被动加速状态下的身体。

所以在另一个层面上,想象的移动性将"卧游"从一种观看体验变成了一种观看者的体验,后者与被动移动中的铁路乘客身份发生重合。虽然《海外崇山》的图中并未画出游人或乘客,但文字介绍却明确告知我们是要"由火车路俯视琉璃世界"。这就意味着当我们想效仿宗炳卧游时,不是想象与图画中的山水天地发生直接的联系，而是要先把自己当成移动车厢里的乘客，才能获得一种以铁路为媒介的、间接的观看体验。铁路、火车看似突兀地显现在《海外崇山》传统的画面布局中时，已经表明与山水天地、风景世界发生关联的是火车与铁路而非画家和观者；后者已经成了车厢乘客，他们恰恰以自身的不可见性换取了一种新的观看方式——视觉上的观看者与移动中的旅行者合二为一。铁路帮助我们征服了崇山峻岭，移动的火车打开了我们新的视域。但曾经浑然一体的观看经验已经不可避免地被分割成观看者的主体和被观看的对象，再也回不去没有火车介入、铁路尚未出现的世界了。

如果我们因为晚清中国人没有发明出关于"现代性"的修辞、仍然使用"卧游"来指涉铁路火车的视觉表征，就指责其拘泥于传统，甚至断言其没有进入现代性之中则实在是过于片面。"卧游"意义的变化，再次印证了：只有跳出意识形态的陷阱，真正回到视觉图像本身，我们才可能有意义地谈论新旧经验的交替以及认知范式的变化。如果说这是一种传统，那么却比我们预想的现代更为现代。如果说这是一种现代性，那么也唯有其源于传统，才能达到混合新旧之上的新阶段。而传统、现代、进步、落后之类的评判话语在视觉图像面前变得不再重要，它们注定会被经验消解、容纳，导向事物、事件本身。

第三章　回归物的历史：
　　　　从吴淞铁路到洋务运动

事件、话语，和物的历史

在探讨了语言概念、视觉图像之后，铁路和火车终于以物的形式，真正意义上进入了晚清中国。本书开头提及的中国第一条铁路——吴淞铁路，虽然存在只有短短一年多时间，但当时的人们以及后来的研究者都对其予以了相当大的关注。根据英国领事的商务报告，一度停驶的列车于1876年12月重开，当月的旅客人数就达到了一万七千五百二十七人。铁路公司甚至根据当月三等车的旅客所购车票的性质，估算出约有近三千位旅客仅仅是为观看这条铁路而前来购票乘车。[186]至于中英双方针对吴淞铁路这一事件的争论和交涉，席涤尘著有《吴淞铁路交涉》一文详述前因后果，彼得·克鲁什（Peter

Crush）的小书则关注事情的经过和民间反应。[187] 宓汝成的《帝国主义与中国铁路：1847—1949》和李国祁的《中国早期的铁路经营》都是研究中国早期铁路的代表著作。在涉及吴淞铁路部分，前者认为这是外国侵略者无视中国主权、擅筑铁路谋求利益的侵略行径；后者更为叹息晚清官员没有抓住发展机会，阻碍、延误了中国富强的生机和铁路事业的肇兴。[188] 美国学者庞百腾（David Pong）也曾著文论述，认为吴淞铁路最终被拆除是因为当时的官员深受儒教爱国主义的影响。[189] 近年来针对吴淞铁路的研究大多将焦点由精英政治转移到日常生活上来。李长莉从晚清中国人的接受心态和认知观念入手，认为吴淞铁路受到了上海市民的普遍欢迎。[190] 孙昌富和陈蕴茜的《从民众态度看吴淞铁路的兴废》则依据详细而丰富的史料，试图呈现当时民众对待吴淞铁路的复杂态度，他们的不同反应与各自切身的利益、生活处境密切相关。[191]

然而，以上这些研究基本属于一种回溯性的修复工作：研究者们对吴淞铁路以后的中国历史早已烂熟于心，由果溯因的习惯使得他们急于为此后的历史发展找出一个合理的解释。因此，作为历史事件的吴淞铁路总是被更宏观的历史论述一遍一遍加以修正，甚至自身所需的合理解释也被某一种价值评判代替。比如前文所述上海道台冯焌光针对英商擅筑铁路的激烈反应，或被赞赏是反对外国侵略者的爱国举动，或被视为无知保守的行为，并扣上"愚昧腐朽"的帽子。但评价总是伴随着时效性，前现代的立场和现代的立场并无高下、优劣之分，区别仅在于时机之不同。况且这些并不能解释像冯焌光这类反对铁路的官员、知识分子做出此种选择背后的逻辑——其有时甚至比当事者自以为的答案还要复杂。

除此之外，上述研究往往把吴淞铁路处理为列强侵华史中的一个插曲，或是中英双边关系中的一次波澜。所以我们倾向于选取特定精英人士的视角和证词，拼凑起一幅有关吴淞铁路的历史图画，据此比较两个想象的国家主体——晚清中国和大英帝国，探究两者交锋中的你来我往。铁路的史实也被拆解为拟人化的中国和英国在政治史、外交史、科技史、移民史等方面的附庸和补充。吴淞铁路作为纯粹事件（pure event）及其相关细节却被遗忘了。1876年8月3日，火车在江湾北试车时轧死了一个士兵模样的行人，引发了当地农民的普遍不满与示威。[192]这对于关注政治大事、国际关系的研究者来说实在是微不足道，尽管也有学者会费心猜测这位行人走上铁轨的原因——"要不是无知，要不就是被收买"[193]——因为这个路人的死终于给了反对铁路的地方官员以口实，"这个事件是被大大地利用了"。[194]问题是，这其实是在中国大地上发生的第一起铁路伤亡事故，是脆弱的身体与呼啸的火车第一次正面相遇并以死亡告终。因为在先前，火车会轧死人只是一个概念、一种印象，而没有在此时此地成为事实。也许是我们作为现代人太久，把"请勿进入铁轨""人会被火车轧死"视作不证自明的真理和习以为常的交通规则。但人终有一死的事实和身体的脆弱性是两码事——后者却是由于铁路、机器的出现才被充分暴露。我们比这位"无知"的死者更"聪明"的地方，也许只是习惯了现代性加诸身体的规训——肉体脆弱不足以与机器抗衡。如果我们进一步深挖事件的细节就会发现，这条现代性规则在中国得以确立既不是通过理性论辩，也不是单纯靠实践证明，反而是以行政立法的形式确立的。当时冯焌光对英国方面提出了"以命偿命"的要求——以火车司机的命来抵偿死者的命，这在英国人看来自然是可笑无知，只是举办了一个简单的审讯证明死者是自行走上铁轨的，便将火车司机无罪释放了。[195] 自此以后，在上海地方官与英领事的交涉中特别厘定了法律章程来辨明铁路事故的责任，以说明在何种情况下铁路事故由铁路公司负责，在何种情形下又由行人自行承担。[196] 如果以此事件作为分界点，那么对于中国人，或至少是居住在上海周边的中国人来说，世界变得不一样了。因为有些空间在固定的时间内是不能去的，不单是因为皇权禁令，而是那条铁路就是专门为火车行走的。人走上铁路会丢性命，而且丢了性命也不能去责怪机器或是操纵机器的人。人与机器对于世界的划分、各自法律的确立就这样出现在晚清。我们今天有关铁路、现代世界的种种常识，从某种程度上来看，也不过是对吴淞铁路事件中一次铁路事故的延续与发散。

在德勒兹（Gilles Deleuze）看来，事件（event）不同于事实（fact），后者是真真实实发生过的事情。历史虽然能依赖于既成事实和活生生的经验而对事件有所把握，却无法将其完全还原。事件是潜伏在历史事实之中无影无形（incorporeal）的趋势，除了在既存事实中实现自身之外，还包含着那些并未发生的可能性，总是外在于其自身的历史限制条件；事件摇摆于事实与虚构之间，席卷着历史事实的形构方式，从某个历史时刻进入，又再次逃逸而出。[197]而齐泽克（Slavoj Žižek）则把事件当作历史进程中的革命来理解——某种突然出现的震惊和紊乱打断了事物平常的流动；事件改变的不仅仅是与之伴随的人与物，更重要的是改变我们衡量这一事实的参量。[198]事件的凸显为我们重释历史，获得不同意义提供了一种新的认识途径。我认为，围绕吴淞铁路而呈现的中英官方的矛盾、民众的复杂态度、反对铁路士人的抉择，源于这一事件敞开的趋势——速度对于当时的晚清中国人来说只是众多选项中的一者，基于加速而形成的新型时间分类、历史意识尚未占据主导地位。而这种现代性的宿命历史观则是于洋务运动对于铁路的论争中逐渐萌芽壮大。

吴淞铁路是一个事件，而关于吴淞铁路存废的争论则可看作洋务运动中有关铁路话语的一个组成部分。洋务运动通常是指 1894 年甲午战争之前，清朝部分官员于 19 世纪中叶普遍提倡"师夷长技以制夷"等主张，以"中体西用"为基本思想，富国强兵为目的，倡导将中国传统的思想、制度作为根基，引进西方科学技术，在全国范围内发展工业。目前关于洋务运动的研究仍以整体历史论述为主，探讨运动的性质、影响，评价主要人物的观点、实践，并试图为这场运动最终的"失败"提供解释。[199]如果我们把甲午战争中国的惨败视作评价洋务运动的标准，或是把洋务运动视作内忧外患、充满屈辱的中国近代史系列中固定的一章，以上研究基本都是正确且值得尊敬的。但也因此产生大量我们耳熟能详的有关中国现代性的意识形态神话（ideological myth）。比如洋务运动中的铁路争论常常被描述为一场进步的正义势力和保守的邪恶势力之间的较量：洋务派在其中饰演进步开明的英雄，他们对铁路和火车有着理性科学的认识；顽固派只能分到扮演邪恶势力的角色，他们涉及铁路的言论实在无知愚蠢。尽管充满曲折和艰难，正义终于战胜了邪恶，科学扫除了迷信，中国也终于走上了修建铁路这条"正确"的现代道路。[200] 当然，历史这出戏不会永远让洋务派当主角，由于其自身的封建性和阶级利益限制，终究是要失败退出历史舞台的。有学者评价洋务运动顺应历史潮流而成功，违反历史潮流而失败。[201] 可什么才是历史的潮流？答案永远掌握在已经知道结果的后来人手上，并且总会被此时此地的立场和特定的意识形态所修正。

因此，本章第二部分希望为洋务运动中的铁路论战提供一种话语分析。清政府于1887年下旨准建津沽铁路之前[202]，分别在19世纪60年代和19世纪80年代组织了两次大规模关于铁路问题的讨论。前者是应对"修约"可能遇到的问题而发起的讨论，官员与高层知识分子几乎清一色持反对态度；后者源于刘铭传上奏请造铁路[203]，掀起了所谓洋务派与顽固派之间的多次论辩。通过分析，我们会发现：第一，以李鸿章为代表的洋务派官员对铁路态度的转变并不能归于科学进步、知识提高——支持、反对双方对铁路的认识并不存在高下之分，甚至前后二十年也无太多变化。第二，悬置现代性的既有评价标准，反对铁路的守旧派也具有不可忽视的历史合理性。第三，洋务派关于铁路的话语中开始出现一种对铁路／速度不可避免的历史自觉与焦虑感，故而急迫地催促清廷早建铁路。这暗示速度已进入主导意识形态和价值伦理——但这不是个体身体所体验的速度，而是集体的政治无意识之欲求，一种与现代时间意识相伴随的新历史观亦开始施加影响。

晚清历史的研究者涉及铁路时，通常只关注着此种西方器物、现代科技是如何伴随帝国主义、资本主义的侵略进入中国，根据各自研究的需要将其加进中国历史的年表。而对铁路、火车感兴趣的人则根本不需要考虑晚清的历史。这种分割，其实是默认了铁路作为技术产物、科技发明，其本身不需要也不可能被概念化。铁路在晚清历史中的显现，只是为了反映当时的社会、政治、文化、思想等，里面包含权力、阶级、意识形态、社会关系、资本主义诸多术语，可唯独没有铁路自身。铁路并不只等于火车和铁轨，即使加上枕木、碎石、蒸汽机，乃至司机、乘客、行车规则也不足以言尽其本身。只有当铁路在自己周围聚集起事件和话语时——涵盖了吴淞铁路和洋务运动，它才开始书写不只是属于人类的历史。也唯有此，现代的人类历史进程才真正得以开启。毕竟，作为主体的人从来都是能通过非人类的物体、行动者、事件、媒介来表达自身，特别是一个现代性的人类主体。[204] 回归物的历史才能真正全面地看待人的历史，用主体的方式来言说客体其实对主体自身也是一种解放。这也使得本研究和先前有关铁路的历史研究存在显著区别（参见图18）。一般有关铁路的研究往往将其视作确定的常量，放置在早已划分、固定好的社会历史分期或是确定的历史事件中进行论述。在这样的论述中，铁路始终是一成不变的死物、历史叙事的附庸。而本研究把

先前研究：设铁路＝R，R 为常量

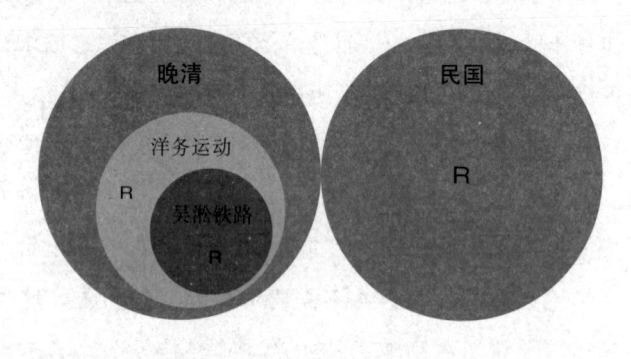

[图：晚清（含洋务运动 R，吴淞铁路 R）／民国 R]

物的历史性研究：设铁路＝R, R ＝ {R1+R2+R3+……+Rn, n 为常量}

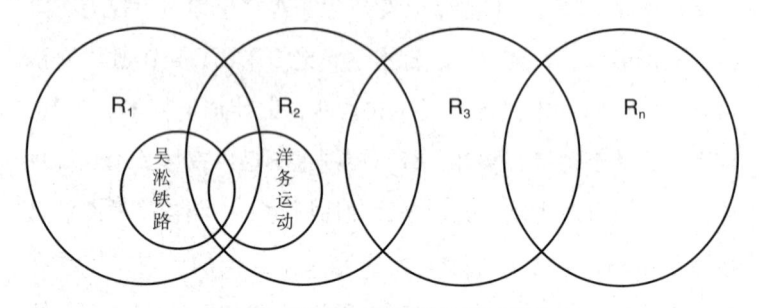

[图：R₁（吴淞铁路）、R₂（洋务运动）、R₃、Rₙ]

图 18　两种研究路径的比较示意图

铁路视作一个变量集合，从其自身出发追溯事件和话语，探寻多元、异质、彼此重合又分离的吴淞铁路与洋务运动——只有在尽可能多的分岔中我们才能看到被线性历史遮蔽的其他面向。

事件：吴淞铁路

新的时间操练：铁路时刻表

时间表并不是什么现代的产物。诚如福柯所言，这项古老的遗产将修道院的生活秩序带进学校、工厂和医院中，通过建立节奏、安排活动、规管重复周期三种方式规训人那脆弱的身体。[205]铁路时刻表是一种时间表，但同时又引入了一些新的操练模式。它制定的时间既不围绕西方"犹太教-基督教"上帝的在场，也和中国传统社会中的农耕时令不同，甚至和生命活动、新陈代谢的节奏都没有任何关系。铁路时刻表当然是服务于乘客的，但它首先需要服务的对象是火车、铁路这一机器装置自身。它所体现的时间完全是由机器自身运作的速度所支配的，且"机器体系的节奏并不遵循生活的节拍"[206]；相反，生活的节拍、人的活动要配合机器的运转加以调整实现同步。一种新的时间模式的确立得益于机器的运作，而非某种突然迸发的时间意识，或从异地他乡传来的时间观念。换句话说，并不是神秘的现代性创造出了铁路时刻表，而是铁路将自己的运作时间让渡给了现代性。学者丁贤勇根据对近代江南新式交通运输的考察，指出新式交通改变了近代中国人生活中的时间节奏，确立了新的时间制度："……时钟及其所反映的时间观念，与轮船、火车、汽车一起进入人们的生活之中，成为人们生活的一部分。原来根本没有什么时间制度，而新式的交通工具有固定的班次，要求人们去等候，依照时间走，标准时间成为近代的一种新尺度。"[207]这也解释了为什么光绪年以后的上海，钟表是自轮船、火车通行，旅客往来遵循一定的时刻之后，才开始盛行起来。在更广泛意义上，铁路时刻表作为现代性时间的先导，与随后的各式时间表一道促进了现代性时间制度的创立与成形。工厂工作时间表——新的钟点时间对身体的规训、新式学堂的学习时间表——强调惜时的管理模式，以及更晚近的商业月份牌的时间表——规范市民的日常生活，这些时间表固然都是人的产物，但同时也生产了适应新时间模式的现代主体。[208]

中国最早的铁路时刻表由吴淞道路有限公司（Woosung Road Co.）于1876年在上海发布。虽然原本的时刻表已散佚[209]，但《申报》同时期所刊载的版本为我们提供了参考资料。《申报》自1876年7月4日火车正式投入客运到1877年10月20日火车最后一次运行，除了个别时段因中英交涉致火车停开外，一直在其广告版面载有吴淞铁路的时刻表。每次火车时刻一有变动，《申报》总是会及时更新，故主要有四个不同版本的时刻表。第一张时刻表名为《火轮车路告白》，刊载于1876年7月1日的报纸上，即从上海至江湾的线路正式营业的时间（见图19）[210]。1876年7月17日则登出《更改火轮车往来各时》，直到同年8月23日火车暂停（见图20）[211]。当火车在12月重开时，江湾至吴淞铁路也已修好，铁路全线通车，故《申报》于12月2日登出了火车班次最多的《火轮车公司告白》（见图21）[212]。最后一张时刻表《火车开行时刻》或许是因为中英双方谈判已有结果——铁路由中方买回，故而显得极为简略，自1877年5月9日登载后，再无改变（见图

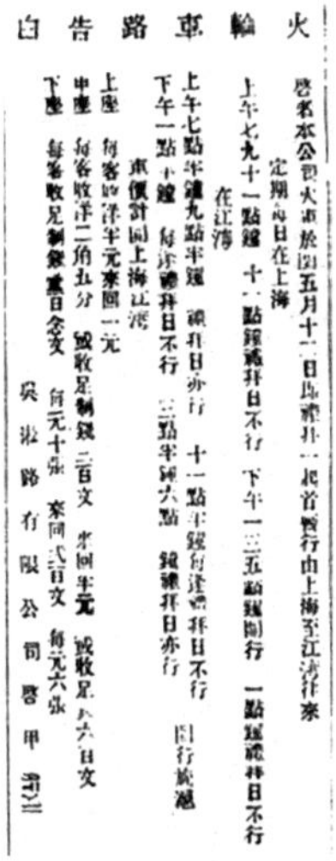

火輪車路告白

啓者本公司火車於四五月十二日禮拜一起首暫行由上海至江灣往來
定期每日在上海
上午七九十一點鐘 十二點鐘禮拜日不行 下午一三五點鐘開行 一點鐘禮拜日不行
在江灣
上午七點半鐘九點半鐘 禮拜日亦行 十一點半鐘每逢禮拜日不行
下午一點十鐘 每逢禮拜日不行 三點半鐘六點鐘禮拜日亦行 回行旅滬
車價計開上海江灣
上座 每客收洋半元來回一元
中座 每客收洋二角五分 或收足制錢二百文 來回半元 或收足四六百文
下座 每客收足制錢一百念文 每元十張 來回弍百文 每元六張
吳淞路有限公司啓 甲

图 19 《火轮车路告白》

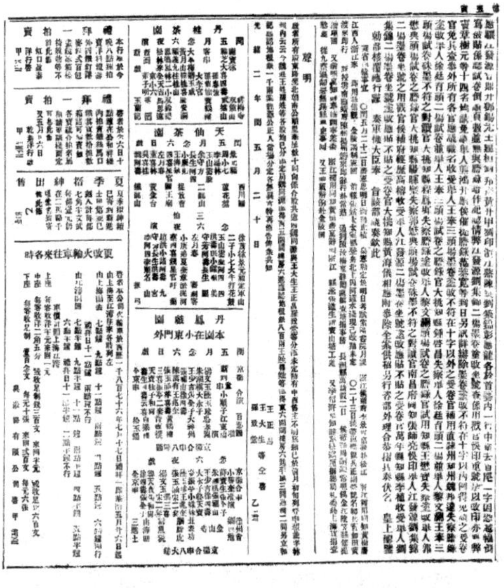

图 20 《更改火轮车往来各时》

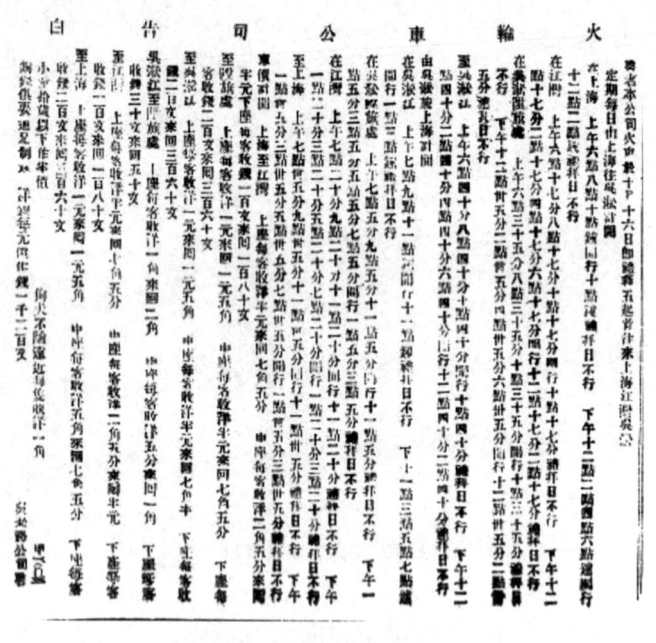

图 21 《火轮车公司告白》

22)[213]。可见报纸与铁路紧密配合，新兴媒体与新式交通相互合作，通过建立节奏、管控重复周期等方式培养读者／乘客这样一种新的主体。

《火轮车路告白》和《更改火轮车往来各时》相应的线路都是来往于上海至江湾，除了班次、时间上的变化，其他则体现为：在计时上，用传统农历和星期礼拜制共同表示日期，整点钟及半点钟传达时间；行车方面，有些车次在礼拜日并不行驶；座次一开始就划分为上、中、下三等，且价钱各不相同。

由于铁路修至吴淞，全线通车，《火轮车公司告白》除了

第三章　回归物的历史：从吴淞铁路到洋务运动　113

图 22 《火车开行时刻》

以上特征外，又增加了新的变化。首先，线路更加完善，火车终点站变为吴淞江，上车地点增为三个——分别是上海、江湾、吴淞升旗处。其次，时间上更为精确，出现了分钟这一计时单位，如"十点十七分""八点三十五分"等。事实上，不同车站的出现是将整条线路在空间上划分成较短的线路，原有的整点钟、半点钟等计时术语不能满足火车速度对时间更精确的需求，必然会有更小时间单位——分钟的出现。这也是为什么同时期的轮船仍多使用整点钟或"正午""黎明"这样的词语形容开船时间[214]——速度尚达不到新时间单位的最低适用标准。再次，一些日常生活的细节也被考虑进来，比如十岁以下儿童可以半价，携带狗犬的话不论远近每只都需再额外收费一角。

《北华捷报》为了服务在沪洋人而刊登了同一份铁路时刻表的英文版（见图23）[215]，除了所用语言外，两者在表格排列方式和时间标记方法上也大相径庭。由于《申报》的读者主要是晚清上海的文人与市民,《火轮车公司告白》仍沿用传统书写习惯——自右往左、自上往下,逐条叙述火车班次。其采用汉字表达时刻,必须合乎基本的文法,即满足一个简单陈述句的要求,如"十点钟礼拜日不行"。该份时刻表的英文版则将时间和票价分成不同的表格,把地点和时刻按照一定规则排列,不用再考虑句法的要求;使用数字计时法亦节省了人们的阅读时间,显得更加简单明晰——尽管这种简单明晰也是规训的结果。铁路时刻表的表达方式因人而异,也使他们感受到的经验有所不同,但有一点是所有人都要遵守的——只有准时才能搭上车。因为火车在吴淞铁路上行驶是确定的,它在某个时间停止,又在下个时间出发。对于乘搭火车的人来说,时间就显得比空间重要。

图23 《火轮车公司告白》英文版

上述这些铁路时刻表都不会标识上海、江湾、吴淞之间的线路，只是将它们转化为一个个时间线上的点来表示出发地与目的地，而其中空间上的距离则被不同的时刻替换了。这种通过时间消灭空间的把戏，现代的读者再熟悉不过了。这并不是说距离被取消了，或乘客感受不到火车经过的空间体验，而是这一切都可以被时间替换，甚至出发地和目的地也只是乘客所需记住的不同时刻罢了。即使铁路路线弯曲环绕，我们坐车观赏窗外景色时也能明白是在经过不同的地点，但铁路时刻表提供给我们的永远是两点一线的模式——无论多么复杂的线路都可以被分隔成出发地、目的地这两点之间的不同时刻。要想享受火车带来的速度体验，最重要的是你除了有钱买票，还要遵守机器的时间——这就是铁路时刻表想告诉乘客们的全部。想想儒勒·凡尔纳（Jules Verne）笔下的福格先生（Phileas Fogg），他之所以能在当时的条件下完成八十天环游地球的旅行是因为有什么过人的勇气、高超的智慧？还是乘坐了何种非凡、神速、不可思议的交通工具？都没有。他之所以能按时完成旅程，仅仅因为他是一个守时的现代人，会严格遵循交通时刻表定下的规矩——以及那一万九千英镑的差旅费。吴淞铁路借助时刻表让乘客学会作为现代人的第一项规矩——守时。那么对于那些没钱乘坐火车、生活在另一种时间里的人来说，吴淞铁路又能施加什么样的影响呢？

为机器立法：世界一分为二

史蒂文·夏平（Steven Shapin）和西蒙·谢弗（Simon

Schaffer）在他们的名作《利维坦与空气泵：霍布斯、玻意耳与实验生活》一书中，重新审视了17世纪霍布斯和玻意耳围绕空气泵这一科学实验展开的争论，通过考察玻意耳空气泵实验背后的权力关系和知识运作，解构了实验科学诞生的理性神话——现代科学的重要概念，其实是建立新政治秩序的必要基础。[216] 拉图尔对此书的阐释独辟蹊径。他认为，玻意耳创造了一种关于自然和客体的科学话语，霍布斯则发明了主体与社会的政治论述，这其实就是在创造现代世界本身——科学与政治、自然与社会的二元对立。如果我们真想跳出现代性的框架去思考现代性问题，就不应该只是用"权力""社会关系"去解构空气泵这涉及科学、技术之物的演化、传播和普及，而是用对称的阐释角度，同样借由空气泵去解构"权力""社会势力"的演化、传播及普及。因为"更高程度的主体性也需要更高程度的客体性。如果你不能同时兼顾玻意耳及其追随者，你就无法考察霍布斯及其继承人的思想。如果你不知道空气泵，你就同样也理解不了利维坦"[217]。科学、技术固然充满了社会建构、权力斗争，但社会主体、权力规则又何尝不是科学和技术的副产品呢？

　　前文已经提到过吴淞铁路的第一起交通事故——1876年8月3日火车轧死了一个跨越铁路的行人。为了避免此类事故再发生，一系列关于铁路的规章制度开始相继出现。铁路公司认为此事故的原因是铁路沿线无人看守，故拟定火轮车驶行规例，特请派数十名华人巡捕沿途看守。每人配有红、白旗两面，若发现铁路有阻则挥红旗示意司机停车，若无事则挥白旗让火车继续通过。[218]然而没过几天火车就又出事了，而且是一列载石料的火车和载客火车迎头相撞，好在没人丧生。细查原因，居然是沿途看守的一位巡捕一时忘了规章，没有将红旗举起。[219]随后中英谈判的结果是铁路由中国买断，但在银两付清之前的一年内，洋商公司仍可继续营运铁路。为了在火车行驶期间保护铁路，同时避免类似交通事故，上海道台冯焌光与英国领事麦华陀共同商定了有关铁路的法律章程，并发布布告要求所有人必须遵守，不得违反。该章程共有六条：

一、车路两旁设有篱笆水沟，应在公路上开门，以便行人牛马来往。

二、公路上所开之门，以时启闭，必须派人在门外昼夜看守；行车有一定时刻，未开行以前，必须将门关闭，车过方开；倘看守之人，偶不小心，车行以前，并未关门，以致行人闯入，车过不及躲避，即责成铁路公司妥为查办。

三、公路上所开之门，因车行将过，业已关闭，倘行人来此定要闯进门内，可将此人扭送委员处，解回上海会审公署，从严惩责，看门人役不得私自殴打，滋生事端。

四、车路两旁，原有旧路可行，兹除公路所开各门，准行人来往外，其余篱笆水沟以内，均不准行人闯进车路上行走，并牵牛马闯进道上践踏，违者扭送委员处惩责。

五、车路发票收票处，由官派人查验，除各人自带行李零物外，不准携带各货，偷漏税捐；如有夹带洋药等货，一经搜出，从严惩罚！差役人等亦不得与搭车人故意为难。

　　六、停车房屋及车路全段，不准行人闯进糟践，违者扭送委员处惩罚。[220]

　　这六条章程除了第五条涉及乘客外，其余几乎都是在规范行人，指导沿路农民如何面对铁路这一新事物——而他们正是买不起票、看不懂时刻表的那类人。该章程名义上是保护铁路，实质却是在为铁路这一新生的机器装置划定势力范围，借助时间和空间的限制区分责任的归属——行人在禁止的时间踏入禁区，一切后果只能由自己承担；反之，则由铁路公司担责处理。没人会要求火车或铁路对可能的事故负责，机器有运转的权利却无须承担任何的责任，它在立法的源头就是超验的。能够客观地看待技术、在机器面前保持理性（或者接受自己的无能为力）往往被视作现代人蒙受启蒙的标志。因为只有激进的勒德分子（Luddite）和愚昧无知的乡野村夫才会把怒气撒在机器这一肤浅的表面之物上——他们看不到机器背后资本家逐利的欲望、市场的运作规律，以及真正起着作用的社会权力。但是换个角度来看，这些具体的法律约束和身体规训强加在行人、农民身上而得以出现，究竟是因为无孔不入的资本主义在运作，还是铁路这一物的出现呢？是我们在为机器立法，还是机器强迫我们必须适应它的规则？也许有人会坚持认为资本主义等社会因素才是这一切的根源，因为如果没有铁路，它也会发明其他的机器，制定另一套规则。但是我们不应忽视，所有关于机器的法律规范从来不是针对机器自身的，就像吴淞铁路从一开始就超然于这六条章程之上。我们可以制定新的法律规章约束、训练自己的身体，却永远驯服不了铁路和火车。现代性的理论家思考的是阐释世界的模式与框架，前现代的农民只在乎自己生活的世界。如果"聪明和理性"是指认识到人的规则不能适用于机器、默认我们对铁路和火车的无能为力，那么在正视问题的源头这方面，勒德分子和农民倒显得更为正确——只是这种天真的正确已经不能为我们现代人所容忍罢了。

铁路是在生产了现代主体之后才变得现代的。在这变化过程中，有些事物被凸显了——铁路的机器装置，有些则被遮蔽了——篱笆和水沟。如果我们要想象吴淞铁路的历史图景，就必须意识到这条铁路两旁都是农田和村舍，而火车自从1876年12月重开后就一直是在篱笆和水沟的护卫中运行。铁轨和篱笆将既有的世界从空间上一分为二，只有在特定的时段经过有专人把守的门扉，行人才能短暂地穿行自然与机器的世界。除此之外的时间里行人若踏入铁轨则被视作违法行为。划分时段规定何时开门、何时关门的依据是什么呢？答案依旧是以火车运行速度为基础的机器时间。火车不会等人，也不会为人让路。行人要学会为火车让路，过路的农民及其牛马也要习惯中断自己的世界，先等火车驶过——经过的火车也成了这个世界的时间标记。这也符合机器时间最突出的两个特征——

"与预定时间的哪怕最小的延迟或偏差,也会使运输和技术体系失常,会导致全面的误会,甚至事故和灾难。另一方面,人们的休息和劳动,闲暇和社会交往,不是由人作为有机体的冲动和需要的节律,而是随着时间不断向前推进由机器时间的节奏来支配的"[221]。

机器不只拥有自身运动的时间,它也支配着运动停止后的时间。乘客依靠时刻表学会守时是为了乘车旅行,农民遵守法律规定学会等待是考虑到自身的安全——以身试法结果难料,但去和火车抢路一定是白白送死,况且在这样的法律情境中火车和铁路公司都无须负责。立法章程不仅是为了保证火车的正常行驶,更大意义上是将铁路以外的自然和人都拉进自己的游戏规则中。这样看来,篱笆和水沟不只是在保护铁路,其实也是在保护农民和他们原先的世界。但农民们对此并不领情,他们不曾要求过此种立法,他们先前也根本不需要保护,他们只是被强迫接受一种新的时空条例。篱笆建好没多久,就有一位高姓和尚因偷拆护栏和铁钮被看守抓住送官。铁路沿线普遍发生农民拆毁篱笆,私自开门通行的事件,有的甚至和看守铁路的巡捕大打出手。[222] 还有一次——如前文《申报》记载《火车遇阻》所述,火车在行驶于吴淞至江湾的途中,突然被八九百人拦路截停。因为前日机车中的火星引燃了附近农民的茅屋,众人便以堵路、阻车的方式讨个说法。岂料"后觉机器力大,人不能敌,遂各释手",火车才又重新开行。[223] 这样一幅充满戏剧张力的画面,当然同时也带有滑稽与悲凉并存的意味。"机器力大,人不能敌"这一刻骨铭心的教训,让人明白自己连向机器讨个说法的权利都没有，只能无奈地接受、适应新的规则。当然这并不是要引向一场到底是机器决定人的主体，还是人去适应机器环境这样无休止的争论，汉娜·阿伦特（Hannah Arendt）在比较工具和机器的区别时就曾明言："机器要求劳动者为它们服务，劳动者被迫改变他身体的自然节律来适应机器的运动。确实，这并不意味着人自身适应了机器或变成了机器的仆人，但是它确实意味着只要工作在机器上进行下去，机械过程就代替了人体的节奏。即使最精巧的工具也始终是人手的奴仆，不能指挥或代替人手；即使最原始的机器也指挥着身体的劳动并最终取而代之。"[224] 主体、立法、规训、权利、责任，甚至胜利或失败都只是人的事情。机器借助对这一切的拒绝而将世界一分为二，却又超然其上。在现代性的语境中，铁路获得了超越性。

各自的立场：游铁路与坐轿子

吴淞铁路自铺设之日起，就成了上海及周边地区一道奇特的景观。即使在试车阶段，"每日往观者老幼男女不下数千"[225]，上海市民把观赏铁路、火车视作一件娱乐时髦之事，称之为"游铁路"。[226] 而待火车正式运营时，欲搭乘者居然"繁难不可计数"，不仅妇女小孩占了大半，就连妓馆中的姨娘大姐也来登车一坐。甚至一度因为乘客太多，许多持上、中等车票的乘客也只能挤在下等车厢。[227] 从游客到乘客借由购买车票实现的不仅是身份的转变，观看方式也从凝视行驶的火车转变为在快速移动的火车内部观看车外的世界。这个曾经如此熟悉的世界，如今因火车的速度而变得陌生，一切都充满了新鲜感。《申报》一位搭乘了火车的记者写道：当天空晴朗之时，火车驶过田野村落，纵目远观，十分快乐。然而所观诸景中，"最有趣者，莫如看田内农民"：

> 当火车从田间驶过时，他们全都"面对铁路，停工而呆视"。拄着拐杖的老妇人瞠目结舌，背负锄头的少年痴立不动，弱女子看见火车忽然欢笑，孩童看见火车则感到畏惧——或是躲在长者身后，或是牵起水牛慌张逃跑。[228]

也许这位作者认为观看田间农民有趣并非出于恶意，但字里行间也明显流露出一种优越感。这种优越感源于市民与农民之间的经济差距，乘客与行人各自的速度快慢，以及文人和村夫彼此话语权的多寡。他们眼中的风景并不是同一幅画面，甚至看到的铁路也不是同一个实体。阶级的高低、资本的多寡、精英与草根的区别、认识上的进步与落后全都直接反映在速度的快慢这样一种新的身体经验中。相较于电报这样的通信设施或是汽轮之类的交通工具，铁路的独特性在这里一览无遗：它是唯一能让人们在身体经验层面直观地意识到速度的装置。"通过时间消灭空间"并不只是历史叙述、理论概念，而是铁路通过身体传达的速度体验让其首先成为日常生活中正在发生的事实。火车的确是在消灭距离、抹平时空，但速度从来不意味着平等，它无时无刻不在建立新的等级制度。因此，无论是认为沿路居民从一开始就自发抵制外国侵略者的非法活动[229]，还是声称当地居民对铁路这一现代科技一直热情高涨，给予支持[230]，都是忽略了其中的具体立场。然而已经被现代性驯服的我们，在回顾历史时总是会自然而然地倾向认同那日后会成为胜利者的一方：《申报》、市民、乘客是进步开明的——他们跟准了历史的发展方向；破坏铁路的农民愚昧又无知，注定会被历史淘汰。尽管在考虑到农民的立场后，我们会发现他们的反对并不一定就是无知或非理性的——他们也有自己的理由，甚至并没有做错什么。但是文人自然不会去和村夫对话，市民和商人又怎么会理解农民的理由呢？同样的道理，在中英双方关于吴淞铁路的交涉中，西方国家与洋商也根本不能理解中国政府所做出的选择。

英国政府及商人偷筑吴淞铁路在今天看来当然是为了自身利益而侵犯中国主权的非法行为，这没有任何值得辩护的地方。但他们为什么要以欺瞒的方式进行呢？他们在吴淞铁路这一事件中又持有何种立场呢？事实上，在已经步入现代的英国人看来，建铁路不仅不算侵略，反而是为了帮助中国从"野蛮国家晋升为文明的先导者"，"兴办铁路和电报，乃是拯救贫困和挽救贸易衰微的唯一办法"。他们也并不指望通过吴淞铁路进行侵略或是获得大利，这条轻便窄轨铁路，"只是试探中国人对铁路感觉的一条实验路线"。[231] 之所以隐瞒建造、偷偷进行，无非是中国政府太过顽固守旧，完全认识不到对自己明明有益的现代科学技术。英美公使之前一再向清政府阐明铁路的种种利益，后者请求先造短路一道以观后效，前者更是体贴地指出，"办理此事，最要者，开创之权归于中国，自应防备外国挟制"。[232] 当然，清政府对此一直是无动于衷的。

> 每一个人都知道，清朝官员总是反对铁路，正像他们反对任何一件革新一样。向他们提出建造铁路这个课题，得到的总是干脆的拒绝；向他们劝喻从欧洲输入铁路好处的答复，总是铁路适合于欧洲各国情况，而不宜于中国……
>
> 想从中国政府得到正式的许可是徒劳的；因此便有这样一种想法，先正式买地，然后突然地把铁路建造起来，也许能受到（当局的）容忍；而且还可以把这样一条铁路作为一个范例去教育中国人。[233]

然而英国人怎么也没想到被教育的反而是自己——吴淞铁路这一实验最终以失败告终。他们根本就没想到，即使在见识到铁路的速度和利益之后，中国官员仍然会选择拒绝。在吴淞铁路运行的最后一天——1877年10月20日，清政府官员褚兰生、陈福勋将赎回铁路的银两交到英领署，并于是日下午前去查看铁路全线。铁路公司方面特别配备一辆火车供中方官员视察。但他们坚决拒斥了洋人的邀请，不乘火车而是坐轿视察铁路全程，以为凭此保持了天朝官吏的威仪。就这样，铁路总工程师摩利臣（G. J. Morrison）骑着马，和中方官员浩浩荡荡的轿子队伍，行走了三个多小时才到达吴淞，又用了差不多的时间返回上海。[234] 如果我们暂且悬置"愚昧无知"的评价，单就此举来看，中方官员宁愿坐轿视察全长14.5千米的铁路而不乘火车，其实不就是因为他们不需要急着完成这件事吗？至少天朝的颜面和礼仪要比速度本身更重要。问题不是问中方官员你们为何要这样浪费时间，不嫌缓慢。对他们来说，何必要急急忙忙，为何要节省时间，才是真正的问题。这直接表明速度和效益在当时的中国并非什么要紧的事，也尚未进入核心的价值取向。其实今日的我们完全可以理解英国人当初的语塞无奈——居然有人会去拒绝速度和效益，这对于现代人来说完全不可理喻。但从另一方面来看，晚清的中方官员似乎比现代人更加自由——他们拥有拒绝铁路的权利，毕竟速度/利益只是众多选项中的一个。

考虑到这一点，先前坚决抵制吴淞铁路被视为"疯人"的冯焌光，似乎也有其合理的一面。冯焌光绝不是什么愚昧无知的守旧官员。在中英吴淞铁路交涉中，他一方面援引英、美、日等国法律指出英方在中国修筑铁路的行为是无理且不合法的，更是指责对方违反万国公法，侵犯中国主权；另一方面甚至利用新闻舆论威胁英领事，要将此事"刊入新闻纸，使地球各国天下官民，共见共闻"。[235]冯焌光对铁路的反对，主要是针对欺瞒建铁路此事的"名不正，言不顺"以及西方列强对清朝政府的蔑视。其背后自然含有对外国列强进入中国的担忧，但根本原因其实是因为速度及其带来的利益并未成为必需品，不在他考虑的范围之内。这也是为什么作为旁观者的美国公使都看不下去了，不停向清政府强调针对吴淞铁路的判断，不应纠结于当初建造的对错。铁路既已存在，衡量它的标准是要看它是否有用、是否能带来利益。"欲商议此事,应想贵国官民有用处否,不必想当初造路人之意如何。"[236] 但有用就一定要用吗? 有利益是否就一定要追求呢?

反倒是最终下令拆毁吴淞铁路的两江总督沈葆桢,确实觉得铁路有用,而且认定中国将来一定会用。作为最早一批意识到铁路利益的清朝官员,沈葆桢曾发表过"铁路或有益"的高论:"秦筑长城,当时以为殃,后世赖之。铜线、铁路,如其有成,亦中国将来之利也。"[237] 可他为何在付完银两、买回铁路后,又最终下令将其拆除呢? 柴萼的《梵天庐丛录》中有沈葆桢谈及拆毁吴淞铁路的记载:"铁路虽中国必兴之业,然断不可使后人借口,曰是沈某任两江时所创也。"[238] 原来沈的意思是说铁路虽好,中国将来必兴建,但不能自我开始。出使英国的大臣郭嵩焘对沈葆桢此举颇不以为然,称其"实为无谓,然其意在邀流俗人一称誉而已"。[239] 然而,在当时的语境下为什么抵制铁路会获得世俗的称誉呢? 这里除了暗示沈在意个人名声之外,他有关铁路未来对于中国必不可少的信念又是如何产生的呢? 要想回答这些问题,我们就必须回到洋务运动关于铁路的话语论战中进一步探讨。

话语:洋务运动中的铁路论战

"精神火车"的义利之辨

事实上,不仅有像褚兰生、陈福勋这样宁坐轿子也不乘火车的人,或者沈葆桢这样即使意识到铁路的利益但仍将其拆毁的官员，更有甚者——亲自前往欧洲考察、领略过火车的便捷，回国后却更加反对中国发展铁路——这就是晚清首任驻英副公使刘锡鸿。据其出使日记记载，当他第一次在埃及乘坐火车时就感慨机械速度之快："程之慢者，一时亦百余里，故常数昼夜而万里可达。技之奇巧，逾乎缩地矣。"[240] 而在伦敦坐上更为先进的火车时，他一方面承认其便捷利民，"较之未有火车时，省费数倍"，另一方面更是对豪华车厢内部的整洁、舒适赞不绝口，"虽轮行如飞，风霆贯耳，终不改书斋闲憩之乐"。[241] 同样正是此君，在日后清廷关于铁路兴建与否的论辩中，激烈反对修建铁路。刘锡鸿在奏折中，以自身实地考察过欧洲为资本，强调中国国情特殊为依据，主张"火车实西洋利器，而断非中国所能仿造"[242]；更进一步列举论点"不可行者八，无利者八，有害者九"，滔滔雄辩、洋洋洒洒，直接打消了清廷针对刘铭传上奏要求修建铁路的念头。[243]

"不可行者八"是说中国没有像西方国家那样修建铁路的条件：没有管理铁路的公司、修建铁路的巨资，在管理、法制、沿途安全方面都缺乏保障。"无利者八"是针对洋务派认为修建铁路会给中国带来利益而提出的反驳：欧洲各国能够借助铁路获益是因为所得"皆他国之利"，而中国没有国际贸易，修建铁路只是促进各省之间货财流通，并不能让国家从整体上获利；至于铁路能够有利军事、政治管理的观点，刘锡鸿认为是本末倒置，对官员的监察重在"精神，不在形迹"，火车的出现必会导致增兵、增饷，可能引起兵乱。而"有害者九"则在列举铁路会给中国带来的危害，一方面是对民生的破坏,"人心必增奢侈,财产日以虚糜";另一方面则是军事上的隐患,因为铁路在军事方面的利益——速度,对敌我双方都是同样的,"兵力强,则我可速以挫人;兵力弱,则人因此蹙我"。

沟口雄三在《一个反"洋务"派的纪录——关于刘锡鸿》一文中特别探讨了刘锡鸿的反铁路思想,认为这是他在有意或无意之间把中国和西方进行比较后,意识到文明的优劣悬殊而得出的悲观结果:"他的反铁路论,从某种意义上来说,也许可以看作中国所发出的一份为时尚早的'败北'宣言。"[244]

事实上,刘锡鸿虽然承认中国没有像西方那样的条件发展铁路,却并不悲观,也完全不认为中国将来会"败北",反而充满了骄傲与自信,认定中国早有一辆胜过西方所有的、最快最强之"火车"。同样是在刘锡鸿的驻英日记中,记载了一位波斯藩王与他关于火车之于中国进行了一番有趣的对话,耐人寻味。

波斯藩王问刘锡鸿:"中国为什么不制造火车呢?"

刘笑道:"当今政府,正准备在朝廷上制造一辆大火车。此火车名为精神道德,以此校正朝廷确保其行正道,由此及之百官、万民。这样的火车行驶速度最快,一日数万里不在话下,而且根本不需要烧煤,也不用车轮、铁轨。"("方今政府,谋于朝廷之上制造大火车。正朝廷以正百官,正百官以正万民,此行之最速,一日而数万里,无待于煤火轮铁者也。")

波斯藩王听了以后也哈哈大笑。

刘锡鸿显然觉得自己是为国增了光,而波斯藩王的笑声证明对方为自己的高论所折服。"此次每一答驳，波斯藩王必点头不已。语毕辞去，王曰：'今日领教殊快，无怪是中国有名人。'"[245]

不论刘锡鸿对铁路有怎样的认识、对火车又是什么样的喜好，作为晚清政府的官员，他始终是儒家教育下的传统知识分子。诚如其所言，仁义道德才是他真正看重的、精神层面上的"大火车"。士大夫、知识分子的首要任务就是关心政教、民生，"以道为本，以器为末"是认识论的大前提，行义而不逐利则是最基本的伦理规范。国家必须承担不与民众争利的道义，这也是为什么英国公使威妥玛第一次与刘锡鸿相见，提到创造铁路是中国当前急务，刘便以"中国立教尚义不尚利、宜民不扰民"而婉拒之。[246] 而刘锡鸿后来在第一次领略到火车的快速、便捷后，转念就想到这种交通工具若在中国推行，会令多少船夫、车夫丢掉饭碗！"然以行诸中国，则裸股肱、执策绥、操舟挽挲以度载人货者，莫不尽废其业。"[247] 刘锡鸿并非不知道火车和铁路能带来的速度和效益，但这种以义当先、民生为重，不与民争利的意识形态规范影响了他对此类技术、机器的接受。他在英国泰晤士报馆参观时，发现报馆借助印刷机，只需管理模具和机器的几个员工就能每天印刷七万份报纸（一份报纸分四张纸），每日实际收入洋银四千三百七十五元。刘锡鸿不去赞美机器的便捷与效益，反而给解说的人算了一笔"匪夷所思"的账。如果不用机器，专用人力，令每人自备活字版一份，规定限时每天印一百张新闻纸。那么二十八万张新闻纸，每天就可以雇佣两千八百人，每人每天可分得一元半多的工资。就算英国税多费重，这点工资也是够赡养八口之家的。那么就有两万数千多人的生计性命都依赖于此。"何为必用机器，以夺此数万人之口食哉？"[248]

事实上，这些先进的外来技术可能有害民间生计，从一开始就是晚清官员反对铁路、火车的主要理由，对这一点的担忧甚至要胜过防备外国势力的入侵。这些今天被视为顽固守旧的愚者，在当时也确实可能是关心民间疾苦、以舍利求义为荣的社会良心分子，或说"爱国者"。[249] 他们大多数并非不懂得铁路的速度和效益，然而面对这种利益的诱惑，往往是出自意识形态训练下的本能予以拒绝。顽固派代表顺天府府尹王家璧就精准地指出了火车之实质和铁路的利益无非是对速度的追求罢了，批判李鸿章："其言铁路九利，词意重复，甚至自相矛盾，总不过夸火车之速耳，不足深辩。"[250] 对他来说，速度只是一个可有可无的选项，为了这个选项就舍弃道义的根本，为了追求铁路可能带来的利益就令民众失业挨饿，无疑是与作为读书人的立场相背离的。其实，在19世纪60年代为应付英、法修约而围绕铁路产生的第一次铁路论争中，李鸿章也是持反对态度，认为电线和铁路都是有大害于中国。"凿我山川，害我田庐，碍我风水，占我商民生计，百姓必群起抗争拆毁，官不能治其罪，亦不能责令赔偿，致激民变。"这一论点一再被后世学者引用并加以批判。但李鸿章也为自己留了后路，提出如果将来有条件能够获得铁路、电线带来的利益，"不若中国自行仿办，权自我操"。[251] 相比之下，曾国藩在对待铁路这事上就要坚定得多，而且很大程度上是以民生问题为出发点考虑的，因其"害我百姓生计，则当竭力相争"。他认为，创办电线、铁路会使本就生活艰辛的车夫、脚夫，乃至开旅店的小民日益穷困。如果听任洋人创办铁路，则是外国侵占中国的利益；如果让附和洋人的中国人修建铁路，那就是"以豪强而占夺贫民之利"，都不可行。曾国藩还设想，如果就"小民生计"与外国势力相理论，对方自然应该理解接受。但如果洋人争辩不休，执意修筑电线、铁路，那中国为此与之"一战"也在所不惜。

> 中国之王大臣为中国百姓请命，不患无辞置辩。甚至因此而致决裂，而我以救民生而动兵，并非争虚议而开衅，上可以对天地列圣，下可以对薄海苍生，中无所惧，后无可悔也。[252]

如此慷慨激昂为民请命的言辞，也确实打动了一些外国使节。美国驻华代办卫三畏（S. W. Williams）就在其个人信件中提到："（曾国藩）从建筑铁路、内河通行汽船将使本国人民生计穷蹙的立场而反对这些事业……是值得我们郑重考虑的……如果汽车的行驶恶化了本地船民的境况……则铁路之代替那些推车的，赶驴、马、骆驼的人的生活，不将使他们的处境更坏吗？"[253]

这一为民请命的姿态一直被铁路、火车的反对者延续到十几年后的第二次论争中。在由刘铭传于 1880 年 11 月上奏要求建造铁路而引起的争论中，除了刘铭传、已经转向的李鸿章和仍然模棱两可的刘坤一外，此时大多数官员依旧不屈不挠地反对发展铁路。基本上仍是在刘锡鸿的"不可行者八，无利者八，有害者九"之内，只是言辞有时更显激烈。比如周德润声称泰西诸国尊崇机器，表面上是一部机器代替数百人的劳作，实质上却是以一部机器夺去数百人的生计。如果中国也兴建铁路，恐怕此捷径一开，沿途的旅店、服务的民车、载货的骡马，全都要歇业了。这是"括天下贫民之利而归之官也"。并且警告朝廷，"与民争利，祸亦随之"。[254] 内阁学士徐致祥对修铁路的提议极为反感，认为修建铁路所要耗费的千余万巨资，与其为便利夷民，不如拿来治理黄河灾害，否则百姓必会产生怨念，并对国家寒心。[255] 还未等朝廷回应，徐致祥又接连上奏，要求罢开铁路而急修治河工程。一方面重申铁路"以数万人之生路，从而夺之"，是驱使失业的民众遭受饥寒，从而可能成为盗贼；另一方面详述黄河的灾情和修治河工所要用到的费用，感叹道："第以铁路所费数百万，不用之于治河以苏民困而靖乱源，而以之便夷，以之媚夷之人，臣实为国家长太息也。"[256] 也许是因为切中时弊，说到朝廷痛处；也许是言辞激烈，惹得龙颜不悦。徐致祥因此番言论被当作不平心论事、恣意妄言，而受到"降三级调用"的处分。[257] 这对于所有反对铁路的人士来说都是一个重大打击。

而此时在支持与反对两端之间模棱两可的刘坤一对铁路利弊的衡量，可以为我们理解反对派的论点和处境提供更多的启示。在第一次铁路论争时,刘坤一作为江西巡抚同样反对电线、铁路等事,认为它们"专吾利以毒吾民"。[258] 然而等到此次刘铭传上奏请求建造铁路,朝廷要求李鸿章和刘坤一先针对刘铭传的诉求协商讨论后,再具体详细汇报。既不像李鸿章的全力支持,也不同于其他同僚们的坚决反对,刘坤一拖了两个多月才上交了一份奏疏,并无明确表态,而是请朝廷要求刘铭传将兴建铁路的一切利弊,逐个仔细推敲,再做定夺。与十几年前不同,刘坤一现在承认火车客观上确实大有好处,"别项未深知,之于征调、转输两端,可期神速,实为智愚所共晓"。并且他有一套颇具辩证色彩的说法——"立一法,必有一弊,大利所在,害亦随之",认为反对派的理由也算中肯,比如洋人势力扩大,铁路沿途有田庐、坟墓等不便处等。但他觉得这些问题仍是可以解决的,没必要深究。真正让他下定不了决心支持修建铁路的原因,还是因为铁路、火车会"有妨民间生计"。

> 盖物产之精华,民生之日用,无铁路未必见少,有铁路未必加多。只此货物之流通,如使尽为火车所揽,则穷民向恃车马人力运负以营生者,约数万人,讵不失业?

刘坤一这里提出的观点是铁路带来的速度及便利和财富的生产与消费并没有直接关联。他实际上是假定货物流通的总量是固定的,不会因为铁路的速度而带来改变。这和刘锡鸿的观点有异曲同工之处——在中国国内建设铁路，只能促进省与省之间的货物交换，从国家层面上来看总体利益并没有增加——或者说他们犯了类似的错误。当然我们可以指责这二人不懂现代经济学，不理解资本的运作规律，意识不到流通速度的加快可以促进财富的生产和产品的消费——但这也实在过于苛求古人了。不过，即使我们能够说服刘坤一财富的生产消费与流通速度息息相关，修建铁路确实可以带来利益，他下面的问题仍然让我们难以回答。

纵谓火车日盛，贸易日多，此项贫民，亦必别有营生之计，而急切何能见效？[259]

历史之所以是历史，恰恰在于我们善于忘记。哪一次发展不是以粗暴的原始积累才得以开启的呢？哪一次的改革不是以牺牲部分群体的利益才得以进行的呢？现代化从来不是所有人的现代化，它一直在筛选、检验，乃至淘汰那些不合格的人。当然他们并没有做错什么，唯一的问题在于他们本身的存在就不适合进入"现代""发展"的门槛。即使铁路将来真的会带来利益，火车兴起可以使贸易增多，因为铁路、火车而失去生计的穷人、小民未来可以得到新的工作，但这总需要一个过程。问题是，他们现在怎么办呢？不还是要面临失业贫困、流离失所的境地吗？又有多少人能挺过难关，坚持到这许诺的未来呢？即使确有利益可图，仍要以牺牲这些民众为代价，对于坚持道义、以民生为重的儒家知识分子来说实在是背离于其所受的教育熏陶。也难怪作为乘客的刘锡鸿可以理解并且享受火车的快捷与舒适,但一回到士大夫、知识分子的立场便转而强烈地反对在中国兴建铁路。同样,在一个看似客观的语境中讨论问题时,沈葆桢能最早提出铁路对将来中国有益的观点;可一旦牵涉自身,却是立即把吴淞铁路彻底拆毁了。这或许含有为了世俗的赞誉,但也更像是意识形态的舆论压力太过巨大。而李鸿章在支持铁路的奏章中,开篇就要引中国古代圣贤制舟车以"济不通"最终得以"利天下"的事例,为当今修建铁路寻求合法性,更是在意识形态上阐明利和义并不相悖。但是,如果只停留在义利之辨的层面上,我们仍然未能解释为什么基于类似的立场,在同样的历史条件下,洋务派和守旧派会给出不同的判断、做出不同的选择。为什么李鸿章认为铁路牵涉的义利可以相融,而他的大多数同僚却觉得两者彼此冲突?为什么洋务派认为铁路、火车所带来的速度和效益是大利、大义,值得追求,而反对者们却只把速度当作一项可有可无的选择?为什么刘锡鸿等人认为铁路对中国来说并不重要,而刘铭传、李鸿章却相信中国早晚要有铁路,不如越快越好?这种对于铁路及其速度之于中国的历史必然性的判定和急迫渴求又是如何形成的呢?

"急造铁路,不容稍缓":一种新的历史观

在 19 世纪 80 年代的铁路论战中被保守派痛批的李鸿章,曾经和他们一样也是铁路、火车的坚定反对者。他不仅在 19 世纪 60 年代政府为应付"修约"而发起的讨论中明确反对,甚至亲口对洋人声称"永远不会同意将铁路引入中国"。根据当时驻上海领事馆翻译梅辉立（Fredrick Mayers）1865年9月写于广州的领事备忘录得知，李鸿章反对的原因一方面是担心外国势力渗透内地，另一方面则是中国并不需要追求速度。"……英、法、美三国领事拜访巡抚，正式提出了修建铁路的请求。在这次正式谈话中，他仍然提出了农民反对、筑路困难等理由，之后抬高声音说道：'你们到底是为谁的利益修建铁路？如果是为了中国，我可以告诉你们没有必要。中国河网密布，水路运输发达，同时由于中国人不太像你们欧洲人（原话）那样在意运输的速度，他们对目前的运输工具很满意。如果你们是为了欧洲人的便利而修建铁路，那么我不愿意为了你们单方面的利益而背负骂名'……"[260] 可见当时的李鸿章同样认为铁路的速度和效益对中国来说可有可无，速度只对洋人有利，并不值得自己冒着"背负骂名"的风险去追求。这和为了"邀流俗人一称誉"而拆毁吴淞铁路的沈葆桢多么相像。然而仅仅十几年后，当初声称永不会将铁路引入中国的李鸿章在第二次关于铁路的论战中完全调转立场，极力主张修建铁路——愿意冒着外国势力渗透内地的风险也要追求铁路的利益、火车的速度。这究竟是为何呢？

李国祁认为李鸿章观念的转变，主要是认为铁路有利于军事，基于国防的理由才支持兴建铁路。在这十几年中，日本兴办铁路和普鲁士利用铁路突击法国成功这两件大事，深深地刺激了李鸿章。"由于这种刺激，才造成李氏的偏颇主张，而形成了他的铁路国防政策。"[261] 的确，军事因素从来都是晚清考虑兴建铁路与否的重点。当反对的官员提出铁路带来的速度是中立的,敌我都可以运用时,李鸿章却认为掌握这种速度本身就是军事优势的体现。而最早支持修建铁路的李鸿章、刘铭传、左宗棠等人无不是武将出身,手握兵权,亲自征战指挥在前线,对铁路有助于物资调动和军事速度这一点格外敏感。"铁路之利于漕务、赈务、商务、矿务、厘捐、行旅者,不可殚述。而于用兵之道,尤为急不可缓之图。"[262] 军事对速度的需求,恰恰构成了维利里奥所谓的"战备现代性"(logistical modernity)的基础。他认为现代性起源于军事技术的变革,由战争和速度的暴力所决定,而像铁路这样的现代战争机器往往也是我们感知现代经验的工具,最早接触到现代性体验的人大多是和战争相关的人士。[263]

相信铁路有利于军事,固然是李鸿章观念转变的重要一点,但并非全部理由。事实上,李鸿章同样也认为铁路会对中国的经济有益,增加财富,解决民生问题,甚至相信中国未来发展的方方面面都离不开铁路。这样看来,关于洋务运动的老生常谈就成了解释李鸿章支持发展铁路的原因,即通过学习西方科技、发展工业化,实现国家的富强。在这个故事里,李鸿章对铁路的转变就像获得天启一样,突然领悟,变得比同时代其他的官员、知识分子更加聪明、进步,成为现代性的先觉者,抓住了历史潮流的正确方向。他的选择的正确性证明了他对铁路认识的深刻,而他对铁路认识的深刻保证他做出了正确的选择。遗憾的是,这种循环论证是由以后的历史事实作为担保的,李鸿章和他的论敌们并不知道"未来"究竟会怎样——而这"未来"对我们来说已经是过去了。他们的选择并不会因为我们"多"出来的历史知识而增加相应的合理性抑或合法性。而且，铁路并没有像李鸿章设想的那样令中国走上富强之道："夫中国有可富可强之资，若论切实办法，必筹造铁路而后能富能强，亦必富强而后可以居中驭外，建久远不拔之基。"[264]清廷不但没有因修建铁路变得富强，反倒由于四川的保路运动而直接垮台。单从是否利于清政府统治这点来看，李鸿章的反对者们倒是判断对了。即使以后的历史、过去的经验证明火车有利于富强、发展铁路是正确的选项——这只构成了我们今天评价他们主张的一种标准，而非理解他们之所以做出不同选择的依据。我们仍然没有解释李鸿章转而支持铁路的这一变化本身，反而把这一变化当作了不言自明的东西、解释一切的资源——走上现代化发展之路的历史正确性。作为现代人，我们会有意无意地把现代常识作为解释前现代事件的答案，却忘了这论据本身同样是需要解释的问题。评判过去已经发生事情的对错是容易的，真正的困难，在于理解事情出现时所有的可能性。历史不是确定的答案，而是要一再探讨的问题。以上论述都将李鸿章从反对铁路到支持修建铁路的这一转折，视作一个单一、切实、不可再分的事实。但是如果我们把这一线性历史上实心的转折点想象为一个没有定义、破坏整体一致性的时空奇异点，那么李鸿章的转变就涵盖以下更多的变化：

一、像李鸿章一类的洋务派官员开始无法想象将来中国可以没有铁路，故而出现了一种历史宿命论的自觉意识；

二、认为速度之利益对于中国不再是可有可无的了，而是必须拥有、亟待追求的，这表明速度开始进入意识形态体系中，成为一种核心的价值追求；

三、认为一旦中国有了铁路、火车就能像西方一样富强，甚至超过西方，这树立起了一种对未来历史前进方向的确定信念——要沿着"正确"的道路走；

四、强调即使客观条件不足，也要主动及早开始兴建铁路，追赶西方国家，这突出了一种和西方对比后的、时间上的急迫感。

据此看来，铁路表面上是洋务派以为能实现国家富强的手段与工具，却深层次地影响了他们对中国与西方、过去和未来的认识与想象。我认为，洋务派与守旧派对铁路的不同态度不是因为认识论上的高低之分，或科学见解方面的前进落后之别，而是源于历史观的截然对立。

洋务派支持兴建铁路的话语论述中出现了一种新的空间意识，即把西方各国作为稳定的参照系，且总是把中国和它们放在一起比较。而守旧派的反对者们是绝不会这样做的——刘锡鸿是个例外。一边是世界上中国与西方各国的对比，一边仍是天朝帝国的华夷分殊，这种空间观念上的差异暗示了洋务派已默认了西方可供反观自身的他者地位，而之前军事上的失利更是让他们意识到其中他者与自身之间的强弱对比。

刘铭传的奏折开篇就是："中国自与外洋通商以来，门户洞开，藩篱尽撤，自古敌国外患未有如此多且强也。"紧接着论述当前局势，俄国从北面对我进行挟持，日本一弹丸小国却也藐视中华，究其原因，无非都是因为它们持有铁路。这种军事上他者的威胁让刘铭传感叹，如果现在不图自强，将来就算后悔也为时已晚。而现在能够扭转形势的自强之道，根本则在于"急造铁路"。²⁶⁵李鸿章在谈及西方各国时较为正面，把它们塑造成可供中国借鉴的例子。李鸿章首先以古代圣人制作舟车为例子来扫除意识形态上的障碍，接着便详细列举西方各国如何通过发展火车、铁路走上富强之路。英国借火车运煤以获利益，逐渐称霸欧洲。法国、美国、俄国、德国这些大国也都是相继效仿，经营铁路，才得以开疆扩土、发展贸易。遂得出结论："……各国所以日臻富强而莫与敌者，以其有轮船以通海道，有铁路以便陆行也。"继而再像刘铭传一样审视当前局面，称"今日各国皆有铁路之时，而中国独无"，这就好像古人在圣贤发明了舟车以后还要摒弃不用一样，势必会落后于他者。在此背景下，李鸿章才详陈铁路会给中国带来九种利益。²⁶⁶

而反对铁路的守旧派根本不会在意这一点，也许他们也意识到了外敌可能存在的威胁，但绝不可能将西方各国的发展历程作为自身的参考。背后的逻辑无非是：中国是中国，西方是西方，怎么可能会一样呢？因此，他们关于铁路的话语完全是围绕中国展开的，想象这样一种新的机器、外来物件出现在中国会带来什么样的影响，最后得出结论铁路的利益就是可有可无的速度，而弊端则是对民生的破坏。反观洋务派看似提倡要在中国兴建铁路，可所有的理据都依赖于西方各国的历史经验。他们其实是在说：我们之所以要兴建铁路，因为西方各国就是这样走上了富强；反对派的问题并不要紧，因为西方国家就是随着历史发展（已经）将它们全部解决了。面对刘坤一、刘锡鸿的疑问，即速度的提高为什么能增加财富的总量，洋务派从未能在理论上给出合理的解释或科学的答案，仅仅是用西方国家的史实给予回应。左宗棠认为，外洋各国没有建成铁路以前，同样也有很多阻挠。但一经告成，民众因此富裕，国家因此强大，人口物产都兴盛数倍于从前。所以铁路"有利无害，固有明征"。至于那些反对意见，"天下俗论纷纷，究不必与之辩白，所谓民可使由，不可使知也"。[267] 而就反对派关心的铁路会导致部分民众失业、有损民生这点来看，李鸿章的解答也并不高明。他依旧是援引西方事例，告诉反对者们：当年英国开始建铁路时，也有很多像你们这样担心火车会剥夺小民生计的顾虑。但铁路建成没多久，周边的马车、民夫就比以前还要多。而火车一旦盛行起来，"则有驾驶之人，有修路之工，有巡了之工，有上下货物、伺候乘客之杂役"，自然会带来新的工作机会，养活民众。[268] 可见，刘坤一在乎的是铁路进入中国这一过渡中的阵痛，特别是当下对民生的影响，而李鸿章更看重铁路在未来可能带来的巨大利益。两者无所谓对错，只是当下与未来的取舍不同。由此，洋务派支援铁路的论证中一个隐含的前提被暴露了出来：西方的富强过程之所以能为中国所借鉴，西方的经验之所以能帮助我们解决即将面临的问题，因为两者的历史道路是一致的。用王韬的话来说，就是"英国、中土，易地皆同也"。[269]

西方作为他者也为洋务派提供了一种新的时间分类方式，

一种面向未来的、新的历史观。通过洋务派支持兴建铁路的话语分析，我们发现其对铁路的接受、对速度的追求不是什么现代科学的认识或更为理性、进步的结果。他们仍然和同时代以及以前的中国知识分子一样选择去参照历史，甚至去参照西方国家的历史，将其投射进中国的历史发展进程中。根据中西易地皆同的历史观前提，我们可以得出以下三个推论：西方的过去能够成为中国的未来；西方的现在能够成为中国的未来；西方的未来能够成为中国的未来——区别只是时间上的远近，过程则依赖速度进展的快慢。可见，洋务派是借助铁路这一器物的普遍性，而将中国和西方在空间上的差异转化为过去、未来时间上的先后顺序，绑在了同一条历史的直线上：过去，西方兴建铁路，而我们没有；现在，西方有铁路，而我们没有，所以西方比我们富强；未来，西方有铁路，我们如果也会有铁路，就能像西方一样富强。在洋务派兴建铁路的话语论述中有了一种后来被称为单一、线性的时间意识以及立足其上的进步史观。因此，洋务派对兴建铁路的支持，不只是它能带来军事、经济上的利益，而是它符合这种新历史观的必然要求。唯有如此，我们才能解释洋务派赋予铁路的必然性——他们无法想象将来的中国可以没有铁路。同理，要想改变这种新历史观为中国与西方所定下的先后顺序、强弱位置，只有依赖速度。刘铭传所谓："自强之道，练兵、造器固宜次第举行，然其机括，则在于急造铁路。"[270]李鸿章同样有着落后于人的担忧，认为若现在还不开始兴建铁路，"则中国日后富强之机因此阻遏，诚属可惜"。[271]马建忠更是直呼："火轮车唯中国可行，唯中国当行，且唯中国当行而不容稍缓。"[272] 抓紧时间，加速发展，中国才有赶超西方强国的可能。

与洋务派谈及兴建铁路时的"时不我待"、急迫感相反，反对铁路的守旧派总是一副"不着急"、漫不经心的态度。速度对于他们来说一直是可以自由取舍的。他们自然也不会承认这种新历史观的前提，毕竟，西方的过去和中国的未来根本是两码事。刘锡鸿对铁路的反对，同样是在比较中国与西方后，参照历史得出的结论。只不过他选择相信中国的过去而非西方的经验。所以当他一听说英商有经营火车而亏本的情况，就兴高采烈地断定："天下无奇巧之事可以久行者，天道实然。"[273] 而在参观完电学实验后，他对人们现在追求洋人的"实学"、把圣贤之言视作空谈的现象又大发牢骚。西方以富为富，中国以不贪得为富。外洋以强为强，中国以不好胜为强。这里面的道理虽然几句话讲不清楚，但"仁义以立治本，道固万世而不可易"是由中国过去的历史所证明的真理："中国自天开地辟以来，历年最多，百数十大圣继起其间，制作日加精备，其言理之深，有过于外洋数倍者。"甚至有些执拗地向洋人、学习洋人的华人宣告：你们认为没有用的东西（比如仁义道德的"精神火车"）其实是"无用之大用也夫"。[274] 可见刘锡鸿相较于李鸿章的"错误"实在只是运气不好，在历史面前押错赌注罢了。若从铁路自身的历史来看，刘锡鸿和李鸿章都错了——既没有所谓天道常存，铁路也未能给晚清带来富强，他们还是低估了物与技术的潜力，忽略了器对道的颠覆。速度一旦进入核心价值体系内,势必击垮晚清帝国的旧有体制,而铁路作为历史发展的前提又开始孕育新的政治秩序,构建着想象的共同体——这就是孙中山的"铁路梦"。

第四章　民族国家的想象与测绘：
　　　　孙中山的"铁路梦"

中国的铁路，铁路的"中国"

像铁路这一类的技术、器物，其符号意义往往随着历史变迁而改变，甚至会在不同时期呈现截然对立的态势。当门户洞开，刚刚卷入资本主义世界体系之时，铁路往往被非西方国家视作来自域外的"奇巧淫技"或是西方移民者包藏祸心的侵略工具。然而当这些后发展国家一旦走上所谓的现代化或西化道路时，铁路转眼就又变成了独立富强的象征、亟待实现的宏伟蓝图。由此看来，铁路似乎真是一个极易为不同历史话语所操纵之物。所谓"物是死的，人是活的"，这种不证自明、天经地义的思维让我们对铁路的理解局限在一种封闭的单向路径中。我们谈论的总是帝国的铁路、民族国家的铁路、西方的铁路、中国的铁路等，却从未能设想过——铁路的民族国家、铁路的中国意味着什么？将铁路置于画面的前景中思考，也许会让我们意识到像现代性、民族国家此类历史术语自身的合法性与自然化往往是以物的虚化为代价。铁路，作为现代性的发明装置之一，一旦完成其历史使命就被剥离出讨论场域，仅仅作为现代性的一个点缀而被偶尔提及。尽管我们也会承认铁路对于经济发展的作用以及在此基础上对于历史进程的推动，却不愿相信这看似毫无内涵的物会和现代性、民族国家有什么深刻的关联。事实上，我们更倾向于认定另一种宏大的神话叙事——比如资本主义的发展。大卫·哈维关于"时空压缩"（time-space compression）的论述就是一个典型例子。尽管哈维承认自启蒙时代起整个世界版图的急剧压缩得益于交通技术的革新，但这种对空间障碍的克服及日常生活的加速根本上源于资本主义历史发展的内在需求。[275] 在这种论述中，我们记住了"时空压缩"、资本主义、全球化，唯独忘却了技术革新的发生过程、人与物之间的具体实践。同理，仅仅意识到民族国家是一个意识形态的建构当然也是不够的，即使填补进具体的社会运作与政治实践也仍显不足[276]——这里面其实也充满着物的建构与想象，需要我们去挖掘和思考。那么有关铁路的论述、规划与绘图能否帮助想象一种新的政治实体——比如民族国家呢？

非西方新型民族国家的缔造者，往往对铁路有一种异乎寻常的偏执与狂热，比如民国的孙中山（1866—1925）、印度的尼赫鲁（Jawaharlal Nehru，1889—1964），以及土耳其的凯末尔（Mustafa Kemal Atatürk，1881—1938）。孙中山的特别之处在于，他的铁路始终停留在论述演讲中或规划绘制的地图上。事实上，终其一生孙中山都没有实际建造或领导建造出哪怕一里的铁路。从早年上书李鸿章，提出为了让"货能畅其流"而要多修铁道的主张[277]，到民国成立初期宣布"十年内修建十万英里铁路"并规划出三大干线的宏图大计[278]，乃至1919年发表《实业计划》那涵盖全国的铁路系统，孙中山的铁路思想和线路规划往往被视作一种想象的乌托邦，在学界相关研究领域长期被"敬而远之"对待。一方面是因为其"不合实际"：在当时的历史环境下，施行这些计划缺乏相应的外部环境、经济条件和技术支持，孙中山也因此常被同时代人讥讽为"孙大炮"[279]；另一方面则是这些规划本身"不够科学"，往往是依据其主观意图而展现出的"浪漫主义激情与想象"，而忽略具体操作上的可行性和"基本的地理现实"[280]。在当前语境下，由于现实领土的变动使得其中一些线路规划丧失了意义，因此孙中山的铁路计划一直被视作是对一个强大、统一、发展的中国之美好想象，由铁路而起的中国梦。当青藏铁路通车之时，报刊媒体多会援引孙中山当年那乌托邦式的铁路梦想作为参照，认为是将当年的空想、不可能之事变为可能，体现了中国的强大与发展。[281]

诚然，若只是将孙中山的铁路规划放置于经济建设领域，那么可探讨的余地确实微乎其微。但是，如果我们能跳出这一框架，将其与现代民族国家的论述相联系，之前所谓铁路的民族国家这一发问便能引发更有价值的反思。孙中山为何如此痴迷于铁路，甚至认定"铁路关乎中华民国的生死存亡"？孙中山的铁路规划看似只是在地图上做着连线"游戏",但这一绘图游戏对中华民国意味着什么?孙中山为何要将落后的边疆区域视作铁路开发计划的重中之重?铁路、国家、民族主义等在孙中山的论述中是如何联结在一起的呢?基于对这些问题的思考,本章主要探讨孙中山的铁路规划与民族国家论述之间的互动,特别是考察这一乌托邦实验折射出的制图学、疆域领土的视觉隐喻对共同体的想象建构所起到的重要作用。孙中山的"铁路梦"对中华民国这一新的共同体的形成至关重要,其不仅参与了共同体的想象实践,更是实现从天下到国家、从帝国疆域到主权领土、从多元民族到单一民族诸种认识论转变的重要桥梁。

孙中山早期的铁路规划

铁路为国家代言

　　清政府铁路国有政策的失败,引发了四川、两湖等地激烈抗争的保路运动,使其最终覆亡于随后的辛亥革命之中。晚清亡于铁路,此说固然不假。但某种意义上,民国其实也源于铁路,这却是被我们忽略的一个面向。孙中山自1912年4月辞去临时大总统一职后,便积极投身宏伟铁路计划的宣传之中。同年9月,孙中山接受袁世凯授予的"筹办全国铁路"之责,出任中国铁路总公司总理,设总部于上海。此时的孙中山对袁世凯仍存有幻想,提出要在十年之内,让袁大总统练精兵百万,自己则兴办二十万里铁路,共致中国富强。[282] 我们并不知道孙中山转身投向社会实业是不是迫于政治形势的权宜之策，但孙对铁路的热忱与执着是不言而喻的。孙中山曾比较自己和袁世凯道："维持现状，我不如袁，规划将来，袁不如我。"声称自己会专心致力于社会事业、铁路建设，等到十年后若"国民欲我出来服役"也不算迟。[283]1912年6月25日，孙中山在与上海《民立报》记者的一次重要谈话中，提出了"交通为实业之母，铁道为交通之母"的著名论断，并将铁路与国家放置入一个正比关系的公式之中，即所谓"国家之贫富，可以铁道之多寡定之，地方之苦乐，可以铁道之远近计之"。[284]在孙中山眼里，铁路可不是什么虚幻的象征符号，甚至也不只是便捷、营利的交通工具，而是和民国的建立乃至生死存亡紧紧联系在一起的"立国之本"。一方面，从铁路之于国富民生的角度看，孙中山认为"凡立国铁道愈多，其国必强而富"。他以美国为例，认为美国之所以是全球最富之国，是因为其有铁路七十万里，而"中华之地五倍于美，苟能造铁道三百五十万里，即可成全球第一之强国"。否则的话，人民虽多，不能一呼而应；幅员虽广，交通不便，大而无济。[285]孙中山认为"中华之弱，在于民贫"，而列强之所以能致富是因为实业发达。[286]但如果没有铁路，"转运无术，而工商皆废"，所以修筑铁路才是发展实业的前提。如果能完成其所提出的铁路计划，就可以"促进商业之繁盛，增加国富，市场因以改良而扩大，生产得借奖励而激增"。[287]另一方面，铁路也涉及国家的主权安全，故孙中山认为只有修建铁路才能保全领土，抵抗外国势力的侵略。在北京报界的欢迎会上，孙中山以东北三省为例向诸位报界人士问道，为什么我国的领土现在会被日本和俄国的势力侵入呢？还未等听众来得及思考，孙中山便给出了一个简单而又决绝的答案："此无他，即因俄有东清铁路，日有南满铁路故也……总之，今日修筑铁路，实为目前唯一之急务，民国之生死存亡，系于此举。"[288] 而在同年随后的几个不同场合的演说中，孙中山都多次强调铁路建设是事关中华民国生死存亡的重要问题，其几乎将一个新生国家的各个方面都代换为铁路兴建与否、兴建多少的问题。铁路为国家代言，孙中山给出的这一公式固然谈不上错误，但他对铁路的偏执不论是在今天还是当时都给人一种片面、过激的印象。要嘲笑这些见解是容易的，问题是我们应该如何理解孙中山提出的这一公式呢？

与晚清的洋务派官员相比，孙中山对铁路的认识本身其实并无太大变化，仍然是在谈论铁路可能为经济发展及国防安全带来的益处。整个论述体系中唯一变化了的，就是孙中山将铁路和国家联系在一起使后者凸显，而这里的"国家"已和洋务派口中的"国家"大相径庭。早在辛亥革命之前，晚清舆论界对传统文化中有关国家的理解就多有批评，特别是针对其家国不分，把国家视作专制君主的私有物这一点。"以朝廷为国家一语，实中国弱亡最大病源。其故因天子自以人民土地为其私产。"[289] 孙中山在民国建国之初亦一再向大众申明中华民国作为一个新国家政体的重要含义：一则是"共和之制，国民为国主体"[290]，另一则是"人人须负义务"[291]。在孙中山看来，曾经的专制政体，是"以四万万人受制于一人，以四大族屈服于一族"，由专制走向共和，最重要的就是国家主体的转变，即由人民取代君主。所以"共和国家，即以人民为主体，则国家为人人共有之国家；既为人人共有之国家，则国家之权利，人人当共享，而国家之义务，人人亦当共担"。[292] 正是由于此种国家概念的变化，孙中山在论述兴建铁路时并未遇到洋务派官员当初面临的义利两难，即国家与民争利的问题。按照孙中山的理解，在民国的语境下根本就不存在这样的难题，因为"民富即国富，既富即强"[293]，国家与人民本来就是中华民国一体两面的存在。也恰恰是由于国与民处于可互换的位置，所以反过来"国富即民富"同样也成立。但我们稍加思索就能发现，孙中山规避矛盾的手段其实是偷换概念，以集体性质无所指的"人民"取代具体的个人。事实上，孙中山根本不在乎铁路所涉及的地方或个人的具体利益，而是铁路能带来国富民富这样一种模糊图景。这就不难解释为什么孙中山在论述铁路建设和利益时总是一摊糊涂账，且处处自相矛盾。

尽管孙中山要求速修铁路，以立富强之基，所谓"由其后路溢利之日，回首当初，其时间岂止一刻千金，至为宝贵"。[294] 但既然国富最终就是民富，所以规划建设时不能只顾眼前一时一地的利益，而要统筹全域、放大眼光，先从偏远落后的地方开始修筑铁路，即"先以沟通极不交通之干路为重要"。[295] 这就意味着人们为了国家的长远利益，理当牺牲短期的、地方的乃至具体个体的利益。至于铁路的获利，一方面，他宣称这二十万里铁路计划能给政府每年带来巨额收入，有六万万、八万万、十万万、十数万万等不知是依据何种算法得出的不同说法；另一方面，他估算为了修建这些铁路须向外国借债六十万万，条件就是批给外国债主四十年的铁路经营权，"此四十年之内，赢亏皆非我责"，而四十年期满之后，中国则可获得这二十万里铁路。[296] 至于这项铁路计划是否能被批准，孙中山的表态更为分裂。他在多个场合表示自己的铁路计划须获得人民的同意，因为民国之主权在民，"人民以为可则可，人民以为否则否……此事倘在专制时代，以皇帝一人之名义，与外人订一借债条约，即可举办。然今日我国为共和国，应以人民为主体，凡事须求人民之同意，此兄弟对于铁道政策之三事，均须要求我全国之父老兄弟赞成者也"。[297] 当然现实中是不可能会出现人人都赞成甚或人人都出来表态的局面，反倒是任何具体的反对意见，都被孙中山指责为是一种不爱国的行径，所谓"推翻此事，不啻推翻民国立国根本"。[298]

根据金观涛、刘青峰的研究，中国引进民族主义，建立现代民族国家正是在 1900 年至 1915 年这一时段发生的。"这时，在公共领域，国家被定义为个人权利之集合，即国家主权是个人权利让渡的产物，儒家伦理和文化认同规定了让渡权利共同体的规模，该共同体就是中国民族。"[299] 虽然孙中山在宣传其铁路计划时偶尔会以某条铁路为部分群体、地方带来利益的事例佐证，但其所有关于铁路能带来国富民富、铁路事关国家生死存亡的论述中，受益者又变成了集合化的"中国民族"。而这样一个想象的共同体，其实是无法分享现实中任何具体利益的。而孙中山对个体和集体的混淆，也造成了其日后对个人具体权利的漠视，甚至在晚年出现独裁的倾向。[300] 但在这里，我们只需要明白在铁路即国家的等式里，国家及其指涉的人民都成了虚幻的、漂浮的能指，真正的所指只有铁路自身而已。中华民国及其国家主体都只有借助于铁路才能表达自身，而孙中山的铁路规划从一开始就和一个领土完整的主权国家意象和一个理想、单一的共同体想象紧密相连。

干线规划制造民国

孙中山在民国初年所提出的铁路线路规划，最著名的莫过于沟通全国的三大干线。南路干线，起于南海，连接广东、广西、贵州，经过云南、四川，通入西藏，终于天山之南。中路干线起点设于扬子江口，沟通江苏、安徽、河南、陕西及甘肃，最终连接新疆。北路干线始于秦皇岛，绕辽东，穿过内蒙古、外蒙古，以达西北边疆之乌梁海。[301] 仅仅三个月不到，北上演说的孙中山似乎觉得三条干线不足以承载自己的路线规划，又将其分成数条干线："一从广州到成都。一从广州到云南大理。一从兰州到重庆。一从长江到伊犁。一从大沽到广东、香港。一从天津到满洲各处，其大概如此。"[302] 然而又一个月之后，孙中山似乎觉得数条干线仍然太少，干脆宣布"今后将敷设无数之干线，以横贯全国各极端……各省之省会均将成为铁路中心"。这时孙提到的铁路干线，有从上海至伊犁，从广州至喀什噶尔，从广州经云南至西藏，还特别表示将有十三条铁路会合于甘肃兰州，让世人为之震惊，却并未解释这种让人震惊的线路规划为的是什么目的。[303] 虽然这些尚未成熟的线路规划一改再改，我们仍然可以从中发现某些共同的规律。

首先，这些线路几乎都是东西走向，由东部沿海城市沟通西部边疆，大多落脚于新疆、西藏以及外蒙。所谓"横贯全国各极端"意味着铁路路线的起止点与民国的领土边界识别是对应的。常识而论，一个国家的铁路规划当然只能在本国的领土范围内进行，但反过来说，铁路线路之规划也必然对其经过的地方昭示着国家的领土主权。而此时的民国政府正被外蒙古"独立"、西藏达赖"背叛"（孙中山语）、军阀割据的新疆等问题弄得焦头烂额。孙中山在与袁世凯的谈话中就提及"现在蒙、藏风云转瞬万变，强邻逼视，岌岌可危"[304]；在面对记者提问如何看待满、蒙现状时，孙中山也承认"中国方今自顾不暇，一时无力控制蒙古"，唯有当日后中国强盛之时，"自能恢复故土"。[305] 对于批评者而言，孙中山线路规划最大的问题就是其无视真实的地理环境和地形限制，西北及川藏地区有诸多横断山脉、大江大河极难跨越，孙的铁路规划根本就是天方夜谭。但如果我们暂且搁置实际建设的考量，回到其所处的历史语境下，就会发现孙的线路规划及其对蒙古、西藏、新疆的重视，更多是一种标示领土、宣布主权的策略行为。也许孙中山本人都没有意识到，这些早期铁路干线规划的最成功之处是将中华民国有关领土诉求的合法性问题转换成了铁路干线规划是否实际、科学与否的争论。以至于人们的惊讶与批评只是聚焦于这些不切实际的铁路干线如何可能建成。有日本学者研究外蒙古"独立"与辛亥革命之关联时就指出，对于汉人来说，民国取代晚清如同中国历史上其他朝代轮替一样自然。[306] 王柯关于晚清1884年"新疆建省"的研究亦指出，在塞防派与海防派论争时，李鸿章就打算迫于局势而放弃新疆。[307]章太炎在著名的《中华民国解》一文中更是毫无掩饰地声称，与汉族关联不大的地方之于中华民国的领土疆界可有可无，"任其去来也"[308]。反倒是孙中山以铁路规划的方式直接表达了民国政府对这些西北边疆的领土诉求，是新生中华民国不可分割的一部分，"吾天然固有之地"[309]。

其次，这些干线规划的依据既非经济资源，也不关军事边防，而是试图尽可能多地连接所有地方，最终覆盖全国。孙中山描绘的理想画面，就是由无数干线沟通全国，各省省会都会成为铁路中心，而"从每一省会出发之路线，将多至八九条不等"。这就涉及对孙中山线路规划的另一个批评，即这些干线设计其实并无意义——它们和支线没有区别，最终的结果就是中国所有地方都布满路线，所有的省市都由铁路相连。但这些批评者不明白的是，这恰恰是孙中山想要的结果——铁路沟通全中国，而在日后他也真的给出了一个几乎涵盖全国的铁路系统。对于孙中山而言，仅仅是将这些省市的名称放入某一条铁路线路中，就能将分散的地方变成一个由铁路连结的、完整中国的各部分。敷设无数干线的后果，是使"伊犁与山东恍如毗邻，沈阳与广州语言相通，云南视太原将亲如兄弟焉"。本尼迪克特·安德森（Benedict Anderson）在《想象的共同体》中提出想象民族的两个先决条件：一是认识论层面上地方的消灭使时间上的同时性成为可能，即同质、空洞的新时间观；另一则是社会文化方面统一的语言可使印刷资本主义发挥作用。[310]孙中山当然没有读过安德森的理论著作，却以其对铁路的思考与规划，敏锐地把握住了建构一个统一的共同体所需要的类似条件。"铁路能使人民交接日密，祛除省见，消弭一切地方观念之相嫉妒与反对，使不复阻碍吾人之共同进步，以达到吾人之最终目的……盖省区之异见既除，各省间不复时常发生隔阂与冲突，则国人之交际日增密切，各处方言将归消灭，而中国形成民族公同自觉之统一的国语必将出现矣。"[311]在孙中山眼里，铁路消除地方距离的限制，带来统一的语言，形成强烈的民族主义，最终造就一个统一、强大的中国。因此等他鼓吹完二十万里铁路计划能够促进商业、增加国富之后，话锋一转，即宣称"尤其重要者，则为保障统一之真实，盖中国统一方能自存也。一旦统一兴盛，则中国将列于世界大国之林，不复受各国之欺侮与宰割"。

然而此时的民国政府不仅无力控制蒙藏、新疆，就连关内十八省都面临着分裂的危机。南北议和之后，各省各地仍旧是人心惶惶、互不信任。正是基于这样的背景，孙中山在此文《中国之铁路计划与民生主义》一开篇就指出虽然有悲观论者认为中国会由南北分裂成二国，"但余素知南方情形，今又亲莅北部，现信中国仍为整个之单一国家，且将永远如是也……中国自广州北至满洲，自上海西迄国界，确为同一国家与同一民族"。[312] 尽管杜赞奇（Prasenjit Duara）指出像民族这样提供认同的意识形态共同体既存在于现代社会也存在于前现代的农业社会[313]，但共同体的自在和自觉其实是两码事。孙中山正是借助自在和自觉的二分，将中国是单一国家的存在作为不证自明的"事实"，而普及对这种"事实"的认识则是唤醒民族自觉的任务。事实上，依附于变化了的国家概念，这种对民族自觉的唤醒本身就是在想象一个新的共同体。对孙中山而言，只有在全国"敷设无数之干线"才可以使中国同胞发生强烈的民族意识，继而消弭一切地方观念，"以达到吾人之最终目的"——"将来必有一伟大、统一、永久之中华民国出现"。也许铁路确实是现实中达到此一目的、完成任务的工具。但我们不要忘了，此时此刻真正呈现出这一未来图景、巩固对这一新的共同体想象的工具却是孙中山提出的铁路规划和路线设想。一个统一、可感的现代中国形象其实是一个很晚近的发明，孙中山正是借着铁路的规划做着想象国家的游戏。

三大干线规划与铁路科幻小说

幻想一个布满铁路的强大中国其实并不是孙中山的首创。于1908年出版，署名碧荷馆主人的晚清科幻小说《新纪元》讲的是1999年已经立宪成功、国富民强的新中国决定在所有黄种人国家内改用黄帝纪元历法，此举引起五大洲其他白种人国家的恐惧和担忧，最终导致了一场黄种人与白种人之间的世界大战——当然是以中国的胜利告终。虽然《新纪元》最主要的是体现了对时间的关切和对历史的焦虑[314]，但其在第一章也确立了对未来中国的空间想象，即规划了这个"少年新中国"的领土范围："这时中国除了旧有的二十一省之外，早已将蒙古新疆西藏等处地方，都改为行省，所以有三十二省，而且这三十二省之内，铁路的轨线，也早已密于蛛网，没有一处不是四通八达的了。"[315]自梁启超1902年创作《新中国未来记》

后，这种借未来记的形式畅想中国的统一和强盛就是晚清科幻小说中最常见的主题。如颜健富指出，晚清的这些科幻小说家借助书写权力，将所见景观描绘成了一幅宏伟的建国蓝图：通过营造包含西方列强在内的"万邦来朝"景象，最终传达出"天下尽是吾土"的视野和矗立在万国之上的"新中国"形象。[316]但是，由于晚清科幻小说本身知识结构方面的限制（科学思考太少，幻想成分过多），其对时空的想象总是以拼凑在一起的方式进行，这不仅导致了小说文体的不稳定[317]，也致使有关"新中国"的想象处于随时待更新的状态。

虽然《新纪元》中所指的中国在空间意义上是由铁路连接的，包含蒙古、新疆、西藏的三十二省，但徐念慈（东海觉我）1905年出版的《新法螺先生谭》在描绘新法螺先生将灵魂炼成一种发光源并试图以此警醒国人时，却是直言"余祖国十八省，大好河山最早文明之国民"[318]。陆士谔创作于1909年的《新野叟曝言》讲的是未来中国，为了解决人多物少、供不应求的难题，不仅征服了当时欧洲的七十二国，称霸世界，甚至展开了宇宙移民计划——将黄龙旗插在月球的山顶上，建设木星移民点。一个已经如此无所不包，甚至疆域涵盖宇宙的"中国"着实令人诧异。可小说一开头讲述政府为了应对人口问题而进行全国调查时，这里的"全国"却依旧是指关内十八省。[319]似乎真的是铁路的出现确认了一个涵盖蒙藏、新疆，统一中国的空间想象。虽然我们没法直接将孙中山的铁路规划与晚清科幻小说做比较，但所幸的是，民国初年真的有一篇依据孙中山的三大铁路干线计划而创作的科幻小说，即署名剑秋的《环游二十万里铁道记》。

这篇未完成的科幻小说刊载于1912年第一卷第三期和1913年第二卷第一期的《铁道》杂志（由孙中山题字）[320]，以第一人称"余"想象十年后中国铁路三大干线竣工通车，余受总理孙中山的邀请参加通车大典，并乘火车沿线游览，考察全国。小说开篇便设定了具体的时空背景，"中华民国十年秋，余自环游地球归"，先抵新加坡，后至香港，最终回到广州去参加通车大典。十年后这种短时段的未来想象虽然是为了和孙中山的铁路计划相呼应，但也规定了作者的想象在一定界限之内，不至于太过离奇。强调自己先前"环游世界"由域外归国，依然是继承了晚清小说中通过一种"世界"话语为参照系重新观照自我（中国）的视角，但这里的"新中国"自然是指已经实现共和政体的中华民国了。接下来有关通车大典万邦来贺的场景和梁启超设想的"维新五十年大祝典"，以及吴趼人《新石头记》中的"万国和平会"如出一辙。随着火车从广州出发，小说叙述也转变为对铁路沿线所经过的省市、地区的历史地理、风土人情之记载和评价。小说第一部分几乎是严格按照孙中山最初所提三大干线之南路而展开，即由广东、广西出发，经过贵州、四川而入西藏之拉萨。小说第二部分则在描绘了西藏的风土人情及回顾英国和西藏"交涉"的历史后，令列车由拉萨开出，翻越昆仑山，行至新疆，最终抵达伊犁终点站，继而开始介绍新疆的地理和历史。所以小说连载第二部分几乎是在借铁路旅行向读者普及西藏和新疆的知识信息，强调它作为中华民国领土之一部分。作者甚至想象十年后的西藏由民国政府推行了政教分离，达赖只是名义上的领袖，实权由中央委派的巡镇抚使掌握；而新疆全境已划分为两省，分别在迪化和伊犁驻有两位都督，受中央政府管辖。

除此之外，小说还试图传达出一种与以往晚清科幻小说不同的正确性与科学性。首先，作者在行文伊始就加入一个补注，声称创作此小说是出于个人理想，自知存在不少缺点。一是孙中山的三大干线计划将来尚须详细测定，所以篇中所言的"某府、某县未必正确"；二是出于行文方便，并没有将铁路里程和火车行车速度实际考虑进来；此外有些山水及塞外各处地名亦可能有误。虽然有这三个缺点，但小说对于"中山先生所规定之局势"则全未改动。换言之，这些缺点对于一个"正确"的铁路规划大势而言其实无伤大雅。其次，作者试图通过对具体科学技术的描绘来为文学幻想增添合理性，由此设计了列车翻越昆仑山一幕。昆仑山自古以来就是中国文化想象中空间的最西极，在神话传说中是西王母的居所。小说中"余"忽发一疑问，昆仑山这样的崇山绝顶，火车如何得以飞渡呢？"车忽停止，司车者忙迫殊甚。历一小时始徐徐碾动。问之总理，乃知于列车之后另套一机关车，前者挽、后者推。路亦作螺旋形，择山凹之最低处迂回而上。有数十尺高一尺者，有十数尺高一尺者。车行之速度顿减。历五小时始登峰造极，然尚非最高之山顶也。"作者在这里描绘的其实是过去一种用于爬坡的铁路线路技术，即展线。在山岭地带，地面自然纵坡大于道路设计容许的坡度时，便顺应地形，延伸线路长度使其沿山坡盘绕而上，最终到达终点。[321] 尽管展线技术现今已多被超长隧道及特大桥梁取代,当年在中国可是红极一时,最著名的莫过于詹天佑设计、修建京张铁路时为了克服南口和八达岭段的高度差所采用的人字形线路。北上的火车到了南口,便用两台机车一个在前面拉,一个在后面推。等火车过了青龙桥,进入人字形岔道口后,原先拉的火车改成推,原先推的火车头又在前面拉,使火车得以成功爬坡。由于1909年建成的京张铁路是第一条由中国人独立设计完成的铁路,其建造者詹天佑也被誉为伟大的爱国者,其设计的人字形线路帮助火车爬坡的场景常年被编入中小学教科书,为大众熟知,甚至一度误传是其独创的发明。《环游二十万里铁道记》的作者无疑是受此启发,特别设计了这一情景,其背后的民族主义不言而喻。而以一个在现实中大获成功的铁路技术作为案例说明,也增添了其有关火车飞渡昆仑山此一描述的可信度。当然在今天看来,想用展线技术使火车跨越昆仑山仍然是极不现实的。由此观之,与晚清科幻小说所借助的各种光怪陆离的玄幻手法相比,铁路的连接使得对空间的想象变得具体可感,为一个统一中国的形象提供了看似科学的合法性。

孙中山后期的全国铁路系统

制图学与领土想象

经过多年考察和反复思索后,孙中山终于将十万英里铁路计划变成了一个更为宏大而具体的全国铁路系统,详细记载于其 1919 年发表的《实业计划》。《实业计划》本来是为向国际社会，特别是欧美资本家招商引资，共同开发中国而提出的，故由英文写成，名为 The International Development of China，最早发表于 1919 年 3 月的《远东时报》上，后由纽约著名的出版商 G. P. Putnam's Sons 在 1922 年出版。中文版《实业计划》最早发表于 1919 年 8 月上海创立的《建设杂志》上，后由上海民智书局出版发行，最终编为《建国方略之二（物质建设）》。全书由六大计划，三十三个部分组成，洋洋洒洒十万字，完全是从经济、物质层面构想如何建设一个现代的中国，而铁路当然是重中之重。[322] 孙中山在此书中，提出建设七大铁路系统，分别是中央铁路系统、东南铁路系统、西南铁路系统、东北铁路系统、西北铁路系统、扩张西北铁路系统和高原铁路系统，共计一百零六条线路，将近八万英里（根据孙的说法，有些干线须设双轨，所以还是按十万英里来规划）。按照孙中山的设想，这些铁路系统一旦建成，中国必定可以四通八达、连为一体，诸多尚未开发的资源会由此变为巨额利益。比如他提出西北铁路系统可以开发蒙古、新疆的农产资源，而西南铁路系统可以开发当地丰富的矿产资源，东北铁路系统可以开发满洲平原的豆类资源将来出口全世界，高原铁路系统则可以开发西藏地区的金、铜等贵金属资源。当然，孙中山这些关于资源开发、经济利益的论述，依旧是在想象国家的游戏内，所描绘出的美好而遥远的图景而已。[323] 在这里，我主要聚焦于孙中山为《实业计划》所绘制的铁路地图，以及民国地理学者依据此书而绘制出版的多幅地图，考察制图学如何影响主权领土的想象。我认为，只有在这些铁路地图所建立的普遍同质而又可供移动的空间之内，一种单一的现代民族主体才能被发明出来。

孙中山对地图的狂热一点也不亚于铁路。其一生热衷于收集各种地图，并且绘制出版了多幅，其中包括军事布局、地理标识、行政区划以及铁路规划等不同种类。[324] 目前所知孙中山最早绘制出版的地图为《中国现势地图》，其于1900年2月于香港发行，7月于东京发行。该图为套色印刷，比例尺1∶2,950,000。孙中山在为其题写的跋中一方面声称"实学之要，首在通晓舆图，尤首在通晓本国之舆图"，另一方面则特别强调"其已割之岩疆，已分之铁路，则用着色表明，以便览者触目惊心"。[325] 可见孙中山从一开始就懂得利用地图绘制唤起人们的民族情感，特别是面对帝国主义侵略扩张的危机意识，以此激发人们对不受欺侮的统一中国之想象及爱国实践。

安德森在最初论述民族作为共同体的形成时，主要强调其是通过对小说及报纸等的文字阅读而得以被想象的，以至于忽略了非文字的传播方式和受教育程度较低的群体。所以他在1991年的修订版中特别增加了"人口调查、地图、博物馆"一章，主要论述东南亚国家是如何在被殖民过程中借助现代性的鸟瞰式地图，以一种不可见的、有边界的领土空间角度来想象国土，取代了过去依据于地方性的指南式地图所提供的可见的、不相连的想象方式。[326] 另一位西班牙学者说得更加直白："各种民族主义都要求人们把一种相对抽象的观念（民族、国家）同一个图式性质的形象联系起来。地图比任何其他形象都更加有利于这种认同,而且,还更加方便和快捷;任何一位公民,即使是文盲,也能理解地图(绘制的领土)等于民族(或国家)这个等式。"[327] 借助地图上的形状和颜色来想象国家的主权领土的此种政治动员,在面临侵略和移民的危机时尤为明显。一篇1904年于上海出版的政治幻想小说《瓜分惨祸预言记》,以预言形式描绘中国遭受列强瓜分的惨祸,以警醒国民、唤起民族意识。书中一位爱国讲师在讲课时,便是先用粉笔在黑板上画出一个中国地形,继而向台下听众慷慨陈词:"将来这北方一带,便换成了俄国的颜色了;这扬子江流域,便变成了英国的颜色了;这山东便变德国的;两广、云南便变成法国的;福建、浙江便变成日本的颜色了。此后,地图上再不能看见我中国的影子了。可怜我们四千年的国家,一旦灭了,连图上也不能占一颜色。"[328]

事实上,领土本身就是一个依附于现代地图而存在的抽象概念,其所指称的对象并不一定和真实的地理空间及其包含的诸种可见之物相对应。当然,物质性的界碑和军事上的边界冲突都是在地理环境中真实存在的,但标志着领土主权临界值的并非这些物或事件,而恰恰是地图上的连线。所有围绕领土边界的纠纷,其后果或真正的影响,从来无关某一场战役的胜利,而是直指地图上标识线的变动。各民族国家的爱国群众在面对领土纠纷时,其情感指向的不是具体的地理空间——他们并不在乎此地是什么、在哪里、是否身临其境之类的问题,其判断依据也不依赖于对国家利益的理解——他们也不真的需要了解此地有什么价值、对于彼此意味着什么。他们所要求的实质上是地图上某块具有排他性质的主权范围能够得以确认并巩固。这也是为什么人们即使完全没去过边疆某地，未与边界地点发生过任何关联，甚至也从未打算踏入这些空间，却能借助地图的识别而对这些地方产生强烈的所有权意识，也因为识别权利被剥夺（地图上换了颜色）而引发真挚的集体情绪。"国破山河在"，问题从来不是出在"山河"，而是我们如何来想象"国"。丹尼斯·伍德（Denis Wood）提醒我们，地图呈现给我们的现实并不同于我们看到、听到、感受到的现实。毋宁说，地图真正的要旨不在于呈现出一个我们看到的世界，而是指向一个我们应该知道的世界。[329] 地图正是借助视觉符号和知识体系将特定的秩序赋予其所指向的空间，把我们看到的、经验到的地理疆域转变为需要依赖知识与想象的主权领土。此种对地图的深入认识，会有助于理解我们接下来的分析。

孙中山于1921年依照其《实业计划》所规划的全国性铁路网，绘制了《中国铁路全图》并随英文版于1922年在纽约出版。此图为双色印刷，比例尺1∶9,800,000。[330] 此后一直作为《实业计划》国际版的附图出现在1929年的再版中，20世纪40年代由英国主理中国事务办公厅出版的版本中，乃至日本侵华战争时期由日本电报通讯社于1942年出版的日文版中（扉页印有汪精卫所题"共荣大计"），未做任何改动。[331] 鉴于一切地图的表征系统都可大致分为图形表征和符号表征——前者指其表现特点空间的视觉形状，后者主要是其上约定的符号、图例，我也主要从这两个面向着手分析地图。同时，由于我们把地图视作一个知识生产的装置，比起视觉图像来说，其更接近于理论。地图一方面引入阐释、掌控现实的叙述话语和表征模型，另一方面又把自身作为其阐释现实的例证，所以"只有通过生产其他地图或理论，才能使其受到挑战"。[332]

从图形表征方面来看，孙中山的铁路规划是依附于中国领土的行政区划图上进行的，故《中国铁路全图》呈现的中国领土是民国通行的"秋海棠"状，不同于现今中华人民共和国认可的"雄鸡"形状。以此种视觉图形来表现中国全国领土的手法，可以追溯到晚清的四大全国地图集，分别是邹代钧舆地学会出版的《中外舆地全图》（1903）、上海商务印书馆出版的《大清帝国全图》（1905）、周世棠与孙海环绘制的《20世纪中外大地图》（1906），以及邹代钧的亚新地学社出版的《皇朝直省地图》（1908）。其中《中外舆地全图》和《大清帝国全图》更是成为此后民国地图绘制的参考基础和蓝本。这四本地图集与之前出版的全国地图最大的区别，在于放弃了计里画方的方格网和地图投影的经纬线并用的方式，完全采用了西方的地图投影法。计里画方是指将地表面视为平面，不考虑地表曲率，将实际的水平距离缩放到地图上。而地图投影法则是按照一定的函数关系，将地球球面上的经纬网转换到地图的平面上。根据余定国的说法，可能是受到自强运动"中学为体，西学为用"的影响，晚清地理学界在绘制地图时经常将这两种方法混用。[333] 但这两种方法是互不兼容的，无异于将水平视角与垂直视角同时叠加在地图上。而邹代钧最先发现当时全国地图的经纬度与地球上的实际距离并不相符，故而学习西方，以地定尺，创造了一种依据法国米制的标准绘图尺寸。[334]

一旦采取了地图投影法后,中国的领土空间就转换成了与地球(现实)相对应的,固定在经纬网中的"秋海棠"。我们可以比照《大清帝国全图》中的第一幅全国地图《大清帝国图》,其为铜版彩印,比例尺1∶12,000,000。[335]

尽管孙中山的《中国铁路全图》与《大清帝国图》主题不一、时代不同,而且经纬度的准确性也存在差异,但它们都使用一个共同的视觉形状来指代中国的领土疆域。这一"秋海棠"的视觉图形,不仅独立于任何特殊的观察者而获得了客观性,同时也成为任何有关中国领土空间视觉再现的前定事实。更重要的是,它将所涵盖的各种具体的地点、地方融合进了一个全域式、鸟瞰的抽象视觉形状中。一般而言,地方的独特性体现为个体的归属感和生活经验,这也是为何当代文化地理学总是尝试将空间转变为地方,使其焕发个性意义。[336] 但是在民族国家的语境下,特别是对于共同体的建构来说,如何将地方的经验转换为空间的知识才更有意义、更为迫切。这也是孙中山前期谈到铁路的作用时明确意识到的,即铁路可以消弭地方,使全国连接起来、四通八达,进而产生一个具有凝聚力和强烈民族意识的共同体。与《大清帝国图》仍试图传达自然地理和行政区划的知识相比,孙中山的《中国铁路全图》为了突出其铁路的主题,在抹平地形地势、规避自然限制方面做得更彻底——其几乎就是在一张印有中国领土图形的白纸上规划着各条线路。这对于一个实际的建设者/施工者来说也许并不高明,但对从事想象工程的建国者来说,这种表现同质、单一空间的手法却是恰到好处。而铁路线路的标识又从另一方面强化了这种全国性的同质空间。

回到符号表征层面，这幅图的图例中最引人注目的当属布满全图、密密麻麻的红色实线与红色虚线，其分别用来表示《实业计划》中的计划铁路和补充线路。如此图景不由让人想到曾担任过孙中山政治顾问的澳大利亚记者威廉·唐纳德（William H. Donald）对孙的著名描述："这个小小的铁路建设者坐在他的地图前，在这里标上一条新的线路，校正这一条线，又改动另一条……最后，所有的省会都被干线连接起来，所有的地级市也被较小的线连了起来，还有面向各个方向的支线。"当唐纳德告知孙中山由于地形地势的限制，其所规划的西藏线路"只能靠毛笔和墨水建成"——在现实中是不可能修建的，而孙中山对此的回答则颇让人玩味："那里有路不是吗？只要有路的地方就能修铁路。"[337]在《中国铁路全图》的图例中，除了孙中山规划的铁路和港口的符号外，只有湖泊和河道的记号是反映自然要素的，直观看来确实像是在平坦无阻的白纸上做着连线游戏。但我们不能由此就得出孙中山的线路规划无视山势地形，缺乏地理常识这样一种结论。其实，所有地图都是有选择的再现现实，它们只会呈现想让我们看到的"现实"而忽略掉其他事实。中国发改委于2016年印发的《中长期铁路网规划》中附有比例尺1∶8,000,000的铁路规划图一份[338]，是远期展望至2030年未来中国的铁路空间规划方案。其上的图例同样没有反映任何的自然地理因素，完全是行政区划的界限和铁路线路规划。这幅图也同样是用红色的实线及虚线来表征规划中的铁路线路，无疑是起到强调的作用。与

2016年的《中长期铁路网规划图》相比，为什么孙中山1921年绘制的《中国铁路全图》会显得荒谬而饱受批评呢？

科学具有时效性，当我们指责孙中山的《中国铁路全图》不够科学、不合实际时，我们并不只是将已掌握的自然地理知识、铁路规划常识考虑了进去，而是我们始终基于一种现代人的立场来思考问题，即用理性的算计、市场的眼光来打量《中国铁路全图》所反映的铁路规划。当我们询问某些线路是否有用时，其实是在追问这些铁路能否带来利润。同样，当我们质疑某些线路的可行性时，我们更多是在考虑为了克服自然条件的限制而要花费的巨大代价是否划算。然而如前所述，这些实际的经济利益从来不是孙中山考虑的重点，他甚至在《实业计划》中还提出了所谓"铁路经济的新原则"——不同于"资本家、铁路家"认为只在人口繁盛地区修铁路才能获利的认识，他要将人口众多之处和人口稀少之处由铁路连接起来以此获得大利。[339] 这里所谓的"大利"自然是指由遍布全国的铁路所塑造出的"伟大、统一、永久之中华民国"。只有突破此种有关孙中山铁路规划实用性、可行性评价的窠臼，我们才可能重新审视这些线路符号潜藏的意义。

地图上出现的铁路符号不只是宣告自身的存在，同时还说明其所连接的空间是可以进入的，其所经过的各点（城市）在认识论意义上是平等的、可以代换的。换句话说，铁路让孤立的地方变为相互关联的局部，将不可见的整体性呈现了出来，也由此真正抹平了有关异域的各种奇想。在孙中山的地图上，传统的重要城市北京、南京并未被视作铁路线路的连接中心，反倒是蒙古的多伦诺尔、乌里雅苏台等城市拥有更多的线路经过。四条汇集拉萨的进藏线路，让观看者意识到这座城市只是铁路线经过的一点而已，与其他的点并无二致。这并不意味着《环游二十万里铁道记》中对异域的想象就不再生产，只是这种想象如今已依附于新的领土空间意识变成一种次级的消费。如果"秋海棠"的视觉形状是将国家想象固定为一种空间性的总体，那么以铁路为代表的视觉符号则让我们掌握了在此总体空间内部进行同质转换的法则——用点和线来转化地方和距离，将片状的、地方性空间意识变成网状的、全国性的领土厘定。铁路线段不只是连接地图上的疆域，也将一定的社会秩序投射进来。而地图的存在本身又将这种投射自然化，使其具有一种合法性。[340] 在面对铁路规划图所呈现的空间整合时，所有个体的观看者事实上享有与共同体一致的上帝视角，即在权力中心的训导下进行国家想象的游戏。比较《中国铁路全图》与《中长期铁路网规划图》，两幅地图最大的区别体现为东部和西部铁路线路分布数量的差异。如同两图所处时空有别，依据的现实各异，它们所能唤起的民族情感与政治动员程度也是不同的。也许《中长期铁路网规划图》是经过科学论证，综合考虑经济、文化、民族等各种因素后的成果，但孙中山的铁路图却是真正抛开了现实因素的考虑，而在"图面"意义上借用铁路符号的分布，实现了东西部的均衡发展，甚至含有大同、共富的愿景。即使只是出于意识形态的宣传，《中国铁路全图》也是形塑民族国家的强力工具。

除此之外，我们还应该考虑孙中山相关铁路图中所蕴含的时间维度。虽然地图大多采取二维平面的呈现方式,给人一种静止不动的感觉,但其实任何一幅地图既包含自身指向的时态时间,又拥有与所处现实世界的时间相交互的时段时间。[341]《中国铁路全图》首先是对过去的继承,体现为其对晚清帝国疆域的领土化确认;其次是对未来的展望,以铁路规划设想一个强大的民族国家;最终落脚于其所处的"现在",实质是20世纪20年代至30年代面对内忧外患的情况下,以铁路为主题,绘图为手段建立起一个理想中国的典范想象。尽管《中国铁路全图》只是孙中山本人绘制的《实业计划》的附图,但在此书出版后,特别是孙中山的学说被国民党政府确立为指导思想后,民国地理学界以此图为基础,绘制、出版了大量相关地图。这些地图在呈现铁路规划的基础上更加详细反映了《实业计划》中其他的建设提案,并且在当时的大众传播、中小学教育实践中都具有重要影响。

《孙总理实业计划图》是上海东方舆地学社于1932年出版的《最新中华形势一览图》书后附图,彩色印刷,比例尺1∶4,200,000。[342] 该图正面为铁路规划为主的中国领土全图,并配有关于港口改良、河道整治的八幅附图。最左一列红字注明:"本图谨遵总理建国方略实业计划绘制。地名一一遵照原书,毫无苟且减略之处。兹为便利学者读建国方略起见,随图附赠一幅,不另取资。"图的背面印有戴传贤节录的《建国方略题表》,主要分为开发交通、建造港埠、兴办食衣住行工业、创设各种大工厂等栏目,简单清楚,易于查找或记忆。此本图集的主要编绘者洪懋熙(1898—1966),字勉哉,江苏丹阳人，民国时期著名的地图从业者。其自幼随童世亨在上海开办的中外舆图局学习编绘地图，后成为上海商务印书馆的绘图员，1922年应屠思聪之邀到上海世界舆地学社编制地图，后于1924年创办并主持东方舆地学社，继续绘制、出版地图。他在图集前言就指出，这是中学程度适用的教科书，亦有普及大众之效，故而特别提倡爱国思想，"清代屡次划界失地均绘为插图，附以详细说明以志不忘"。他还表示本图集注重边疆疆域均一一列入，更重要的是，图末增附有《国际重要条约一览表》《各国在华租界一览表》《各国在华权利一览表》……各种丧权辱国之点皆据实节录，以警惕读者。所以最后附有的《孙总理实业计划图》也特别标识出当时日本侵占的台湾，租界的旅顺、大连，俄国抢夺的江东六十四屯，以及分别为英国和葡萄牙控制的香港和澳门。与这种"丧权辱国"、惨遭分裂的现实形成鲜明对比的是孙中山的《实业计划》建构起的一个统一、强大的中国形象，无疑流露出对国家统一、富强的渴望，具有感召之意。而屠思聪主办的上海世界舆地学社所出版的《中华最新形势图》集册后亦附有类似的《孙总理建国方略图》(彩色印刷，比例尺1∶10,500,000)。他在地图背后的说明中更是明确表示，编绘此图的目的是"俾国民览之，如下一兴奋剂，共同努力，于最短期间促其实现，使全国实业由此发达，国民生计由此充裕，国家基础由此稳固"。[343]

除了这种随图集附赠的版本外，单独发行的实业计划图亦有不少版本，最著名的当属苏甲荣绘制的《孙中山先生实业计画图》。[344] 此图为彩色印刷，比例尺1∶9,000,000，五年间已有三版发行,受欢迎程度可见一斑。其以经过北京的经线作为零度经线,同样是显著标识出当时被侵占、租借的领土地区,并且更加详细地标明国家各部分在规划中的发展用途(畜牧、垦荒等)和特有的资源(盐、煤炭等)。该图的图例部分除了一般常见的省会符号,还细分了故都北平、首都南京,并增添了蒙藏都会。图中的铁路线路主要划分为"已成铁路""计划铁路"和"外国经营铁路"。绘图者苏甲荣在弁言中声称,《实业计划》中有关筑港、整治河道、建筑铁路的内容,"均非地图莫明","凡信仰先生主义者,不可不读《建国方略》一书,读《建国方略》者不可不备本图……",这固然有广告推销之嫌,但也反映出对于国家的想象而言,制图学的视觉呈现是对文字叙述的巩固与规范。苏甲荣(1895—1946),字演存,广西藤县人,典型的五四一代知识分子。其早年考入北京大学文科哲学门,与同班的徐彦之、朱自清等人加入王光祈发起的少年中国学会,并出任《少年中国月刊》编辑。苏甲荣于1922年在北平创立日新舆地学社,北伐期间,还一度出任第八军秘书、第十五路军秘书长。在日本侵华战争时期,苏甲荣同样是以绘制地图的方式来进行自己的抗日斗争——《各国在华交通侵略图》《日本侵略我东北地图》《日本侵略滦河图》《上海战区地图》等一系列地图或是向同胞警示日军的侵略动向,或是表明日军的侵略罪行。而苏甲荣也因此受到日本宪兵的注意,最终被侵略者迫害致死。

事实上,这些地图绘制者无一不是将地图绘制等同于爱国实践:一方面,他们以图示的方式反映现实中国家领土遭受到的侵略与分裂，以激发人们的危机感，凝聚起民族意识和共同的爱国情感；另一方面，这些舆图学家又都不约而同选择了孙中山的规划图，将这统一富强之未来中国形象作为寄予希望的指向。至此，一个发源于孙中山铁路规划的统一中国形象具有了典范意义，并在特殊的历史时期获得了道德上的至高地位并延续至今。[345] 然而这一道德制高点之所以能加以确立并深入人心，绝不只是精英分子对语词操弄的结果，制图学这条脉络对统一中国形象的呈现与传播具有更为深远的影响。视觉呈现之于文字叙述最大的补充、校正功能就在于其对形象的确立和规范化，杜绝其他可能的异己想象。中央集权的统一民族国家，已不再仅仅是个人的主张甚或某个党派的纲领，其通过制图学的映射成为整个共同体的历史诉求，也是摆在所有人面前的唯一现实选择。任何与地图上呈现的统一中国形象不相符的再现方式均会遭到否定，任何可能暗含独立、分裂隐患的主张都会被打上先天的道德劣势。虽然孙中山设想的统一、富强之中华民国只在乌托邦意义上存在，而现实中有关领土的争议和变动更是没有停止过，但统一中国的想象所占据的主导地位却是再也无法被撼动了。中央政府也会娴熟地利用这一典范想象，将地方的挑战或地域性的矛盾包装成对统一国家的潜在威胁，使得后者不仅没有任何辩解的机会，更是在共同体的语境中丧失了立足的可能。在此意义上，孙中山的"铁路梦"对统一中国的想象与绘制，才是留给后来中央集权的民族国家执政者之最大馈赠。

"铁路梦"与民族主义

就在《实业计划》及《中国铁路全图》付梓之际，孙中山的民族主义思想和政策也发生了显著的"变化"。尽管我们无法确定孙中山铁路计划的完善与其民族主义思想的发展是否存在着因果联系，但两者之间的偶合却为我们从铁路的视角反思孙中山的民族主义提供了可能。在民国成立之初，以排满起家的孙中山等革命党人转而支持杨度提出的"五族共和"一说，宣传"合汉、满、蒙、回、藏诸地为一国，即合汉、满、蒙、回、藏诸族为一人"，强调五族一家、地位平等，"共策国家之进行"。[346] 而在1919年推出的《三民主义》（一般通称为"文言本"）中，孙中山激烈地批判了五族共和思想，将其称为"无知妄作"是导致民国长期四分五裂的元凶之一。孙中山在这里区分了民族主义的消极目的和积极目的：前者是光复汉族，倾覆清政府；后者要求汉族与其他四族"合为一炉而治之"，以成就一个新的"中华民族"——如同其推崇的美国模式一样"合黑白数十种之人民，而治成一世界之冠之美利坚民族主义"。[347] 翌年于上海召开的国民党修改章程的会议上，孙中山再次重申了自己的民族主义宗旨："现在说五族共和，实在这五族的名词很不恰当。我们国内何止五族呢？我的意思，应该把我们中国所有各民族融成一个中华民族（如美国，本是欧洲许多民族合起来的，现在却只成了美国一个民族，为世界上最有光荣的民族）；并且要把中华民族造成很文明的民族，然后民族主义乃为完了。"[348] 因此，在1923年国民党的党纲中对民族主义的最终表述版本是："以本国现有民族构成大中华民族，实现民族的国家。"[349]

对于孙中山从"五族共和"到"中华民族"的这一转变，学界向来有较多论争。有学者认为孙中山接受"五族共和"只是迫于民国成立之际局势不稳而采取的权宜之计。[350] 有学者指出孙中山之所以否定"五族共和"是因为察觉其与保全领土、保证国家统一之间存在矛盾，但孙中山的民族主义忽视了政治共同体的影响，"到最后都没有摆脱种族思想的桎梏"。[351] 也有学者通过辨析孙中山的遣词造句，认为他说的所谓"同化"只是"民族融合"不准确的表述，认为孙中山晚年的"中华民族"观是从以同化为基础的一元一体走向以平等融合为基础的"多元一体"。[352] 不过这些评价分析大多是停留于思想史内部，作者本身也往往早已有意或无意地选定了自己认可的政治立场。而借助对铁路的观照，我们得以跳出民族主义话语体系从外部对其加以思考，就会发现孙中山的民族主义事实上并不具有意识形态宣传方面的显著变化，其自始至终如同铁路规划一样，是为统一国家的想象工程而服务的。

孙中山在1924年的《三民主义》（一般通称为"演讲本"）有关民族主义的第一讲中有这样的经典表述："所以就大多数说，四万万的中国人可以说完全是汉人。同一血统、同一言语文字、同一宗教、同一习惯，完全是一个民族。我们这种民族，处现在世界上什么地位呢？用世界上各民族的人数比较起来，我们人数最多，民族最大，文明教化有四千多年，也应该和欧美各国并驾齐驱。但是中国人只有家族和宗族的团体，没有民族的精神，所以虽有四万万人结合成一个中国，实在是一片散沙，弄到今日，是世界上最贫弱的国家，处国际中最低下的地位。人为刀俎，我为鱼肉，我们的地位在此时最为危险。如果再不留心提倡民族主义，结合四万万人成一个坚固的民族，中国便有亡国灭种之忧。"[353]事实上，在孙中山的所有论述中，关系中国"亡国灭种""生死存亡"的因素除了民族主义，就是铁路建设。如果我们比照前文有关其"铁路即国家"的思想，就会发现孙中山对民族主义的提倡和其对铁路的宣传策略如出一辙。比如其曾将中国所处国际地位的低下归咎于铁路的缺乏："人不活动，则为废人；国不活动，则为废国。比利时之土地，不足当我国一省，而其在国际上之地位，较我国尚高一等，以其铁道事业发达，而国家活动之自由也。"[354]"中国人民之众，幅员之大，而文明与生计均不及欧美者，铁路不兴，其一大原因也。"同理，虽然中国有四万万人之众，却如一片散沙，在内是缺乏民族主义，在外则是铁路不发达。"中华之地五倍于美，苟能造铁道三百五十万里，即可成全球第一之强国。否则，人民虽多，不能一呼即集，与少何异。幅员虽广，自南而北，自西徂东，交通不便，载运不灵，虽大无济。"[355]由此观之，铁路和民族主义实际上是孙中山想象统一国家的两种工具，互为表里、缺一不可；而铁路也确实有助于我们厘清孙中山的民族主义思想。

总体而言，孙中山的民族主义始终是国家至上的，是为一个统一中国的诉求而服务。与其说孙中山的民族主义是为了解决现实中的族群划分问题，不如说是为了动员大众投身于一个统一中国的实践运动。这也与他所谓中国历史上有民族而无民族精神这样的认识不谋而合。对其而言，民族主义本质上是用来构建现代国家的工具，所以认同是为了动员，最终指向的是一个统一的、独立的现代中国。一个国家一个民族，这几乎是晚清至民初所有中国知识分子的共同选择。不仅是革命派的孙中山，改革派的梁启超也声称："凡国而未经过民族主义之阶级者，不得谓之为国。"[356] "今日欲抵挡列强之民族帝国主义，以挽浩劫而拯生灵，唯有我行我民族主义之一策。"[357] 以今天的眼光看来，这种将西方民族国家的建构方法套用在中国身上无疑具有加诸自身的东方主义嫌疑，但这毕竟是被迫卷入现代化，同时又面临侵略危机的中国所选择的自救方式，也已经成为构成我们历史的真实部分。所以要把握这种历史语境，就必须意识到孙中山的民族主义事实上是国族主义，其最成功之处在于扭转了以家国关系为代表的集体与个人的权力地位，树立起没有国就没有家，没有统一、富强的中国就不可能有自治的地方、独立的民族（少数民族）这样一种理念。如同铁路将其所连接的地方变成中国这个整体的组成部分，孙中山的民族主义是为了将尽可能多的群体及个体团结于"一个国家"的旗帜之下，这也意味着他不可能让地方的利益、"内部群体"的诉求凌驾于国家之上。比如他对联省自治运动的批评，强调真正的自治只有待"中国全体独立之后，始能有成"。"自由之中国以内，始能有自由之省。一省以内所有经济问题、政治问题、社会问题，唯有于全国之规模中始能解决。则各省真正自治之实现，必在全国国民革命胜利之后……"[358] 与此类似，尽管受到共产国际、共产党提倡国内民族的"民族自决权"之影响，孙中山对"民族自决权"的承认却是以"反对帝国主义及军阀之革命获得胜利以后"为前提，甚至畅想将来组织"自由统一的（各民族自由联合的）中华民国"。[359] 既自由又联合，既允许自决又要求统一，孙中山之所以从未觉得其中有任何矛盾之处，实际上和他构想的"中华民族"以及"铁路梦"有深切关联。

孙中山民族主义中"一个中国"虽然已经可以确定，但"一个民族"仍然是难以回避的问题。所谓把中国境内所有各民族融成一个中华民族，究竟是如何融法，在现实中怎样构建呢？孙中山曾提出民族形成的五种自然力，即血统、生活、语言、宗教及风俗习惯。[360] 梁启超也认为所谓民族主义，是指"各地同种族，同言语，同宗教，同习俗之人，相视如同胞，务独立自治，组织完备之政府，以谋公益而御他族是也"。[361] 如果按照这种民族标准，那么现代民族国家的建立者就会面临"统一"和"自决"的两难：因为这一标准不仅针对其所要求建构的"一个民族"，也适用于其"一个国家"境内的其他少数民族，即对统一民族的诉求依据有可能动摇其对少数民族统治的合法性基础。这样看来，不论在修辞上使用平等融合还是相互转化，落实在实践层面上终究是一种种族同化，难逃沙文主义的指责。但我想指出，种族同化并不是孙中山民族主义的目的，其对如何建构"大中华民族"所给出的答案也不在民族主义话语体系内。其实在文言本《三民主义》中，孙中山就以瑞士民族和美利坚民族形成为例，认为在民族形成的众多因素中，有一种是高于血统、宗教、语言、历史这些自然力的，所谓"最文明高尚之民族主义范围,则以意志为归者也"[362]——所指的无非是一种主观认同。使这种主观认同得以发生的条件不是民族主义的任何话语策略,而是孙中山一直念兹在兹的铁路规划,一个横贯全国、连接四方的铁路系统。

"铁路能使人民交接日密,祛除省见,消弭一切地方观念之相嫉妒与反对,使不复阻碍吾人之共同进步,以达到吾人之最终目的……今后将敷设无数之干线,以横贯全国各极端,使伊犁与山东恍如毗邻,沈阳与广州语言相通,云南视太原将亲如兄弟焉。迨盖省区之异见既除,各省间不复时常发生隔阂与冲突,则国人之交际日增密切,各处方言将归消灭,而中国形成民族公同自觉之统一之国语必将出现矣。"[363]

铁路既然可以抹平省区、消灭方言,将所有地方融化成全国一体之内的各个部分,那么在这个体系里,少数民族的认同问题又有什么难解决的呢?孙中山是希望在以铁路系统建立的同质领土空间基础上,实现语言、宗教、生活习惯等全方位的一体化,最终促成高度同一的民族主体之出现。与其说他的民族主义是种族同化政策,不如理解为现代性宏大叙事对单一、同质主体的幻梦于政治领域中的错置。事实上,孙中山试图将中国所有地方、城市放进他那作为整体而出现的铁路规划中,这一行为本身就带有现代性的冲动。而借铁路建立一个包罗万象的体系来表征一个新的统一的中国,这其实也与启蒙的理想相符。[364] 如果孙中山在赞成五族共和时期就设想了一种与统一中国相匹配的理想单一民族主体,那么也不难理解其在晚年会承认"民族自决权",提倡所谓的"自由统一"——孙中山真正会认可的民族主体，必然是在他的铁路计划实现之后才能出现的。就连《实业计划》中引起争议的移民计划，在孙中山眼里，其实也只不过是整个铁路计划的补充而已。[365] 如此看来，孙中山所谓的"中华民族"并非指现实中汉族和各少数民族的总和，而是与一个由铁路连接的统一国家相符合的理想主体。当我们以孙中山的铁路规划去反思有关民族国家的想象与论述时，会发现他的"铁路梦"最为成功之处是将一个衍射出的"中国梦"深入人心。其有关统一中国的想象是以铁路和民族主义互为依托而进行，背后绑定着对高度同质的空间，以及在此基础上产生的绝对单一主体之诉求。也许彼时孙中山本人会认为他的"铁路梦"所描绘的大同图景为这一诉求提供了足够的合法性，但随着历史进展、世事迁移，为了维持这一诉求的合法性势必要求生产出更多的话语策略，比如曾经的"五族共和""自由统一"，后来的"多元一体"，以及最近的"跨体系社会"。无论是诉诸经济问题还是生命权力（biopower），这些阐释手段均试图给具体政权的统治在实践上提供一定的合法性。但无论我们寻找多少非西方的资源，又或我们具有多么强烈的现代批判意识，都不足以改变民族国家形成的真实历史进程，同时也无法解决这一进程根源处的一对矛盾——理想中的同质诉求与现实中异质个性之对立。化解这一矛盾的可能，也许只待梦醒之时，人们意识到统一的理想并不必须和同质诉求相互绑定，而对民族国家合法性的论证也许并不比讨论孙中山乌托邦式的铁路规划更为紧要。

第五章 风景之于主体：
民国时期的铁路旅行与文学书写

铁路旅行的研究策略

美国著名的旅游文学作家保罗·索鲁（Paul Theroux）向来厌恶飞机而独爱火车。在他看来，飞机是非常糟糕的出行方式，它让旅客对时间和空间的感受变得迟钝，从而抹消掉旅行的过程与内涵，只剩下起飞和降落两个环节。而火车才是一种"接地气"的旅行工具，它将乘客和旅途中的人与物、经过的地点维系起来产生意义，进而融入不同个体的生命体验中。[366]当然，保罗·索鲁眼中的火车之旅专指高铁（Highspeed Rail）出现之前的旧式列车。无论是蒸汽机车还是柴油机车，那雄浑而张扬的圆形车头、晃晃荡荡的铁皮车身、喷薄而出的烟雾，以及穿越过田野山间嘹亮的汽笛声，在今天看来都蒙上了一层怀旧色彩。然而，今天的怀旧也曾是昨日的时尚与进步。在民国语境中，铁路旅行作为一种新经验的发生，与文学展开的互动，对现代主体建构有着极为深刻的影响。本章所要探讨的铁路旅行主要是指1920年代瞿秋白和徐志摩的苏俄之旅以及1930年代郁达夫等人的境内游览，也正属于铁路旅行在20世纪初的中国出现继而形成一定范式的早期阶段。

虽然之前已经介绍过西方学界关于铁路的研究成果，但我们仍有必要具体考察一下希弗尔布施和塞尔托关于铁路旅行影响现代主体形成的论证。希弗尔布施认为，铁路旅行在工业化时代的时间和空间重组过程中扮演了重要角色——铁路所拥有的新的速度缩短了距离，将个体从原有的、隶属于传统及自然的时空中剥离出来。在传统的马车旅行中，乘客和他们观看的景色是融为一体的，置身于风景之中；而在现代的铁路旅行中，被动静止的乘客被高速运行的列车抛入全景之中，他们与所观看的景色是对立的，抽离于风景之外。这是因为在铁路旅行的过程中，前景消失了，只剩下远景；但即使是远景也由于火车的速度而在车窗外稍纵即逝，像是飞速变换的蒙太奇影像，让乘客陷入一幅一览无余但又看不清细节的全景画卷中，这就是著名的"全景认知"（panoramic perception）论证。前景的消失又意味着认知的距离被取消，而一定的距离，在本雅明那里可是使事物在时空中具有独一无二性的根本保证。所以这同时也是"光晕"（aura）的消逝。风景既然变成了没有细节的画面，就可以被纳入资本主义的抽象空间中——同质性的时空于焉成形。[367]

塞尔托则从日常文化分析的角度探究铁路旅行作为现代性体验的重要成分，得出的结论亦殊途同归。旅客一旦踏上开动的列车,便对车窗外的一切事物无能为力,任由它们不断远去。但事实上,旅客和窗外的事物都是静止的,运动的唯有铁路上的火车而已,所以观看引起的震惊并非针对窗外迅速变化的景物,甚至也非火车的速度,而是由速度产生的分隔。首先,火车上的窗玻璃为我们带来了景观的全景视域(panoramic view),规定了观看者的距离——它允许我们去观看,但无法触碰;而且看得越多,抓得住的就越少。其次,火车经过的铁轨生产出固定的运动过程,区分出两类静止不动者的不同地位——车厢内的乘客和窗外的事物。于是,空间内部与外部、观看者和被看的对象、乘客与景物、主体与客体借由此一分隔各归其所。[368]

以上便是西方学者为我们勾勒出的铁路旅行与现代主体的故事主线。明眼的读者也许会马上看出,所谓铁路旅行中的主体不过是本雅明笔下的闲逛者(Flâneur)换了身行头,在进入都市之前或离开都市之后,出现在了来来往往的火车上。这一热爱时尚、享有闲暇的白人男性,偶尔为好奇心刺激而向往冒险,但更多时候是在针对过往的怀旧之中自怨自艾。他是林荫大道上的闲逛者,是百货商店里的消费者,是电影院里的观众,当然也是乘搭火车的旅客。围绕这一现代主体的不同故事版本,或多或少都暗含了一种"减法原则"。从宏观上来看,这一"减法原则"体现为"时空压缩"(time-space compression),即以铁路为代表的现代交通技术凭借速度对空间的克服,使得整个世界版图急遽缩小,划分为不同时间段内需要通过的距离。[369] 从微观上看,它对应着现代主体自诞生之日便具有的宿命式焦虑——"经验的萎缩"(the shrink age of experience），从本雅明建立起这种有关资本主义现代性造成个体经验贬值的知识范式伊始[370]，几乎所有现代性研究都会遵循此种规例，一个与本研究较为切近的新版本是维利里奥所谓的"否定的视域"[371]。虽然这些对现代性的思考不乏真知灼见，具有启发意义，但上述这列"理论火车"能否在中国的历史语境中畅行无阻永远都是值得深思的问题——其是否也会因现实"铁道"的轨距不同而需要换轨呢？

事实上，民国的铁路旅行事业一直颇为曲折。据统计资料，截至 1945 年抗日战争结束，中国所修建的铁路总计不到 2.5 万千米——仅占孙中山当年宏伟蓝图的四分之一；其中 1912 年至 1927 年新增铁路约 3400 千米，1928 年至 1937 年兴建铁路近 7900 千米，1938 年至 1945 年修筑铁路约 3900 千米。[372] 即使是夹在北伐战争和抗日战争之间本土资本主义发展的"黄金十年"，中国的铁路也依然面临着营运盈利低下、客运占比低等问题。而铁路的空间分布亦极不平衡，其中 40% 坐落于东北，32% 集中在长江以北，22% 在华南，台湾则占 4%。[373] 即使发展如此缓慢，较之晚清，民国的铁路旅行已然有了质的蜕变，更是呈现出与西方铁路旅行迥然有异的特征。

首先，1920 年代的铁路旅行自然是在客观上缩短了距离，节省了时间，但对于其乘客群体而言，最重要的意义是将中国和整个世界在时空上紧密地连为一体。由于近现代中国的历史始终面临着与强大他者相遇的沉重负担，火车之于出境的旅客群体，特别是对于文人和知识分子而言，永远是为了将他们送往异邦——或是西方文明的中心欧洲，或是走着第三条道路的苏俄。而达此两目的地的唯一铁路线路，即为俄国修建的西伯利亚大铁路及其在中国境内的支线——大名鼎鼎的中东铁路。俄国十月革命以后，中国早期共产党人往往经由西伯利亚大铁路前往苏联"取经"，传播回马克思主义及社会主义等思想，故此路线亦长期被视为"北京—莫斯科"的红色铁路。但若从全球范围观之，西伯利亚大铁路与中东铁路作为当时独一无二的欧亚大陆桥，创造出"北京—莫斯科—伦敦"这样一条铁路直达路线，将中国至欧洲的旅行时间缩短至"两个星期"[374]，极大地改变了人们的出行方式与时空格局，成为彼时"环游地球距离最近"的新干线。[375]

晚清的文人、使臣外访，无不先要远渡重洋，方能在异国的土地上领略短暂的铁路旅行所带来的新奇体验。比如王韬于1867年乘船西行，于航行途中抵达埃及后方才登上火轮车感受迅捷，又复乘轮船抵达法国口岸马赛，由此经铁路直至巴黎。而1896年出使俄国的李鸿章，先是由上海乘搭法国轮船至埃及亚历山大港，再改乘俄国轮船至黑海港口敖德萨，然后乘火车前往莫斯科。反观民国时期这些西伯利亚大铁路的乘客们，不论是志在"饿乡"的瞿秋白，还是为赴欧洲而绕道西伯利亚的徐志摩、胡适、朱自清等人，均是从中国境内直接登车，行经同一种地理环境，最终在异邦的土地下车落脚。这种连接中西的铁路旅行在时空上可以被辨识为一种独立而又连续的统一体，且含有一组奇妙的背反性质：具有资本属性的、同质的、可被测量的时空无疑因为速度而得以被压缩和节省；但主观经验的空间却是被延伸扩展,历史时间的忧患意识史无前例地加强。

举一个简单的例证,这些西伯利亚大铁路的乘客由于共同的文人、知识分子身份,所以前往异邦旅行之余,都不忘要为中国寻找一条合适的道路——或是师从英美,或是效法苏俄。但这种普遍意识背后都隐藏着一个相同的推断:要为中国寻找一条路暗含着此时的中国在他们眼中是无路可走,或走的是歪路;这也意味着中国仍在起跑线上踌躇不前,尚未进入历史,或"正确"历史的跑道。但不论是苏俄还是英美都在各自的道路上前行,所以中国是落后的。然而铁路旅行又证明了中国与诸异国是处在同一个"客观"的时空之中,所以落后必然根源于内在时间——也就是历史进程上的掉队与迟缓。这种历史时间的忧患意识,以及由此引发的对被淘汰的恐惧、对落后的焦虑,和对速度与发展的渴求[376],较之西方铁路旅行的现代主体将速度作为一种征服的快感是迥然有异的。[377] 故而民国文人有关铁路旅行的文学作品也总是和具体的历史情境、国家政治与社会现实紧密相连。[378]

其次,在瞿秋白、徐志摩、郁达夫等人的旅游文本中,我们并没有发现一种类似于西方语境中由铁路旅行引发的经验萎缩,更遑论一个由风景的消逝而过渡到早期电影的速度。反倒是风景得益于铁路旅行而日益彰显,成为建构主体经验的重要部分。西伯利亚的荒凉之景虽然对瞿秋白、徐志摩二人的影响不同,但在《饿乡纪程》《赤都心史》及《欧游漫录》中有着同等重要的意义。郁达夫的游记散文以及创刊于1927年的《旅行杂志》更是一度让铁路旅行的职能从到达转变为观看——乘坐火车似乎就是为了观看风景。需要注意的是，这一转变恰恰出现在铁路发展"黄金十年"的1930年代：铁路和文学借由风景这一新的商品而形成同盟。民国政府也得以一方面加强国民教育，增进其对版图的认知，另一方面推动旅游消费，刺激经济增长。

晚清文人在涉及铁路的游记中，由于自身作为出访使臣的性质，或是将它视作需要说明的新器物，或是将其作为西方的事项加以考察，都与风景的联系甚少。比如斌椿的《乘槎笔记》(1866) 和志刚的《初使泰西记》(1867) 都是描述火轮车之形状、简释运行原理，窗外的风景因为速度太快无法看清。[379] 王韬在《漫游随录》(1867) 中也只是提到初乘火车的迅捷之感，其他都是放在"泰西利捷"的制度介绍中加以论述。[380] 张德彝在《航海述奇》(1866) 中更是用了一千多字详细说明欧洲火车的运行原理与交通规则、铁路的建设与沿途设施，甚至提到有专门售卖相关的时刻表和导览册之场所。[381] 而刘鹗虽然在《老残游记》(1903) 中对于风景有着极为细腻而精彩的描绘，但一回到他自己的铁路旅行，日记中所记载的便只剩下车行时刻和到达的地点。[382] 也许当时尚不发达的线路并未让刘鹗觉得京津之间的风景有什么可看之处。这也从侧面佐证当时的铁路旅行尚未和现代写景文学结合在一起。总之，从晚清到民国，铁路与风景在文本中的一隐一显，既显示了白话游记文体对于风景"现代化"的解放力量，同时又表明火车的"自然化"业已成形——铁路从前景进入背景成为日常生活的一部分。

至于风景的概念，它在中西不同的历史语境中都关乎观看与书写、绘画与地点的双重勾连。当前研究往往聚焦于风景作为一种历史进程的起源和发展，与资本主义的兴起、欧洲的殖民扩张、精英阶层的观看方式存在着千丝万缕的联系。[383]根据日本学者小川环树的考证，中文"风景"一词在六朝时由风和光之意转化为风所吹、光所照的对象，最终在中唐时期完全失掉了光亮的含义，成为"景色"（landscape, scenery）的同义词。[384]而我试图在直观意义上恢复风景作为主体的一种经验途径，这种体验方式与铁路旅行发生了强烈的化学反应，并演化出一种有别于传统审美作用的认知功能。进一步讲，风景当然可以被理解为一种派生主体的"认识论装置"[385]，但这种装置的运作绝不是单向度的流水线作业，也没有生产出千篇一律的"现代自我"。风景的不同观看方式，影响了不同类型的主体建构，而这些差异也进而反映在他们对社会问题、政治现实的认识与理解之中。

本章第一部分勾勒西伯利亚大铁路和中东铁路在历史风云中的浮沉变幻，阐述瞿秋白、徐志摩等人在具体的铁路旅行中衍生出常规和例外两种状态下的乘客主体。虽然蔡元培、胡适、朱自清等人都乘坐过西伯利亚大铁路，但瞿秋白和徐志摩无疑是最具代表性的：前者作为马克思主义、社会主义的朝圣者，后者则是自由主义、个人主义的坚定捍卫者，两人对于新生苏俄的态度截然不同。更重要的是，相比起其他人等在日记中或私人信件中对铁路旅行的零星记载，瞿秋白和徐志摩两人都留下了完整的文学作品：《饿乡纪程》（1922）和《欧游漫录》(1925),两者既是中国现代文学中最早的游记文本,且都进入了风景书写的经典之列。在此基础上,我将论证风景在两个文本中呈现出不同的观看方式,它们具有各自的认识论和政治学职能。对风景的观看与书写影响了瞿、徐两人对苏俄社会现实的认识,特别是有关贫穷问题的辨别,即贫穷是作为一种被观看的风景还是亟待解决的社会问题。

本章第二部分探讨文学与铁路旅行在中国语境中的结盟,生产出消费者的主体和作为商品的风景。在此我将提供两个典型的案例分析,1927年创刊的《旅行杂志》对于铁路沿线风景的导览和1930年代郁达夫等一干文人受各地方铁路局之邀请乘火车旅游,并撰写游记加以宣传。然而这种风景消费者的主体状态并不稳定,始终面临着自身意义的匮乏难题。换言之,风景的书写永远呈现为一个人的视野,风景的消费是旅客主观视野中的绝对占有,这其实是一种不需要他者承认的自我主体之确立。郁达夫作品中自我内部深度的缺失与这种对风景平面视觉的消费是相互呼应的。而只有当风景从铁路旅行中淡出时,旅客的目光才会从车窗外转向车厢内部,与同为旅客的他者真正相遇。

异邦的火车旅行:瞿秋白与徐志摩的苏俄之旅

西伯利亚大铁路及常规／例外状态下的旅客

西伯利亚大铁路(Trans-Siberian Railway)西起俄罗斯

首都莫斯科，东至太平洋沿岸的港口城市海参崴（符拉迪沃斯托克），全长9288千米，是世界上最长的铁路，也是最为著名的欧亚大陆桥。沙皇俄国出于开发远东和边防军事的需要，于1891年决定西伯利亚大铁路全面动工，从位于欧亚交界处的车里雅宾斯克（Chelyabinsk）和海参崴两个方向同时进行。西伯利亚大铁路原计划是绕过黑龙江北岸修至伯力（Khabarovsk）遂与乌苏里铁路相接，但1894年经过线路勘察后发现此一地区地形复杂、气候恶劣，施工难度极大，故俄国政府试图修筑一条横穿中国东北境内的支线直达海参崴。天遂人愿，1895年甲午战争以中国的惨败收场，清政府方面逐渐出现一股"联俄拒日"的外交倾向[386]，而俄国亦凭借主导三国干涉还辽的成功，向清政府施压要求"借地修路"。故李鸿章于1896年使俄，签订《中俄密约》，主要内容是中俄两国为防范日本而结成同盟，允许俄国修造一条经由赤塔经哈尔滨至海参崴的铁路，供其转运兵粮，即东清铁路，又称中东铁路。铁路由华俄道胜银行承办，铁路及沿线地区由商办的中东铁路局管理。两年后，俄国又通过《旅大租地条约》及附属协定，获得旅顺口和大连湾，并订约加筑一条中东铁路的支线，由哈尔滨南下与旅顺和大连相接，这便是著名的南满线。由此可见，中东铁路实际上是以哈尔滨为中心，西自伊尔库茨克（Irkutsk），东达乌苏里，南接旅顺和大连，线路呈"丁"字形。中东铁路于1901年竣工，1903年通车营运。1905年日俄战争后，根据《朴次茅斯条约》，俄国出让中东铁路长春以南至旅顺的南满线及相关利权于日本，自己依然掌控长春以北的中东铁路，占有北满势力。经此一役，俄国政府更加意识到中东铁路的重要性，进一步加强中东铁路管理局除商业营运以外的民政、司法、驻军职能，总揽铁路地段的一切大权。事实上是以铁路局的所在地哈尔滨为中心，形成了一个比一般租界更为广大的"国中之国"，直接促成了哈尔滨殖民都市的形成与发展。[387] 也难怪瞿秋白1920年初到此地时感慨道："从天津到哈尔滨，走过三国的铁路，似乎经过了三国的边界……是中俄日三国的复版彩画。"[388] 有关西伯利亚大铁路和中东铁路的历史渊源与现实问题一直是民国传媒界和知识界关注的重点。《东方杂志》1917年第十四卷第十二期，刊发了译自美国《亚细亚杂志》署名愈之的《西伯利亚大铁路谈》，详细介绍了铁路的修筑历史、路线位置、经济军事意义和对中国的影响，并配有贝加尔湖、护路俄警等多幅照片。[389]《铁路协会会报》于1923年3月推出《西伯利亚大铁路之过去及现在》一文，除了详述路线历史、经济殖民和军事功能外，还特别从交通的角度强调它作为环球欧美之最近干线，"既节时日，亦省旅费。昔之乘风破浪者，皆将为本线所吸引"[390]。至于中东铁路，由于涉及帝国主义侵略和中国的主权问题（1929年中华民国和苏联围绕铁路路权问题爆发了一场武装冲突，史称"中东路事件"；而苏联更于1935年3月将北满铁路卖给了伪满洲国），民国学者与报人对铁路的历史溯源和国际关系问题一直极为关心。[391]

回到铁路旅行的路线上来看，尽管西伯利亚大铁路全线于1916年才完成，但由于中东铁路的连接，"北京—莫斯科"

的旅程线路实际上在 1905 年后便已成形。铁路旅客须先乘京奉线由北京至奉天（即沈阳），再转乘南满线抵达长春，长春之后便是中东铁路，由此抵哈尔滨，经哈尔滨至满洲里后过中俄边境再到赤塔，接着从赤塔到中亚和东亚之间的枢纽伊尔库茨克，此后便可长驱直入到达莫斯科。[392]

路线的铺设完工只是保证铁路旅行的一个方面，另一方面就是列车行驶的时间秩序。为了保证旅行的连贯性，不论是运营方还是旅客都需要具备统筹时间的计算能力和完成计划的执行力：对于前者来说，就是制定统一的时间规则以实现国际旅客的联运；后者则需要按照固定时刻表，"能掐会算"，方可在不同的线路间游刃有余，不致误车。故 1903 年形成的欧陆至远东路线，在 1906 年 8 月扩大延伸，形成欧、亚、美三洲国际铁路交通网。"该路线西起伦敦，经圣彼得堡、莫斯科，转至西伯利亚大铁路、中东铁路，再与日本及加拿大的铁路衔接。此一国际铁路网的建立，于 1910 年 2 月满、日旅客联运付诸实施后，得以宣告完成。"[393] 自国际旅客联运网建立到第一次世界大战前夕，可以说是西伯利亚大铁路旅行最为辉煌的一段时期。作为近代旅行指南的创制者，在欧美享有盛名的贝德克尔出版社（Baedeker）于 1914 年为西方世界的读者推出了《俄罗斯及德黑兰、旅顺、北京旅游指南》，其中特别为柏林出发前往俄罗斯的旅客介绍如何由西伯利亚大铁路转搭中东铁路抵哈尔滨、经旅顺前往北京，并详细提供了有关列车班次、票价、饮食、旅程时间及沿途景点等实用信息。[394]

当时的火车设备和旅行生活可以根据一位美国旅客

于"一战"前乘坐西伯利亚大铁路由北京赴欧的游记而管窥一二。作者在行文伊始就告诉读者此趟铁路乘者众多,一票难求,自己是三个月前预订车票,三个月后方才登车。所乘的这列普通快车,"车身之宽敞,座位之整洁,电灯之明亮,酬应之周备,非他路所可同日而语"。其对列车中便利的盥洗器具、整洁温软的睡铺印象颇深,对于行李车中所设置的浴室更是赞不绝口,"今亲试之,则诚哉非他铁路所能有也"。加上车中侍者服务周到,整个旅行是极为"安适"。作者最后感叹道:"西比利亚铁路者,世界甚有关系之建筑物也。其利益固不仅为俄之所独享,凡全世界咸得与焉。自有此路而环游地球之时间乃愈缩短矣。"比如自北京至圣彼得堡的旅行,"全程凡历时十一昼夜有半"。[395]而另一位旅华德商于1920年代回忆,西伯利亚大铁路通行后,"战前('一战')由柏林至北京仅需十二日半,旅费头等卧车不过六七百元"。[396]

早自1900年起,帝俄政府就致力于发展西伯利亚大铁路的旅行事业,更是委托"东方快车"(Orient Express)的创始人乔治·纳吉麦克(Georges Nagelmackers,1845—1905)协助推广。后者利用1900年巴黎世界博览会,为西伯利亚大铁路旅行设立了展区,大肆宣传豪华火车之旅。该广告一方面是以当时最为豪华的列车车厢为噱头招徕乘客——包含有餐厅、图书馆、钢琴房、浴室以及各种电气设备在内的移动宫殿,另一方面就是向欧洲的旅行者允诺能在两星期内抵达北京。[397]十几天的铁路旅行在今天听起来似乎是不可思议的漫长,但若与铁路建成之前的旅行又或同时期的航海旅行相比,我们或许可以理解其中意味。黎庶昌在《西洋杂志》(1877)中对 19 世纪晚期北京至俄罗斯圣彼得堡的路程做了一定的考察,旅行所需时日大概两三个月,出行要考虑不同季节的天气影响,途中更是要换乘骡轿、骆驼、马车、雪车等工具。[398] 梁启超"一战"后著名的赴欧考察之旅,于 1918 年 12 月 28 日离沪,乘船横渡印度洋、大西洋,"走了一个半月,巡了半边地球",才于 1919 年 2 月 11 日抵达伦敦。[399]

第一次世界大战引发的十月革命,使俄国在 1918 年至 1920 年间陷入赤俄和白俄之间的内战,整个西伯利亚大铁路包括中东铁路几乎都陷入混乱无序之中。直到 1924 年苏联政府与中国签订《北京协定》《奉俄协定》,中东铁路由两国共管后,整个"北京—莫斯科"的西伯利亚大铁路旅程也才得以逐渐恢复正常。由此观之,1925 年 3 月取道西伯利亚而奔赴欧洲的徐志摩,仍属于上述这趟行程的常规旅客之列。他们除了要有理性的计算能力以规划行程、保证准时外,还需具备一定的经济资本和相应的行政资格,以换取现代交通工具提供的移动性和安全感。

据《欧游漫录》所讲,徐志摩是从满洲里到赤塔后再补票前往莫斯科。他本来先上的是四人一间的普通车厢,可发现这里已被来自波兰的一家四口人占据,其中包括一个十三四岁的男孩和一个几个月大的婴儿,想到万一小孩哭闹起来的情景,立刻转身就跑,"管他要添多少,搬上了华丽舒服的国际车再说"。即使挑剔如徐志摩,也不得不承认国际车厢"真是舒服"。而七八天的长途列车竟不会误点,这也令他感到满意。餐车里的饭菜"贵且不佳"——但从文中看徐志摩还是常去的,沿途每站也都可以买到牛奶、面包、鸡蛋、熏鱼等食物。浪漫的诗人在西伯利亚的列车上也能交到热爱文艺的旅伴——两位分别在东方做帽子生意的德国人和意大利人,前者爱念叨叔本华,后者最爱读的书是《堂吉诃德》。至于脏乱差、弥漫着臭味,反映俄国人生活的普通车厢,徐志摩也老实承认自己是受不住、不愿去的。餐车里的一位服务人员因为面相凶恶,说话像发号命令一般,便被诗人赐了雅号——"饭车里的拿破仑",在游记里以诙谐的笔法揶揄一番。唯一的插曲可能就是半路上碰到了两个别着列宁像章的、风尘仆仆的布尔什维克(分别被赠外号"黑旋风"和"青面兽"),要占他房间里的两个空位睡上一宿。在徐志摩眼里这两位怎么看都像是"杀人凶手",尤其是发现枕头下面还有一对装满子弹的手枪,更是让诗人胆战心惊,一觉醒来发现自己脑袋还在,不由连呼"侥幸侥幸"。[400] 或许徐志摩的游记中有被他那浪漫情怀而夸大的一面,但今天怀有现代旅行经验的读者多少能对徐志摩在旅途中贪图安适、害怕麻烦、警醒敏感的自我刻画予以包容与认同,读到这些细节尚能莞尔一笑。不过,瞿秋白的苏俄之旅就完全是另一番景象。

作为北京《晨报》的特派记者,瞿秋白和同事俞颂华、李宗武一行人于 1920 年 10 月 16 日离京,1921 年 1 月 25 日方才抵达莫斯科,历时三个多月,其间更是面临诸多危险与梗阻。他们的铁路旅行可谓是前所未有,也确实后无来者。如前文所述，由于十月革命和俄国内战，西伯利亚大铁路的运营呈现一种脱序状态。据1919年12月《交通月刊》记者的实地调查所记：此时建成尚不足二十年的中东铁路，沿途轨木多有腐朽而无及时更换，机车、客车破旧黯淡；客车内没有电灯设备，便室、盥洗室更是污秽不堪；除了维持少量的特定班次外，其余客货车均无准定的开行时间；上至管理人员下到普通货工，贪污索贿之风盛行，甚至与匪帮勾结私贩烟土。[401]中东铁路的污秽杂乱，对瞿秋白也有不小的刺激。在长春站换车时，瞿秋白先是上了简陋的三等车，发现拖男带女、背着大麻袋的俄国人横七竖八躺在地上，满地的烟头、痰沫混合着一股臭味，只得转身离开。可惜他们选择的二等车也没有想象中好——椅子上是半寸厚的灰尘，其他设备也都是破敝败落。瞿秋白在颠簸摇晃的车中疲乏地睡去，等待他的是又冷又脏的哈尔滨和一个住宿条件更为不堪的小客栈。不像徐志摩可以靠"孔方兄"得以在"舒服极了"的国际车厢中安适度日，瞿秋白对于旅途中的艰苦与受罪更多是通过一种反思性的自嘲予以化解。"可怜，可笑，'我们'这样'文明化的'中国人，一入真正的中国生活，就着实觉得受不了；而且半欧化的俄国文明也使我们骇怪：原来'西洋人'也有这样的。"[402]

除了这种旅行条件的艰苦，瞿秋白一行还要面临战争的可能威胁及其遗留下的危险。在俄国内战中，中东铁路管理局的局长霍尔瓦特（Dimitri Leonidovitch Khorvat, 1858—1937）和哥萨克将军谢苗诺夫（Grigory Semyonov, 1890—1946）均是西伯利亚和远东地区抵抗苏联红军的白俄头目，后者更是使瞿秋白滞留哈尔滨五十多天的罪魁祸首。谢苗诺夫的势力当时盘踞在外贝加尔地区,横梗在西伯利亚大铁路上,其本人以对红军战士及普通市民的残暴屠杀而臭名昭著。"谢苗诺夫曾扬言自己如果白天没杀人的话晚上就睡不着觉,并把沿途的火车站变成处决自己敌人的行刑场。1919 年 8 月的某天,一列火车载着的三百五十名囚犯就在其中的一间车站被机枪射杀。"[403] 从《饿乡纪程》中得知,瞿秋白 10 月 18 日在天津时并不知道谢苗诺夫正与远东革命军在满洲里激战,还以为若和总领事同行可由专车从哈尔滨直达赤塔。结果到了哈尔滨没几天,"谢军和赤塔民军剧烈冲突的消息盛传,赤塔满洲里的中间桥梁也已经毁坏了"。总领事迟迟无行意,启程遥遥无期;哈尔滨的恶劣天气和高额的生活开销,亦让三人一度萌生退意。经过五十多天的坚忍,三人终于又登上领事的专车向莫斯科前进,然而这并不代表旅程从此一帆风顺。他们的专车是战后第一次从满洲里到赤塔的火车,不仅要应付烦琐的外交手续方能前行,还要冒着行经毁坏的路轨与桥梁这样未知的危难。

> 前面看得见一顶铁桥已经齐腰拆毁,桥下压着破火车——谢美诺夫(谢苗诺夫)的成绩。我们的车只能在河里冰面上搭的铁轨上走。慢慢地,慢慢地,挨着过去,只听着"轧只""轧只"的冰响,突然一震,砰然一响……"车要出轨了!……车下冰碎了!"好容易看着没有事,走过了。[404]

第五章　风景之于主体：民国时期的铁路旅行与文学书写　199

唯有将瞿秋白的苏俄之旅放回历史的脉络中加以检视，我们才意识到《饿乡纪程》开篇有关此趟行程犹如"自趋绝地""去国如出世"般的铺垫，不只是出于文人性格的惆怅感怀，同时也是旅途中的乘客所要承担的实实在在之风险。事实上，当瞿秋白踏进西伯利亚大铁路旅程的那一刻，所有关于一个现代火车旅客的规范与常识都与他无缘。火车行止无定，一切未知，沿途的危险自不待言。旅客也被剥夺了最基本的统筹、规划时间的能力，只能抱定信念，听天由命。领事的专车车厢未能提供一个兼容并蓄、容纳不同乘客的公共空间，反倒呈现为"无经验的青年和陈死人的官僚"这样一种单一对立。至于旅途中品尝到的"黑面包"，"其苦其酸，泥草臭味，中国没有一人尝过的，也没有一人能想象的"。正是这种不安定的例外状态，让瞿秋白的苏俄之旅与现代的铁路旅行脱轨，反而近乎古典意义的冒险。事实上，在常规旅行者眼中充满苦难的历程，对于向往"饿乡"的瞿秋白而言，其实是一份再好不过的礼物。

> 我知道，乌沉沉甘食美衣的所在——是黑甜乡；红艳艳光明鲜丽的所在——是你们罚疯子住的地方，这就当然是冰天雪窖饥寒交迫的去处（却还不十分酷虐），我且叫他"饿乡"……我总想为大家辟一条光明的路。我愿去，我不得不去。我现在挣扎起来了，我往饿乡去了！[405]

瞿秋白在《饿乡纪程》的序言中以"黑甜乡"代指中国，

"饿乡"比喻苏俄，这两个彼此对立的意象我们已耳熟能详。文中当瞿秋白的亲朋好友劝他不要冒着生命危险前往饥寒交迫的俄国时，其又给出了详细的解释：

> 清管异之称伯夷叔齐的首阳山为饿乡，——他们实际心理上的要求之实力，胜过他爱吃"周粟"的经济欲望。——我现在有了我的饿乡了，——苏维埃俄国。俄国怎样没有吃，没有穿，……饥，寒……暂且不管，……他始终是世界第一个社会革命的国家，世界革命的中心点，东西方文化的接触地。[406]

对于"饿乡"与"黑甜乡"这两种意象的阐释，或是将其归为生活态度与价值观念，区分为苟且的物质欲望与崇高的精神理想；[407]或是回到文学的历史语境中，形成社会现实与一种别样的乌托邦想象之对立。[408]但就瞿秋白苏俄之旅的原初意义，这无非就是作为出发点的此地和终点的彼岸。而此地和彼岸从来不可能在认识论上做出清晰的判别，它们的名字本身就暗示了价值上的取舍：此地从来都是意义的匮乏之处，唯有彼岸才可寄予理想的憧憬，能确证这一点的也只有由此地到彼岸的路途上所有的艰辛与苦难。换句话说，这一例外状态下的旅行，其意义在一开始就被允诺了——瞿秋白找到了自己的饿乡，心海中的灯塔，因此在"饿乡"与"黑甜乡"之间必须要有一条"险途"来作为意义的担保。

当瞿秋白滞留在哈尔滨时，他也曾一度考虑过退缩。在这五十天的烦闷与无奈中,他去考察了道里及秦家岗俄国式的资产阶级生活,也领略了道外中国北方人污糟不堪的黑暗生活。并不存在任何戏剧性的反转,恰恰是在北地严寒和腐朽社会的持续逼迫下,瞿秋白感到自己的内心反而蕴含着"蓬蓬勃勃的春意",甚至可爱的未来也向他暗示了无穷的希望。他自问自答道:"'至于冒险而去,成败究竟如何?'并不是不应当问,而是不必问,或简直是不问。生活不安的程度愈高,反应冲动的力量亦愈大。"[409] 于是乎,瞿秋白心理上呈现出一种猛进的状态,让他重新坚定自己的理想,所谓"宁死亦当一行"。他开始和其他还在踌躇的同事兴奋地谈到莫斯科,甚至说起"我们去了,不但冻饿,还有别种危险……也许不幸奄然而就死……"这样令朋友不解的扫兴话。对他来说,理想无涉成败,只在乎一以贯之的坚持;意义不分高下,但需在苦难中方可显现。此时的瞿秋白简直是一个浪漫主义者。用以赛亚·柏林(Isaiah Berlin)的标准来看,浪漫主义最重要的价值特征就是认为人的精神状态和动机比结果更重要。对于浪漫主义者来说,询问他们的追求是真是假、探讨他们的理想是对是错已经不再重要。唯一能让生存具有意义,能让价值成为价值,能让行为显得正确,能让冒险获得奖掖的东西,就是理想本身和作为理想试金石的苦难。[410] 对一个真正的浪漫主义者而言,除了内在的动摇,任何外在的苦难根本没法将他击倒。躁动不安的追求本身就是目的,而旅途中命运施展的恶伎也只会成为增添意义的养料。从这个角度看,宁取饿乡而不要黑甜乡的瞿秋白,和勃兰兑斯(Georg Brandes)笔下宁取疾病与黑夜而不要健康和白昼的诺瓦利斯（Novalis）又是何其相像。[411]

不仅是哈尔滨的挫折被转化为前进的动力，此后旅程中任何的停滞与困难都被瞿秋白视作学习的机会和理解的可能——而且逐渐成为一种全身心的投入。在赤塔，瞿秋白做出了重要的决定：经过十多天的社会调查，他认为新闻记者式的采访不能揭示社会生活的实质；从此以后要以"一无资格的人"浸入所要考察的社会里，多留意自身冥想的人生问题的答案。[412]故而文本的叙述呈现为"哈尔滨的空气，满洲里的事实，赤塔的理论，再往前去，感受其实际生活"的发展演进过程——尽管事实上它们都是由铁路旅行计划之外的停顿与梗阻所引起。加上瞿秋白又常以"东方稚儿"自喻，把游记书写作为记录心海心波的"文学试作品"，那么《饿乡纪程》从文本的肌理来看又可以分为以下三个解读环节：东方稚儿对过往的反思回顾，与黑甜乡的对立、诀别；东方稚儿在经过西伯利亚大铁路的"险途"中获得富有教益的经验，借由不可避免的苦难确认了自身冒险的意义；东方稚儿最终抵达饿乡，并期待着有朝一日返回"真实的故乡"（一个异于黑甜乡和饿乡的第三者）。不得不说这确实有一股迟来的"成长小说"（Bildungsroman）的味道。[413]不过瞿秋白毕竟是瞿秋白，他并非一个真正的浪漫主义者，成长了的"东方稚儿"也不会和世界和解。一直以来的自我怀疑与反省，让这个例外状态下的冒险者将痛苦的矛盾归咎于东西方文化的冲突、现实与浪漫的敌对、革命与抒情的牵扯、庸众与自我的隔阂，最终内化为一个同时远离此地与彼岸的"多余人"。[414]但是终其一生，他都没有背叛自己的理想。

反观常规状态下的徐志摩,则始终保持一定的距离和旅客的视角,用他自己的话说是"把游历本身看作目的"。《欧游漫录》最为人津津乐道之处,是徐志摩对苏俄政治现实的洞见和对乌托邦理想的警惕。这固然和徐志摩作为一个"不可教训的个人主义者"有着密切关联——其自身秉持的自由主义、个人主义价值理念让他对任何神圣的体制或组织都报以怀疑。[415]但我们也并不能就此得出徐志摩比瞿秋白在政治觉悟上更加高明、思想更为深刻之类的结论。事实上,我认为在《欧游漫录》中徐志摩之所以能看到一些瞿秋白没能发现或有意忽略的东西,是因为他始终恪守了一个独善其身的游客身份。《欧游漫录》的笔法谈不上客观中立,却是一种疏离的观察,而这种疏离对于行走于陌生环境的个体来讲则是一种保护。正是意识到旅行的体验与观看都是暂时的,徐志摩对异邦的种种都止于干脆的接受或拒绝:既不需要将自己沉浸于这片土地之中改变原有的观念与价值,也不用对其施加自己的影响。所以他常常是将旅途所见的一角景象呈现出来,以供读者去自行想象那画面以及背后的意味。

入境愈深,当地人民的苦况益发的明显。今天我在赤塔站上留心地看。褴褛的小孩子,从三四岁到五六岁,在站上问客人讨钱,并且也不是客气的讨法,似乎他们的手伸了出来决不肯空了回去的。不但在月台上,连站上的饭馆里都有,无数成年的男女,也不知做什么来的,全靠着我们吃饭处有木栏,斜着他们呆顿的不移动的眼注视着你蒸气的热汤或是你肘子边长条的面包。他们的样子并不恶,也不凶,可是晦塞而且阴沉,看见他们的面貌你不由得不疑问这里的人民知不知道什么是自然的喜悦的笑容……这西伯利亚的土人,与其说是受一个有自制力的脑府支配的人身体,不如说是一捆捆的原始的人道,装在破烂的黑色或深黄色的布衫与奇大的毡鞋里,他们的行动,他们的工作,无非是受他们内在的饿的力量所驱使,再没有别的可说了。[416]

较之于瞿秋白有关自己心波思影的记录,徐志摩的描绘同样也是一种主观印象的撷取。即使在对神情样貌的粗浅勾勒中,他的敏锐也能抓住人在饥饿的原初状态下困穷麻木的本质:一句"不知道什么是自然的喜悦的笑容",所产生的冲击甚至胜于千万句的控诉。文字传达出的情绪不言而喻,也许在拥有类似历史记忆的读者心中还能激起更强烈的共鸣。不过徐志摩的敏锐也止步于此,对于一个常规的旅客而言他既没有解决问题的义务,也无须承担进一步思考的责任:这种旅途中的不愉快景象,也只能是"再没有别的可说了"。

风景的认识论

夏济安在《黑暗的闸门》一书中就瞿秋白的苏俄之旅和文学创作提出了这样一个耐人寻味的问题:

社会的动荡和人类的牺牲对瞿秋白内心所激起的反应是否像其他事物，比如风景所激起的反应一样强烈？贝加尔湖、乌拉岭和俄罗斯荒原，带有一种怪异的惨淡，又隐藏着一种不惧严冬的巨大力量，常常引发瞿秋白奇异的感想，让他文思泉涌，写出一些生动的文章，记录他内心真切的感受。我们会期待他描述俄国革命中和人有关的场景时也能够那么生动。但我们却大失所望。从文风上来推断，他在俄国社会的所见所闻并没有激起他太多的感想。[417]

诚然，较之于《欧游漫录》，《饿乡纪程》和《赤都心史》之所以显得难以解说——特别是前者，很大程度上是由于贯穿全篇的，与佛教意象、朴素的唯物论分析相互纠缠在一起的风景描写。我们或许可以借此追问：风景对于瞿秋白而言究竟意味着什么？这种自然风景与社会现实的对立区分是否适用于其笔下的游记书写？瞿秋白眼中的风景和徐志摩所看到的有着什么样的异同？风景的观看与书写除了审美鉴赏以外，是否还具有更深层次的功能和意义？

游记中的风景描写本质上就蕴含拒绝被阐释的倾向。我们除了能对风景的描写做出同义反复的鉴赏评价外，很难为其提供意义上的支持。长久以来，风景都是被当成不言自明的空洞载体，保证着诸如寄情于景、融景入情、物我交融这些同样缺失内部意义的评价可以重复延宕下去。风景的能动性和建构作用一直被忽略了。基于此种境况，柄谷行人对风景的理解就颇具启发意义。他在对夏目漱石、国木田独步等人的作品比较探讨的基础上，提出风景是一种现代性的认识装置，主体和客体都是在其中派生出来的。而风景并不是从一开始就存在于我们外部的自然对象，恰恰是它迫使个体经过一种"内在的颠倒"才能以此方式呈现。风景的发现促使人们转向内在，建构起现代自我的基础。[418] 然而柄谷过快地倒向了以主客对立为核心的现代认识论范式，从对象化到客体化犹如神启一般瞬间完成，以至于上述"颠倒"又变成了与非西方的传统之断绝，而任何对主客的混合或超越企图就又都成了现代性的特例，所谓置身于"发现风景的现场"。[419] 因此，怀着对柄谷有保留的借鉴，我试图回答以上有关瞿秋白、徐志摩游记书写中涉及风景的问题。

在行经西伯利亚的路途中，瞿秋白曾情不自禁地将眼前的风景形容为一幅中国的山水画。"六日清早醒来，已到美索瓦站（Mézovaya）。极望一片雪色，浩无边际，道旁疏疏落落几株槎枒的古树带着雪影，绝好一幅王石谷的《江干七树图》。"[420] 王石谷即清初著名画家王翚（1632—1717），师承宋、元古意，萃取各派技法，终成一家，晚年的山水画尤以简练苍浑著称。瞿秋白提到的《江干七树图》是王翚八十一岁时所作，原名《仿李营丘江干七树图轴》（见图24），现藏于台北故宫博物院，画中江岸远山、松柏枯树无不透露出荒凉萧瑟之意。考虑到瞿秋白的家学渊源和父亲的影响，由西伯利亚的雪景而联想到《江干七树图》固然关涉瞿秋白的家学渊源和父亲的影响，但也反映出在观看异邦风景时回归传统美学参照系的普遍现象。

图 24 《仿李营丘江干七树图轴》，1712 年（台北故宫博物院藏品）

早在黎庶昌 1877 年乘火轮车过瑞士阿尔卑斯山时便有类似感慨："十四日巳刻，行至两峰尽处，忽然开朗，有大湖横列于前，清澈可鉴，所谓勒沙得勒湖也。湖东诸山，连绵不断，石骨秀露，层晕分明，绝似倪云林画意。"[421] 倪云林即倪瓒（1301—1374），元代南宗山水画之代表，其画境空旷平远，气质上亦是淡泊萧条，为王翚一生中最崇拜之人。有趣的是，晚清使臣薛福成在罗马油画院参观时，试图将中国山水画与西方的油画做一比较，而倪瓒和王翚恰恰都被他选为中国画的代表。薛认为他们的画作胜在神妙和虚境，不像西方油画那样擅长写实，能画出"真山川、真人物、真楼台、真树林"。[422] 然而当这些铁路旅客真到了异邦的风景前，根本没人在乎画作再现的虚实问题，而不由自主地纷纷回到熟悉的山水传统。毕竟，风景的观看首先是一种审美活动的延续。就连 1931 年前往欧洲，途经西伯利亚的朱自清在观赏风景时也保持了同样的腔调：

> 在欧亚两洲交界处，有一段路颇有些中国意境，绵延不断的青山与悠然流着的河水，在几里路中只随意曲了几曲。山高而峻，不见多少峰峦，如削成的一座大围屏。车在山下沿着河走；河岸也是高峻，水像突然掉下去似的。从山顶到河面，是整整齐齐的两叠；除曲了那几曲外，这几里路中都是整齐的。整齐虽已是西方的好处，但那高深却还近乎中国的山水诗或山水画。[423]

至于徐志摩笔下的西伯利亚风景，亦是宁静幽美，似真似幻。虽然徐志摩并未直接指涉任何传统的山水画，但同样包含对传统美学的继承。除了游记中的描写外，他还以西伯利亚的风景为主题创作了两首诗歌，同时收录在他于1927年出版的第二本诗集《翡冷翠的一夜》中。第一首《西伯利亚》是将未到此地前对它冷酷荒芜的想象，和如今身临其境眼中所见的真实美景进行对比，极尽比喻和渲染以致俗丽，诗末附有"1925年过西伯利亚倚车窗眺景随笔"的说明。[424] 另一首抒情诗更加著名，题目就是《西伯利亚道中忆西湖秋雪庵芦色作歌》。[425]

> 我捡起一枝肥圆的芦梗，
> 在这秋月下的芦田；
> 我试一试芦笛的新声，
> 在月下的秋雪庵前。
>
> 这秋月是纷飞的碎玉，
> 芦田是神仙的别殿；
> 我弄一弄芦管的幽乐——
> 我映影在秋雪庵前。
>
> 我先吹我心中的欢喜——
> 清风吹露芦雪的酥胸；
> 我再弄我欢喜的心机——

芦田中见万点的飞萤。

我记起了我生平的惆怅,
中怀不禁一阵的凄迷,
笛韵中也听出了新来凄凉——
近水间有断续的蛙啼。

这时候芦雪在明月下翻舞,
我暗地思量人生的奥妙,
我正想谱一折人生的新歌,
阿,那芦笛(碎了)再不成音调!

这秋月是缤纷的碎玉,
芦田是仙家的别殿;
我弄一弄芦管的幽乐——
我映影在秋雪庵前。

我捡起一枝肥圆的芦梗,
在这秋月下的芦田;
我试一试芦笛的新声,
在月下的秋雪庵前。

　　平心而论,这首诗在徐志摩作品中可算上乘。虽然为追求音乐格律而雕饰语言的刻意仍然明显,无所指的感伤情绪流于芜浅，但它呈现的画面却有一种轻灵的意境。这或许得益于其所选择的"秋芦飞雪"这一主题。秋雪庵位于杭州西溪湿地，建于南宋，作为著名的西湖外景历来是文人墨客览胜、隐逸之地。张岱在《西湖梦寻》中有此记载："其地有秋雪庵，一片芦花，明月映之，白如积雪，大是奇景。"又作《秋雪庵诗》，中有"庵前老荻飞秋雪，林外奇峰耸夏云"一句。[426] 所以秋雪只是芦花的别称，而非指真的白雪。徐志摩强调为追忆秋雪庵而作诗本来就有承继文人传统的意图。如果容我们进一步联想到芦花在中国抒情诗中无与伦比的地位，其几乎就是传统的代名词，《诗经·国风·秦风》中"蒹葭苍苍，白露为霜"乃是最为悠远而经典的描写。诗人在行进的列车上，由眼前西伯利亚的雪景而追忆、书写传统文学脉络中作为喻体的秋芦，这其中虚与实、异邦与本土、现代与传统的多重置换着实值得玩味。徐志摩另一首有关火车旅行体验的诗作《沪杭道中》（1923）[427]，由于其流露出时间飞逝的速度感而被广泛引为新式交通工具带来现代性紧张、尖锐的时空体验之明证。[428]

匆匆匆！催催催！
一卷烟，一片山，几点云影，
一道水，一条桥，一支橹声，
一林松，一丛竹，红叶纷纷：
艳色的田野，艳色的秋景，
梦境似的分明，模糊，消隐——
催催催！是车轮还是光阴？

>催老了秋容！催老了人生！

徐志摩在此诗中通过火车运行中视觉体验和观看对象的变幻，营造出现代的时间意识已为人所共识。但车窗外的风景是不是被速度割裂的、支离破碎的片段，其实可以商榷。我认为诗人在对视觉风景的构筑中依然沿袭了传统美学的特点，山水、松竹、云影和橹声，这些熟悉的意象由不同的量词联结在一起，反而产生出一种柔和感，调和了火车速度带来的刺激与震惊。毋宁说，火车的现代速度和山水的传统审美在这首诗中也是兼容的。

由以上的梳理可以看出，铁路旅行中瞿秋白和徐志摩在观看风景时所参照的对象总是和传统的审美意象、知识体系相联结。因此，铁路旅行带来的现代体验和情景交融的抒情传统不能被简化为非此即彼的替代关系——它们完全可以通过风景的观看，共同观照于作为旅客的主体。诚如王德威所提醒的那样，传统抒情符码即使被挪至更为广阔的史诗语境中，也依然具有"感时观物的命名力量"。[429] 具体而言，这种命名力量便体现为风景书写的认识论功能，尽管在瞿秋白和徐志摩各自的文本中是以相异的面目呈现出来的。

风景的政治学

《欧游漫录》中的自然与社会、风景与现实有着清晰的划分，彼此互不干涉、互不担责。徐志摩一边可以怀着宁静的心情感受西伯利亚风景带来的激荡与洗礼，在雪地里观看变幻的光影，一边又抱着个人主义、自由主义的信念愤怒地抨击苏俄政府对个性与自由的抹杀、禁锢。而在莫斯科这个"怖梦制造厂"待了沉闷惨淡的几日后，徐志摩便前往远离尘嚣的契诃夫墓园，再次借助自然的风景和对逝去文化的凭吊聊以慰藉。风景的观赏与社会的批评在游记中是并行不悖的，虽然有时候会随着文字的线性展开而出现并置、夹杂的情况，但绝对不会混合为一体。仍以他对西伯利亚景象的记叙为例：

  西伯利亚并不坏，天是蓝的，日光是鲜明的，暖和的，地上薄薄的铺着白雪、矮树、甘草、白皮松，到处看得见，稀稀的住人的木房子。

紧随其后出现的，便是上文所引赤塔车站为饥饿所驱使的无数成年男女，不知道什么是"自然的喜悦的笑容"。之后行程中经过的伊尔库茨克车站的待客室，昏暗灯光下黑黝黝的人群和散发出的异味，甚至让他联想到但丁笔下的地狱。在描述完这两个景象后，不用任何的过渡，徐志摩就再次很自然地回到了风景的观赏中：

  我怎样来形容西伯利亚天然的美景？气氛是晶澈的，天气澄爽时的天蓝是我们在灰沙里过日子的所不能想象的异景……[430]

即使出现在同一幅画面中，西伯利亚的风景与其中遭受苦难的人民也是毫不相干的。而徐志摩也能很自然、流畅地在欣赏美景与哀叹贫穷之间快速转换。当他说"西伯利亚并不坏"时，正是以旅客的眼光剔除了赤塔、伊尔库茨克的社会景象，指向一个没有人的、只供观看的风景。徐志摩笔下的风景是平面化的，风景背后一无所有。他也用不着思考风景背后存在着什么，因为风景的意义就在于观看本身和由观看带来的满足，此外不作他想——观看风景时，我们会不自觉地将他者排除自身的视野，这也是今天任何一个现代旅客都默认的前提。

而在《饿乡纪程》中，风景书写始终和佛家教义、世间的唯物主义、初级的阶级分析，以及一个浪漫文人的浅唱低吟交织在一起，让人很难分清这到底是主观的狂想还是客观的写实，是自然的景物抑或社会的隐喻，甚或某种普遍意志的象征，又或历史规律的代言人。所以西伯利亚既可以是王石谷所画的《江干七树图》，也可以是当地受苦人民的"严厉教师"，强迫他们"自然的学习"。[431] 瞿秋白笔下的风景具有一个深沉的内部，而其中幽暗曲折的小径又总是通向风景以外的事物——其所承载的意义早已溢出作为观看对象的自身。考虑到文本中部分铁路游记的初稿曾以通讯稿件的形式发表在当时的报刊上[432]，两相对比后可以看出，这种对风景意义的赋予确实是文学再创作的修辞笔法，但也反映出瞿秋白试图用新的思想资源和认识模式来理解、阐释眼前的景象。

经过贝加尔湖时，象征文明威权的火车如飞掠似地震颤西伯利亚的静止宇宙；自由的怒涛、不仁的天然、凄清的寒水、墨云和细雪、僵死冻绝的大湖，与此番景象对应的是作者内心静候和煦春风的一毫活泼。在翻越乌拉岭时，雪山中苍翠的松柏忍受着自然的强暴涵量，狂风引起万树枝头的暴动，纷纷堕落的簌簌雪花显示了"冬之残酷"；而零星的翠色又预见了"春之和畅"的先声。当列车驶入莫斯科时，天色清明，宇宙都变得含笑融容；雪色长林欢迎着万里羁客，一丸冷月则是东方故国对作者的送别情谊。整个文本结束的高潮依然是将抒情狂想与隐喻象征结合在风景的描写中：荒凉广漠的大原中一株饱受无量苦难与酷寒的老树，在经历"严冬之恶神"和"春意之内力"的激烈交战中，赤色的光苗使其枝头暴发出一枝新芽，希望它"勇猛精进抗御万难，一往不返"。[433]

我们暂且不论瞿秋白即景抒情时对资本主义、无产阶级、历史规律之类的比附是否牵强。仅从形式结构上看，不同于徐志摩的分类处理，瞿秋白对风景的描写采取的是一种因果模式，这就要求他除了单纯的观赏之外还需进行解释。这种解释，并非要求他作为一个天真烂漫的泛灵论者真的相信风景背后存在什么超自然的意识，而是在一个被主观、客观划分尽了的历史世界中，风景不能仅仅作为风景而存在。对于作为风景观看者的瞿秋白来说，他不能只是去收集眼前看得到的景象，还必须承担义务去阐释他所未能看到的事物和意义。这又和贯穿瞿秋白一生的两个重要思想特质相呼应。

其一便是他对这种"只能在外观看、言说，而无法深入其中行动"的状态怀有强烈的不满。比如他对青年知识分子迷恋抽象名词而忽视社会实际，"隔着纱窗看晓雾"的批评；认为"黑面包"这一具体的事实要比社会主义的深奥理论更加难以理解；对旅途中看见的从事生产的"非智力劳动者"流露出的喜爱与钦佩；以至于因病住进高山疗养院遂生发出"百无一用是书生"，自比为"中国之'多余的人'"种种感叹。而"多余的人"作为一种文学类型，最显著的特征就是只能说而不能做。[434]"噫！悲叹，伤感，自己也曾以为不是寻常人，回头一看，又有什么特异，可笑可笑……'你究竟能做什么，不如同于庸众的好'……"[435]

第二个思想特质是瞿秋白始终相信存在一个表面的视觉形象、语言符号无法真正传递的实际生活。换句话说，事物与风景的背后才有更深层的意义。正是怀着这一信念，瞿秋白拜别亲友踏上前往苏俄的旅途，一路上得到的只是"空气""事实""理论"，以为只有浸身于赤色的俄罗斯才能体认真正的现实世界。可是基于同样的信念，所有关于苏俄的负面资讯和言论，又被他视作模糊不清的零星片段，无法反映真正的现实——比如那唾骂布尔什维克的老工程师和知识分子，没有犯错却被没收财产的地主，感叹革命后"穷人还是穷，富人还是富"的农夫。以至于到了《赤都心史》的最后，在俄罗斯感受"现实"许久了的瞿秋白依旧在呼吁："……不是有了集权主义'四个中国字'才有集权制度的！'抽象名词爱'的青年当再进一步看看现实，那时才知道实际生活……"[436] 但到底什么才是实际的生活呢？这个问题其实一直困扰他到临刑就义的最后时刻。

本来，书生对宇宙间的一切现象，都不会有亲切的了解，往往会把自己变成一大堆抽象名词的化身。一切都有一个"名词"，但是没有实感。譬如说，劳动者的生活、剥削、斗争精神、土地革命、政权等……一直到春花秋月、崦嵫、委蛇，一切种种名词、概念、词藻，说是会说的，等到追问你究竟是怎么一回事，那就会感觉到模糊起来。对于实际生活，总像雾里看花似的，隔着一层膜。[437]

也许之所以感到模糊起来，只是因为他个人真诚而过多的自省；也许并非真有一层膜，只是他选择了这样的认知方式；又也许根本就没有一个澄清了抽象名词、零星片段的实际生活在风景的背后、旅途的尽头等着他——他所经历的这一切本来就是实际的生活。至于那看不见的深层次意义，不能依赖思考，而是需要信仰。不幸中的万幸，虽然瞿秋白一直摇摆于这两端，不时抱之以怀疑，但他最终没有机会去做出真正残酷的抉择——是停止思考还是舍弃信仰。

事实上，这两种不同的认识论不仅体现为相区别的书写模式，最终也指向了瞿秋白、徐志摩在政治态度上的根本差异：贫穷是一种可被观看、可被书写的风景，还是一个亟待解决的历史社会问题。由于《欧游漫录》始终是以游客的观看角度将自然风景与社会现实对立分类，反而使后者分享了前者只可被观看的特征。换句话说，穷是作为一种被观看的风景呈现出来的，只不过比较不堪入目、无以言表。这并非徐志摩没有道德、不懂怜悯——反而他认为贫穷本身就是一种罪恶，让人仅为饥饿所驱,不知道什么是自然喜悦的笑容。贫穷作为一种风景,意味着它也是止于观看的平面化景象。不论徐志摩本人对于贫穷或者穷人的态度如何,这位信奉个人主义的独行旅客并不会去考虑贫穷背后的原因,更别说解决贫穷的方法。在他眼中只有一个个穷苦的个体,而没有一个作为集合体的贫穷或者穷人的阶级。而如果说谁该为不同个体的苦难负责,那自然是与个人相对的政府,他所厌恶的、带来流血革命和限制个人自由的集权政府。当然贫困是否一定和专制相联系,这里面存在着跳跃——也有着让渡个人自由而换取物质满足的社会,但徐志摩根本就没打算给出一个严谨的论证,他所要做的仅仅是忠实于自己一贯的个人主义立场,记录一个旅客自己的感受和印象。用他自己的话说:"我是一个不可教训的个人主义者。这并不高深。这只是说我只知道个人,只认得清个人,只信得过个人。我信德谟克拉西的意义只是普遍的个人主义;在各个人自觉的意识与自觉的努力中涵有真纯德谟克拉西的精神:我要求每一朵花实现它可能的色香,我也要求各个人实现他可能的色香。"[438]可是一个从未受过穷的文人和一个饱受饥饿的西伯利亚农夫,他们各自"可能的色香"是什么?如何实现?这是个人主义的徐志摩无法回答,也不会提出的问题。所以徐志摩的苏俄之旅结束于《欧游漫录》最后对集权政治的警惕与对向往革命的中国青年之告诫中:

> 莫斯科就仿佛负有那样的使命。他们相信天堂是有的,可以实现的,但在现世界与那天堂的中间隔着一座

海，一座血污海。人类泅得过这血海，才能登彼岸，他们决定先实现那血海。

……假如这部分里的个人自由有一天叫无形的国家权威取缔到零度以下，你的感想又怎样？你当然打算想做那时代表国家权威的人，但万一轮不到你又怎样？[439]

这些话语在今天依然有它自己的力量。个人主义的姿态和自由的信念在面对国家机器、强权政治的暴虐时往往显得弥足珍贵，令人感动；可在面对贫穷这样的问题时，却只能将其风景化处理，像个与己无关的旅客一样在贫穷的景象前绕道而行或者加速逃离。

而在瞿秋白那里，贫穷是贯穿其旅行文本的重要主题。《饿乡纪程》伊始部分，最令读者心悸的当是瞿秋白的母亲因穷困和债务而自杀，一家人星散飘零的追忆记叙。"我母亲已经为'穷'所驱逐出宇宙之外，我父亲也只是这'穷'的遗物。"贫穷对于瞿秋白来说是切实的个人遭遇，是家庭破碎、了无牵挂，是寄人篱下的精神苦闷，更是日常生活中的清贫与刻苦。但是他并未因此将贫穷个体化，反而认为贫穷这种普遍景象的背后必然有着深沉的原因："'穷'不是偶然的"，源于"世间的不平等性"，是破产的"士的阶级"之必然命运——只有等到革命胜利，所有人都无产阶级化了，才有新生的希望。[440]诚如阿伦特所言，贫穷之中蕴含着普遍的必然性，这使它成为首要的政治力量。[441]所以，当瞿秋白将贫穷作为一个普遍必然的历史问题而要在总体上加以解决时，革命的要旨就不在于解放个人的自由，而是实现全体的幸福与光明。

这也许解释了为什么瞿秋白在旅途中遇到被苏俄政府没收土地、充公财产的诉苦者总是抱有一丝不屑——这些麻木的神经何尝知晓穷人平日里过的是什么样的生活呢？同理，任何因革命而陷入贫穷或遭受苦难的个人对工农政府的攻击，并不能动摇他的信念与理想。哪怕瞿秋白也意识到俄国政府对个体的监管与钳制——"俄国无个性，中国无社会"，他依旧更为看重革命政府为解决整体的贫穷而做出的努力和力行公平的举措。比如一边是俄国劳农政府穷尽各种办法去赈济遭受旱灾的饥民，另一边却是资产阶级的趋利与市侩，甚至鼓弄阴谋的欧洲资本家，以致瞿秋白极为悲愤——"几百万人的性命在文明人眼光里算得什么！"[442] 而两年后瞿秋白自俄国归来，不仅大力赞扬西伯利亚大铁路交通的恢复与提升，还用了一个著名的典故为一些人眼中"洪水猛兽的过激派的俄国"做出辩护："俄国是一个人的国，也许是'人食狗彘'的国，可决不像狗彘食人的中国。"[443] 这里所指的其实是《孟子·梁惠王上》中"狗彘食人食而不知检，涂有饿莩而不知发"一句，大意是统治者养的猪狗吃的都是人的食物，却不懂得节制；路上出现饿死的百姓，还不知道打开谷仓、赈济饥民。由此我们可以看出瞿秋白的价值取舍和政治态度：怀有希望的、合理的共穷共苦要胜过虚伪的贫富悬殊、阶级的不平等，这再次印证了"饿乡"针对"黑甜乡"的理想和意义。

瞿秋白当然相信贫穷是可以解决的，人们总有一天都可以获得光明和幸福，至于其中是否会经过徐志摩所谓的"血海"并不一定,但"险途"一定是必要的,毕竟有苦难才有意义,正如他在旅途中所经历的那样。有学者将瞿秋白为了未来人类"无量无数的利益",我们现在必须经受"无量无数的痛苦"这一思想特征称为"时间进程的乌托邦主义"。[444] 其实这种乌托邦信仰并不新颖,它在法国大革命中的雅各宾党人那里出现过,在启蒙运动中想将天城搬进人间的哲学家那里也出现过。即使内容存在偏差,模式也是一样的。正如卡尔·贝克的名言:"热情的信仰和一种专门的理性主义是很容易相结合的。"[445] 个人的思想信念和集体的实践行动毕竟是两码事,一个人为了自己的理想而受苦是高尚,但要求他人一起共苦就可能是践踏自由的强迫。瞿秋白在对贫穷问题的思考过程中,实际上无意识地合法化了苦难本身,以致走向阿伦特所谓对苦难和贫穷无止境的同情与激情中。

> 那些代表人民的人,他们个人的合法性源于确信所有合法的权力必须来自人民,而这只能是出于同情的激情,出于"吸引我们走向弱者的强烈冲动",简言之,是出于和"广大的穷人阶级"一起承受苦难的能力。与之相伴随的意志,就是将这种同情升华为至上的政治热情和最高的政治美德。[446]

瞿秋白二十一岁时奔赴饿乡,一直怀着"总想为大家辟一条光明的路"的信念,杀身成仁之际只有三十六岁。徐志摩游历苏俄时二十八岁,一生追求个人的自由、爱与美,三十四岁时在飞机事故中罹难。人在年轻时死去唯一的好处，是能以青春之姿与不灭的理想一起，永远存在于人们的记忆里和历史中，不必有日薄崦嵫、木落天高之后的清算乃至改变。脱离了具体语境的评判没有意义，也许瞿秋白和徐志摩最终也只是昭示了一个古老的两难处境：平庸不公的现实让人难以忍受，但崇高的追求之中也可能隐藏着不定时的炸弹。

本土的铁道游览：《旅行杂志》及郁达夫

目光从异邦转回本土，一种新的铁路旅行消费于20世纪20年代至20世纪30年代在中国出现并逐渐兴盛。不同于传统的山川游历，也迥异于日常生活中的出行及商旅，这种旅行其实是一种游览，基于现代都市的视角，以铁路为依托，利用与工作时间相对立的闲暇时间，前往非城市空间的自然风景、名胜古迹等处进行一种视觉为主的身体消费——恰如约翰·厄里（John Urry）所描述的"游客凝视"[447]。由于铁路承担了联结空间、跨越地理障碍的职能，完成消费所需的只剩金钱和时间两项，而在现代的语境中这两者又几乎是等同的。在这种消费旅行中，旅行的时间不再从属于经验，反而占据主导位置并节制、规划、塑造旅行者的主体。同样，火车的意义也从"到达"让位于"观看"。这并不是说目的地和移动性不再重要，而是移动背后隐含着更为深沉的视觉欲望——对风景的观看。京沪沪杭甬铁路局1935年登载的一则广告极好地例示了这一点（见图25）[448]：广告词为"全国幽秀风景，萃集两路

第五章　风景之于主体：民国时期的铁路旅行与文学书写　223

图 25　京沪沪杭甬铁路管理局广告

沿线"，所配的简笔画设计则是行进中的列车，这种关联无疑暗示火车铁路本身就代表着风景，借着唤起受众对风景观看的欲望而刺激铁路旅行的消费。

　　本部分我将呈现铁路旅行是如何借助文学的书写和传播来制造消费风景的旅客主体，特别是大众传媒和文人记游在其中扮演的角色。但铁路和风景生产出的这种主体并非静止不动、一劳永逸的。我们必须将其放置在主客辩证的运动进程中才能加以理解。我会以郁达夫的文学作品为例，阐明早期现代文学中缺乏内在深度的自我表达其实和铁路旅客对风景的视觉消费是相互映照、同时发生的。换言之，旅客／消费者的主体通过将欲望投射在风景和风景化的对象上来确立自身，其实是一种不需要他者承认的自我误认。即使真如柄谷行人所言风景是一种派生主客体的认识论装置，那么这种装置的运作恰与拉康（Jacques Lacan）意义上提供误认的镜像如出一辙。

"江山也要文人捧"

1927年创刊于上海的《旅行杂志》是由中国旅行社创办的第一份现代旅行类期刊。其宗旨为"阐扬中国名胜，发展旅行事业"[449]，故杂志内容除了旅行线路建设、名胜风光的介绍、火车时刻表与票价等旅客所需的信息外，还配有游记、诗词、连载小说和大量摄影作品。《旅行杂志》最初刊行时是季刊，自1929年第三卷起改为月刊，抗日战争期间曾迁往桂林出版，至1954年终刊，是中国近现代发行时间最长的杂志之一。

通过印刷媒介来发展旅行事业，本质上还是依靠文本和图像培养、激发读者的"旅行意识"[450]，将刊物的读者转变为潜在的旅行消费者。杂志的主编赵君豪曾设想出一个分为五步的渐进方案来培养、生产这种旅客主体：首先是用文字与图像介绍名胜风光引起人们的注意（attention）；时间一长这种注意就转变为一定的兴趣（interest）；而兴趣之中必然会产生旅行的欲望（desire）；为了满足这一欲望，游客便会参考杂志提供的实用性信息，做出决定（decision），最终将其实行（action）。[451] 除了生产旅客的主体外，旅行这种行为本身也需要意识形态上的支援，其表现为由破到立的两个步骤。

首先，这种现代旅行被形容为是从原有时空中的一次剥离，突破每日工作束缚的时间、逃离日常生活的都市空间。比如赵尔谦就在《我的旅行哲学》一文中将旅行视作与日常生活相对立，声称在"20世纪的世界"，一个人"一年三百六十日，一日二十四小时"都只处在一个地方不去旅行，既是不容易做到的事，又是违反人性、"反乎人生的观念"。所以我们需要与日常生活工作不同的旅行环境来调剂心理的健康，旅行是继"饮食男女"之后最紧要的事。[452] 高梧轩则形容现代都市人听到唤起旅行的舟车汽笛声，会有一种"脱离五浊之感"。因为日常生活匆忙刻板，"无时无地不有预定之方式"，眼前所见无非办公室和窗外的高楼大厦，耳中所闻都是市侩利益与国家时局，"实无片刻宁静之余时，亦并无片刻安闲之岁月"。"凡每日二十四小时，除睡眠八小时外，几无一不为他力所支配，而绝少得返我真吾。"[453] 所以旅行便成了现代人的一种救赎，让他／她可以片刻地逃离工作时间与都市空间，返还真我——当然，这种意识形态包装掩盖了现代旅行其实同样时时刻刻处在规划与规训之中实行，受到各种他力制约的事实。

其次，这种旅行又是借助现代交通工具进入一个新的时空中，移动和观看的身体经验需要各种话语支援来获得合法性，而同一种经验背后甚至会呈现出对立的意识形态。《旅行杂志》前期阶段倾向于营造一种西方式的都市游客主体，呈现出一种淡化政治的世界主义（cosmopolitan）格调。如董玥（Madeleine Yue Dong）所指出的那样，《旅行杂志》是以上海视角来呈现有关当时中国的地理领土认知和想象，并以此赋予都市旅客世界主义的身份认同。[454] 创办人陈光甫在发刊词中谈到旅行的益处，认为其不仅是开阔眼界，更能开拓思想，所谓"夫足涉全国者，省份之见自消，遍游世界者，国疆之见渐泯"。[455] 赵尔谦同样也是强调"一个国家不能闭关自守"，"文化这样的东西，不是私有的。唯有便利的交通，多次的旅行，可以互相输运文化"。[456] 最为直接的表述出现在文人叶秋原的散文中："我欢喜旅行，这因为我是一个近代人，至少我自信是一个近代人，而旅行 Tourism 是近代人的。""旅行者是没有国籍的。他没有任何偏见，没有任何成见，除了 Taste。"[457] 结合此一时期《旅行杂志》上登载的各种广告——安全便利的旅行支票，被称为"旅行之良伴"用来排遣寂寞的香烟，和铁路火车形象捆绑在一起象征现代旅客身份的西装（见图26—28）[458]——来看，我们可以更直观地感受到杂志对旅客身份的形塑及对旅行的宣传，其实是在推广一种全方位的现代消费生活方式。

但是随着历史的进程，1931年日军侵占中国东北，1937年全面抗日战争爆发，旅行便不能只是在自然中寻觅自我、观看风景名胜的休闲娱乐，它必须引入更为强力的论述支持——这便体现为民族主义（nationalism）又重新凌驾于世界主义之上。所以在《旅行杂志》1936年"十周年纪念专号"上便出现了《游览建国》《导游与爱国》等文章，强调旅游也是爱国，只有通过旅途实地接触风景名胜、大好河山，才能认识国家、爱护国家。[459] 而杂志的金牌小说家张恨水也在此一时期提出对《旅行杂志》的寄语，望其"不尽为供给游历家之读物"，还要"有益于社会国家"。[460] 杂志编者还特别在1937年

图 26 《旅行杂志》中的支票广告

图 27 《旅行杂志》中的香烟广告

228　铁路现代性

图 28 《旅行杂志》中的西装广告

9月抗日战争全面爆发后做出了特别说明:"……在非常时期,倡导旅行,一般人必有山河破碎,旅行何处之感;然而中国所以至今日之地步,也就应该觉悟到从前太不注意旅行了。假使每一个人都能够四处去旅行,则国内各地山川之形势,人物之分布,与夫国防之重要,一一有正确之了解,把爱一乡的观念,扩大到爱整个的国家,我想,国家是不会破碎的。"[461] 随着西南地区成为整个抗战的大后方,《旅行杂志》也相继推出"西南专号""四川专号""西南文化专号"等专辑帮助逃避战乱的人们熟悉认识这个以前不被重视的新环境,较之常规的旅行指南,其更接近于一种社会学、人类学的调查记录。不过我们应该注意,虽然《旅行杂志》关于旅行的意识形态建构存在着游移，但致力于生产以风景为消费对象的游客主体这一事实从未改变。

由于本章并非关于《旅行杂志》的专门研究，经过以上的简单介绍，我会将其作为主要例证从三个不同层面探讨铁路旅行凭借媒体与文本生产游客和被消费的风景。

第一，铁路联运时刻表将不同的城市以"点"代"线"的形式整合起来，进一步提升游客的时空计算能力，在适应铁路建立起的客观时间的同时也借新的时间模式重塑自己的生活经验。《旅行杂志》1927年的第一卷第一期二十二页至二十七页依次刊载了当时沪宁线、京奉线、津浦线、正太线、京绥线、道清线、陇海及汴洛线各铁路行车时刻表。其中的《联运时刻表》是上海至哈尔滨之间的往返旅程，经过南京、天津、北京、奉天、长春等不同城市，跨越沪宁线、津浦线、京奉线、南满线、中东线各路，这些不同的城市和它们之间的铁路连线都被转化为具体的出发、到达时间而呈现于表中（见图29）。[462]

这已不是吴淞铁路刚出现时的简单的守时需求，而是要在一个更复杂的脉络中将不同空间位置上的城市借由时刻表的叙述功能连接起来。尽管实际承担这一连接任务的是铁路本身，但对游客来说，空间上的线路连接远不如时间上的榫卯嵌合重要——因为空间的移动性是早已被允诺的被动享受，但时间上的统筹规划仍需要自己去计算制定。同样，这也不只是福柯所谓现代早期时间表通过建立节奏、重复活动来规训人的身体，而是游客自身提炼出一种主动的计算能力——或许就是所谓的"工具理性"，以时间的统筹规划来构筑进而主宰生活经

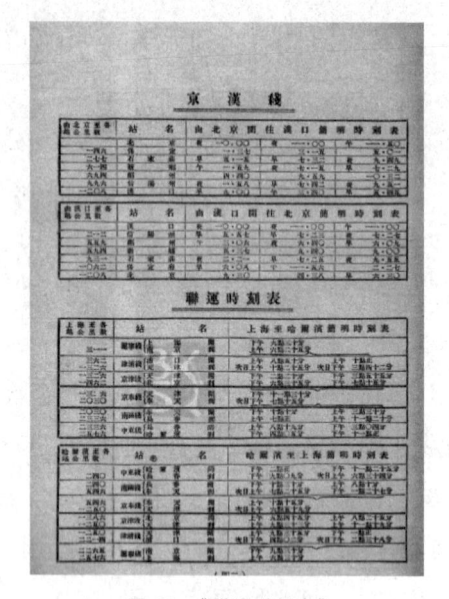

图29 《联运时刻表》

验。郁达夫创作于1927年至1928年的小说《迷羊》,其中落魄书生王介成因为爱人谢月英于南京不辞而别,前去车站找寻时就有按照铁路时刻表计算、推理的情节描写:

> 今天早晨她若是于八九点钟走出中正街的说话,那她到下关起码要一个钟头,无论如何总也将近十点的时候,才能够到这里,那么津浦车她当然是搭不着的,沪宁车也是赶不上的。啊啊,或者她也还在这下关耽搁着,也说不定,老天爷吓老天爷,这一定是不错的了,我还是在这里寻她一晚罢。想到了这里,我的喜悦又涌上心

来了，仿佛是确实值得她在下关的一样。

　　到岸上来静静的一想，觉得还是放心不下，就又和几个早起的工人旅客，走向了西，买票走上那只开赴浦口的连络船去，因为我想万一她昨天不走，那今天总逃不了那六点和八点的两班车的，我且先到浦口去候它一个钟头，再回来赶车去上海不迟。[463]

可见，正是这种计算能力成为推动故事情节展开的叙述动力，也反映出由铁路时刻表而发展起来的这种能力实际上可以渗透日常生活的方方面面。而现代人的焦虑往往是时间性的，其最早的关联对象也是铁路时刻表。琳恩·柯比指出早期电影中存在一种"赶火车"（catch the train）的类型，所反映的便是对铁路时刻表及其背后现代工业社会时间制度的焦虑。[464]《迷羊》等小说中同样也有很多这种担心错过火车的焦虑描写。

　　第二，以游记为主导的旅行规划经过一种专业化的处理，尽可能地将各种风景和活动填充进去，达到经济合理地利用旅行时间之目的，并且具有可操作性和可复制性。以浙江省境内，位于杭州西北方向的莫干山为例，其因夏季气候凉爽和幽美的山泉竹林而闻名，加之沪杭甬铁路的开行，使其成为距离上海市最近的避暑胜地，故而在这一时期大受欢迎。早在19世纪末，来华的西洋传教士就发现了莫干山这处风景绝佳的避暑胜地，于是外侨纷纷在山上置地建房，遂于竹林之间出现一座座西欧田园式的别墅，更于1898年成立了"莫干山避暑会"。据《申报》记载,沪杭铁路上海车站营业部最早推出火车和轮船的联运计划,以方便前去避暑的游客:"……每届炎夏,中外人士之往莫干山避暑者实繁有徒,今该山避暑会已经开幕,特订定便利办法:凡有乘车赴杭转往该山者,由杭站特备小轮载送。所有火车与轮船在途之时间,仅需十二小时。"[465]到20世纪20年代,由沪至莫干山的旅途时间缩短至七八个小时,旅行社甚至推出了火车、汽船、轿子的联运票,郑振铎(字西谛)1926年由上海前往莫干山旅游,就对沿途的便利赞不绝口:"铁路局特别为游山者设了种种的便利的运输方法,到了艮山门(杭州的近郊),早有一列小火车在等着我们到拱宸桥了;到了拱宸桥,又早有一艘汽船在等着我们到莫干山前的三桥埠了;到了三桥埠,又早有许多轿夫、挑夫在等着我们了……如果旅行是如此的利便,我们真要不以旅行为苦而以为乐了……"作为文人学者的郑振铎紧接着在《文学周报》上发表了多篇有关莫干山此行的游记文章,对于竹林、清泉、瀑布、山风等景色都有直接的优美描写,同时还包括了与友人在山中月夜之际探讨民歌、登塔山峰顶观赏日出等具体的私人经验之记载。[466]

有关莫干山的介绍和游记,也一直是《旅行杂志》宣传推广的重中之重。仅就杂志的主编赵君豪来看,他撰写有《莫干山小记》《莫干山消夏记》两篇专门的游记,并拍摄了大量的风景照片供杂志登载,其中1931年第五卷第九期即以他拍摄的莫干山碧坞风景照为封面(见图30)。[467]

与郑振铎相比,赵君豪的莫干山游记具有显著的不同

第五章　风景之于主体：民国时期的铁路旅行与文学书写　233

图 30　莫干山碧坞风景

特征：其绝少对风景和游客主观体验予以描写或抒情，反而几乎都是以摄影的视觉再现将莫干山的风景直接呈现在读者眼前，同时字里行间穿插大量的有关食宿、交通、邮电、商肆、衣着以及景点介绍等实用信息；即使涉及作者自身经历的风景观赏、游览活动，也是去私人化处理，通过文字的叙述将其放进一个合理紧凑的时间序列中，以供读者参考效仿。这也反映了赵君豪作为主编对《旅行杂志》游记征稿的要求："我认为写游记必须有三个条件：就是能文，能画，能摄影……更要紧的条件是'能导游'。所谓导游者，是把路上的经过，游程的支配，舟车的上下，食宿的情形、费用的多寡等，很详细地写出来，作为日后游人的参考，这才适合更紧要的条件。"[468] 虽然同样是文学的书写，但以游记的形式生产这种可复制的行程指南，《旅行杂志》无疑更直接地参与到风景的商品化过程中。

第三，铁路沿线风景名胜的整理编绘与文学书写，赋予了其所连接的空间新的叙事功能：以风景来承载民族国家的想象。换言之，孙中山以铁路连接国家的乌托邦构想，依靠沿途风景的辨析和名胜的梳理而弥补了自身的空乏，更是借由游客消费与文人书写，变成由风景、铁路、文学共同制造出的寄予民族身份认同的"大好河山"。[469] 此一时期不同地区的分支线路导览大量问世，比如《京绥铁路旅行指南》《京奉铁路旅行指南》《津浦铁路旅行指南》《沪宁杭甬两路旅行指南》；较为成熟而完备的全国性铁路旅行指南也相继出现，如 1933 年刊行的第一卷《铁道年鉴》就详细列举了各铁路沿线的名胜景点，1934 年铁道部联运处出版了《中华民国全国铁路旅行指南》一书，除了为各线路的名胜古迹配上风景照片外，还搜集了各列车行车时刻表与票价、售票点、铁路客运通则及与轮船、汽车联运办法等具体旅行信息。[470]

《旅行杂志》恰好在抗日战争全面爆发前夕，于 1937 年 7 月推出了"全国铁路沿线名胜专号"，介绍了包括京沪线、沪杭甬线、苏嘉线、津浦线、浙赣线、平绥线等十四条铁路沿线的风景名胜，标识出的地点达上百处（见图 31）[471]。而每条铁路的游览介绍都是先以具体景点的摄影照片为先导，再按照列车行程加以文字叙述。

图 31 全国铁路沿线名胜专号

编者声称，虽然《旅行杂志》对全国风景名胜的介绍之前都有涉及，"但是有系统的记载却还没有，以前所刊布的，全是片段的或者仅是一个地方……最近我们感觉到有此需要，刊行这一期'全国铁路沿线名胜专号'，幸承铁道部联运处的赞助，把全国铁路重要的沿线名胜汇编起来，依次择要记述"[472]。所以尽管铁道部和媒体刊物的直接目的是发展铁道旅游事业、培养游客主体，但在铁路勾连起的国家框架内编汇风景，最终还是要和国家与民族身份的集体建构接轨。事实上由于民族国家这一现代性神话本身含混不清，缺乏具体的指涉对象，只能和另一个漂浮的能指——风景绑定在一起。所以在罗兰·巴特二级的符号意指过程中[473]，风景的语言成了国家概念的神话，其既是民族国家的表现形式，又是民族国家的意义所在。所有爱国主义的宣传在无法具体描述"国家"这一对象时，往往就会求助于风景名胜，将政治权利的个体偷换为风景的消费主体，自然之爱也就转变为民族主义的情感。只要我们想想那些广为流传的爱国歌曲是如何将国家概念置换为象征性的风景名胜时，就很容易理解这一点。不过在这里，我关注的仍是有关铁路旅行的文学创作在国家与风景的置换过程中所扮演的角色。1933年11月，在新建成的杭江铁路即将通车之际，郁达夫受杭江铁路局之邀，乘火车从浙江钱塘江至江西的玉山，率先饱览沿线的风景名胜。按照铁路局的意思，是希望作为著名作家的郁达夫"将耳闻目见的景物，详告中外之来浙行旅者"，写成的游记作品由铁路局刊行，"以资救济 Baedeker 式旅行指南之干燥。"[474] 这就是后来收入"杭江铁路导游丛书"中的《杭江小历纪程》和《浙东景物纪略》。郁达夫后来提到此事时也坦承："虽在旅行，实际上却是在替路局办公，是一个行旅的灵魂叫卖者的身份。"[475] 由此可见，郁达夫对于自身的游记创作是协助生产商品化的风景这一事实有着清楚的自觉。

1934年7月，平绥铁路局邀请燕京大学的冰心夫妇、郑振铎、顾颉刚等人组成一个免费的旅行团，考察游览平绥沿线。由于旅行团7月份出发途中，铁路被山洪冲毁只得折回，所以8月份又重来一次，前后历时六个星期，而铁路局的良苦用心不言而喻。最终冰心以日记的形式记叙了此次旅行的经过与沿途名胜，发表刊行了《平绥沿线旅行记》[476]。郑振铎则著有《西行书简》，内容是由其就旅途见闻而给妻子写的十四封信构成，配有五十五幅摄影照片，出版时列为"文学研究会创作丛书"之一。[477]

郁达夫的铁路旅程经过萧山—诸暨—金华—兰溪—龙游—玉山，游记中描写的景点有双龙洞、冰壶洞、洞源、烂柯山、仙霞岭等；冰心、郑振铎等人的线路则是清华园—宣化—张家口—大同—云冈—归绥（呼和浩特）—包头，饱览的名胜包括青龙桥、八达岭长城、大同华严寺、绥远的昭君墓等。这两次文人的铁路之旅及风景书写，和《旅行杂志》1937年"全国铁路沿线名胜专号"中编定的"浙赣线名胜"和"平绥线名胜"几乎一致，可以说是文学一鞭先着引导了铁路旅行与风景消费。郁达夫等人既是这些民国新建铁路的最早乘客——依靠铁路的连接与速度最先饱览风景名胜的新式消费者，又凭借文学创作参与到了风景的"经典化"工程中。哪些风景是值得观看的？哪些名胜具有相对重要的意义？它们之中谁可以由地区的代表升级为国家的象征？这些问题无法单靠铁路的修筑与营运解决，必须寻求文学书写力量的协助，正所谓"江山也要文人捧"。[478]

所以崇尚名士风流的郁达夫在描写风景时着重与历史的传统相衔接，所写之处或有典故可循或主动援引西方文学资源进行比附。比如《浙东景物纪略》的结尾就有神来一笔，声称"觉得这一次旅行的煞尾，倒很有点儿像德国浪漫派诗人的小说"[479]——至于此种比附的原因或是否恰当又是另一回事。不过这种文人寄情于山水的传统因铁路旅行的出现而折射出新的意义:这些为捧江山而写作的游记文学,其预设的读者是会乘火车前来观看风景的游客。这表明是铁路和文学联手让游客在消费风景的商业活动中获得了一种新的民族身份认同,而这种对集体认同的渴求又反过来刺激了风景名胜和铁路旅行的推广与生产。冰心对此讲得更为直白:"平绥铁路的沿途风景如八达岭之雄伟,洋河之迂回,大青山之险峻;古迹如大同之古寺,云冈之石窟,绥远之召庙,各有其美,各有其奇,各有其历史之价值。瞻拜之下,使人起祖国庄严,一身幼稚之感,我们的先人惨淡经营于先,我们后人是应当如何珍重保守,并使之发扬光大!"[480] 风景在游客心中激起的崇高感(the feeling of the sublime)和优美感(the feeling of the beautiful),再次转换为个体投射到国家之上的认同欲望——无论是带有畏惧的感动,还是充满愉悦的迷恋。而保证这一转换得以发生的,正是铁路旅行和沿线风景名胜的文学书写。

一个人的风景,或缺失内在深度的自我

李欧梵曾就现代文学中以孤独旅客的形象来表述自我进行过探讨,特别是比较了刘鹗的《老残游记》和郁达夫的《感伤的行旅》,指出以郁达夫为代表的五四一代作家,他们通过对抗一个令人困惑又疏离的环境来实现对个体个性和生活方式的肯定。尽管他们的生活和作品始终聚焦于自我,但有关自我的表达却总是缺乏内在深度。[481] 的确,虽然郁达夫本人自觉将五四文学和自己"自叙传"的作品意义归于自我的发

现[482]，但在一个"我"已被过度强调至泛滥的时代，其用性苦闷来暴露自我的文学创作与当前的审美趣味存在不小偏差——今天看来显得过时而矫饰，让人很难想象他曾是和鲁迅并肩的文坛两大家之一。但是郁达夫的风景书写却一直被奉为经典，不论是之前提到过的旅行游记，还是像《故都的秋》《北平的四季》《钓台的春昼》这些被选入语文课本的散文名篇，乃至《屐痕》《迟桂花》等后期小说中的写景段落。某种意义上，郁达夫确实是以现代文学之眼发现风景的第一人。[483]而且在郁达夫那里文体的界限并不明晰，游记散文也会蕴含情节叙述的发展如同小说一般，而小说则往往夹杂紊乱、随意的抒情片段与风景描写，"带有一种情感、观察、事件自然流动的特点，这些东西都没有压缩到一种连贯的结构中"。[484]这也为我们能够跨界比较提供了条件，毕竟郁达夫所有的作品都可以归结为如下的意象：一个孤独的旅客在途中漫无目的地徘徊，怀揣着无法实现的欲望而胡思乱想，周遭的一切都是阻碍与创伤，只有沉溺于风景的观赏中时方能得到片刻的安宁。

我的论点是：郁达夫自我表达的根本局限在于其始终无法处理他者的真实存在，这一自我所依附的载体正是以风景为目的的新式旅客／消费者，同时也是一个未经他者承认的匮乏主体。换言之，对风景的观赏与迷恋和对他者的逃避与焦虑正是这一主体一体两面的表达方式。郁达夫笔下的风景并非如一般论述认为的那样起到了净化情欲、调和主客双方的作用，我则以为，铁路旅行助力之下的风景浏览才是导致这一自我误认的根源，是替代他者来填塞主体欲望的幻象。

从铁路旅行的角度入手可以对郁达夫前后期的小说作品进行一个新的分类：异国留学时期的《银灰色的死》《沉沦》《南迁》均涉及在日本乘坐火车的描写；而后期像《迷羊》《杨梅烧酒》《蜃楼》《迟桂花》等则都以沪杭铁路为背景——事实上，从上海至杭州的铁路旅行往往是这些小说故事情节得以开展的直接原因。

郁达夫笔下的列车厢与火车站从一开始就是为了衬托一个孤独旅客的"我"而存在——远非我们一般想象中充满各类乘客、各种势力的多元公共空间，偶尔出现的其他人也都被处理成平面化的背景与自然风景相混合，而冷清、孤独、感伤是铁路空间常见的修饰词。《银灰色的死》中的"他"，由于感怀亡妻不愿回家，一个人在寒夜中徘徊，遂想去上野车站的候车室烤火取暖。

> 一直的走到了火车站，清冷的路上并没有一个人同他遇见，进了车站，他在空空寂寂的长廊上，只看见两排电灯，在那里黄黄的放光。卖票房里，坐着了二三个女事务员，在那里打呵欠……等了一会，从东北来的火车到了。车站上忽然热闹了起来，下车的旅客的脚步声同种种的呼唤声，混作了一处，传到他的耳膜上来；跟了一群旅客，他也走出火车站来了。出了车站，他仰起头来一看，只见苍色圆形的天空里，有无数星辰，在那里微动；从北方忽然来了一阵凉风，他觉得冷得难耐的样子。月亮已经下山了。[485]

《沉沦》中的留学生独自搭乘夜行列车从东京前往 N 市，通过车窗观看天上的星月和都市的灯火，便又不禁感伤起来。那一天大约刚是旧历的初三四的样子，同天鹅绒似的又蓝又紫的天空里，洒满了一天星斗。半痕新月，斜挂在西天角上，却似仙女的蛾眉，未加翠黛的样子。他一个人靠着三等车的车窗，默默地在那里数窗外人家的灯火。火车在暗黑的夜气中间，一程一程地进去，那大都市的星星灯火，也一点一点地朦胧起来，他的胸中忽然生了万千哀感，他的眼睛里就忽然觉得热起来了。[486]

《南迁》介绍主人公伊人的出场选定的地方是房州半岛的北条火车站。

> 这小小的乡下的火车站上，忽然热闹了一阵。客人也不多，七零八落的几个乘客，在收票的地方出去之后，火车站上仍复冷清起来。火车站的前面停着的一乘合乘的马车，接了几个下车的客人，留了几声哀寂的喇叭声在午后的澄明的空气里，促起了一阵灰土，就在泥成的乡下的天然的大路上，朝着了太阳向西的开出去了。留在火车站上呆呆地站着的只剩了一位清瘦的青年，便是三礼拜前和一个西洋宣教师在东京上野精养轩吃茶果的那一位大学生。[487]

可见郁达夫把铁路空间刻画成一个几乎只有"我"而看不到他人的场景，来凸显孤独旅客的形象。似乎对那代人而言，只有体会过旅行中的孤独与感伤，才能确认个体自我的存在。而一个孤独伤感的旅客再患上疾病，特别是忧郁症之类的心病那么无疑会对自我的表达进一步强化。所以病的隐喻也是郁达夫所痴迷的主题，其笔下的人物个个身心俱残、神经敏感，想要借旅行来逃避现实与他者，并且一定要前往风景胜地疗养身心。《沉沦》中的主人公身患忧郁病和妄想症，最后跳海自杀；《南迁》中的伊人所谓"世纪末的病弱的理想家"本就是因为身体衰弱前往房州半岛休养，最后患上肺炎倒在病室里；《迷羊》中的王介成患有失眠头晕的恶症，神经衰弱；《蜃楼》中的陈逸群更是肺病、气管炎、神经质、焦虑症一股脑儿地都得上，小说开头便是他搭乘沪杭特别快车去西湖疗养。关于这种病症的忧郁气质的塑造，我们一般认为其和性苦闷的描写一样都是刻意雕饰出的自我隐喻，或按照郁达夫自己的说法讲："《沉沦》是描写着一个病的青年的心理，也可以说是青年忧郁病（Hypochondria）的解剖，里边也带叙着现代人的苦闷，——便是性的要求与灵肉的冲突……"[488] 但若从心理疾病的文化史角度回看，会有一个有趣的发现：这些现代神经症最早的患者群体居然就是铁路旅客。

史蒂芬·克恩（Stephen Kern）探讨了19世纪末西方科学技术的发展与文化领域的互动，特别是一种新的速度体验和由此引发的文化忧郁病（Cultural Hypochondria）。[489] 经他考证，像神经衰弱（neurasthenia）、神经痛（neuralgia）、癔症（hysteria）等现代心理病在出现的早期阶段，都是被归咎于以铁路旅行为代表的加速体验和高强度的工业化生活。当时的内科医生和精神病医生普遍认为，铁路旅行引起身体的被动加速，导致乘客认知失调且长时间暴露在过度的刺激中，引发身体不适与精神衰竭。马克·泰勒（Mark Taylor）也指出，就像今天的父母忧虑玩电子游戏带给孩子的身心影响，19世纪的医生则担心人们几个小时坐在火车车厢中观看窗外一连串疾驰而过的图像造成的后果——让他们与真实的人和物相分离。[490]

希弗尔布施则从病理学的角度，更为详细地论证了19世纪铁路旅行与心理疾病之间的关联。一方面，当时的人们普遍认为火车高速运行时产生的持续震动有害身心健康，特别是铁轨与车轮之间的摩擦、撞击会导致精神衰退，让人抑郁。另一方面，作为现代震惊体验（shock experience）的源头例证铁路事故——不论是亲身经历的还是存在于想象中的，也被认为是相关神经官能症的元凶。甚至当时还有一个专门的医学名词来称呼此类心理病——"铁路脊椎病"（railway spine），以为是铁路旅行伤害了大脑和脊椎而引发了相关的精神压抑和心理创伤，直到1880年代末才被新的名词"创伤性神经症"（traumatic neurosis）取代。[491]

也许郁达夫本人并无此种自觉，只是在表述性苦闷的需求下建构现代心理病症，但孤独旅客与忧郁病青年的结合却无意中印证了现代主体的发生史。铁路旅行催生了游客的孤独与忧郁，同时又以风景为许诺作为对主体的一种补偿和治疗。而对于如何解决包括性苦闷在内的一切主体所面临的问题，郁达夫提供的最终方案其实也是风景。在《忏余独白》中，郁达夫声称自己拿起笔进行文学创作的主要动因来自对大自然的迷恋,和由此引发的一种向空远的渴望及一种远游之情。[492] 而在《山水及自然景物的欣赏》一文中,他更是宣称:"无论是一篇小说,一首诗,或一张画,里面总多少含有些自然的分子在那里;因为人就是上帝所造的物事之一,就是自然的一部分,决不能够离开自然而独立的。"绝色的美人朝夕相处也会有看厌的一天,可口的饭菜天天吃也会有感到寡淡的时候,人性中的喜新厌旧唯有对于自然和风景是不适用的。对山水和自然风景的欣赏,可以发现人性、陶冶人格、净化欲望。[493] 这种观念既受到西方浪漫主义对自然之爱的影响,又是传统文人寄情于山水的延续。

由于自我暴露和风景抒情是郁达夫作品中两个最主要的特征,我们很自然又再次联想到柄谷行人将风景的发现与自我的确立联系在一起的"颠倒说"。如前所论,柄谷的高明之处是擅于以讲故事的方式构造一连串相异于常识的"颠倒",然而其实质仍是用观看风景的内心状态与对象化过程来阐释主客体的发生对立。问题是,他的"颠倒"都是一下子发生、一次性完成的——主/客体也就必然是静止的、早已成形的。

以运动的视角来观照主体,最经典的是黑格尔在《精神现象学》中所描述的自我意识之辩证发展。在他看来,自我意识必须要经历一系列分裂对立的异化过程才能借助他物回归自身、成为主体。所以精神的辩证运动中,主体首先一分为二,从自身中树立起对立面,异化为客体对象。但自我意识的本质任务就是克服此种异化、扬弃矛盾:所以抽象的自我意识

("我就是我")从最初的直接统一出发，经历欲望的自我意识（"有我无他"）、他者承认的自我意识（"我他之争"／主奴之争），最终达到无所不包的普遍自我意识（"绝对精神"）。所以他者的承认是主体确立最重要的环节——不论这种承认是形式上的需要还是真实的生死斗争，因为自我意识只有在另一个自我意识（他者）那里才能获得满足。[494]而风景的观看与书写永远是呈现为一个人的、"我"的视角，倘若出现了其他的风景消费者，至少在文学的表征中一定是需要被隐去或背景化的。所以风景的对象化并不产生对等的客体，反而是对他者采取一种拒斥、回避的态度，处于一种自我初阶的欲望状态。按照黑格尔的想象，此时自我表述自己的欲望是如此强烈，以至于要通过否定对象、取消他者来满足自身，但又因此显得空洞匮乏，没有深度。风景生产出的自我正是一种未经他者承认的匮乏主体，就像郁达夫笔下也从来没有一个能与"我"处于对等地位的"她／他"，而"我"在风景中沉溺得越深他者闯入时造成的伤害就越大。

《沉沦》中的忧郁病青年无法与他人相处，躲进自然这座避难所中朗诵、翻译华兹华斯（William Wordsworth）的诗歌，观赏稻田、草木、斜阳、远山等美景。可就在他出神呆看的时候，突然听见了一声咳嗽，不知什么时候背后来了一个农夫，"他就把他脸上的笑容改装了一副忧郁的面色，好像他的笑容是怕被人看见的样子"。而第二次的伤害更加严重，搬进山顶梅园的他，向下俯瞰着平原里的稻田——这次带的是黄仲则的诗集。金黄的古色、绀碧的天空，眼前的风景如同米勒

（Jean-François Millet）的田园画作一般，面对自然的神启，他也不由得有了升华自我的念头。"赦饶了！赦饶了！你们世人得罪于我的地方，我都赦饶了你们罢，来，你们来，都来同我讲和罢！"尽管这语气里的强烈自我依旧无可救药，但多少显示了在风景的作用下主角有了和世界讲和的愿望。然而这一愿望还是破灭了，他突然发现附近有一对野合的男女，忍不住偷听他们的对话与活动，却又因此唤起无尽的自责与懊恼，堕入沉沦。

坦率的性描写，是郁达夫的小说当年轰动一时的重要原因。但性描写只是郁达夫试图真诚地暴露自我的一种手段，其更多是作为人生苦闷的象征而非肉体上的愉悦。《沉沦》与《南迁》写的都是性欲不能满足时，人就一直处于痛苦与焦躁之中；《秋柳》与《迷羊》却讲述性欲一旦得到了满足，人所换来的只是更大的空虚与孤独。这样郁达夫的性描写就获得了一种普遍的超越，那些为性所困的主人公尽管有着变态、卑猥的一面，但他们赢得的同情要远多于鄙夷。面对欲望，压抑和满足都不是真正的解决之道，只有祈求风景的救赎力量。风景对情欲的缓解，促使了自我升华，这一特征在郁达夫1932年发表的后期名作《迟桂花》中达到了顶峰。[495] 虽然持这种论调的研究者甚多，他们却似乎都把风景的情欲净化功能视作理所当然的，以致没人试图去解释或去追问风景为什么或怎么样能够净化情欲。我以为风景对自我情欲的净化只是表面的修辞，真正的原因是风景和性欲彼此指涉的对象在本质上不兼容。性的欲望说到底总是潜在地指向他者，所以郁达夫的人物虽然对他周遭的环境无法理解、与他人不能相处，但性苦闷这一点本身就暗示了自身怀有接近他人的愿望且希冀这种感情能得到满足。对风景的欲望则是另一回事：山水和景物并不将观看主体投射出的欲望和情感引向另一个主体，而是返还给主体自身；风景的书写显现为一个人的视角，即使对"我"不着笔墨但其本身就是自我的产物；情景交融的升华想象中，"人"的空位一定是由"我"来填充，而不是"他／她"。对风景忘我的迷恋何尝不是一种根深蒂固的自恋？风景的欲望是排他的，观看风景时获得的并不是只有山水和自然，还有理想自我的误认。

在精神分析的脉络中，拉康认为主体并不是笛卡儿式的有意识的主体，而是无意识的主体，说到底也是欲望的主体。基于无意识拥有着像语言一样的结构，作为能指的主体才得以被另一能指表征，故而在意指链（signifying chain）上的缝合点处（point de caption）拥有被缝进各种所指／客体的可能。所以主体是一种符号结构上的空缺，是实在界的一种原处的匮乏。而一个理想的自我（ideal ego）是主体在想象界／镜像阶段"一种根深蒂固的误认"，如同婴儿在镜子中以观看他人的方式发现了自己的存在一样。而主体的这种想象性的自我误认（对 objet petit a 的认同）无非是让自己忘却对"大他者"（the Other）的绝对依赖，以掩盖自身的匮乏和因空洞、缺失而起的焦虑。[496] 从这个角度看，郁达夫小说中的性与风景都是为表达自我而服务的，但只有风景才能引起理想自我的误认。他最为理想的女性形象——《迟桂花》中的翁莲也是与风景融为一体，或说被风景去掉了他者的属性遂成为容纳自我的镜像。《迟桂花》这部被誉为郁达夫艺术风格最为完善的小说以其中出神入化的风景描写和对情欲的净化而闻名，但同时也是那个一以贯之的匮乏主体——孤独忧郁的男性旅客最为强烈的自恋表现。

故事的情节非常简单：主人公"我"——老郁收到了十多年未见的同窗好友翁则生的一封信，邀请他前来杭州参加自己的婚礼。老郁应邀前来，搭乘沪杭列车逃离都市上海，来到了杭州郊野风景幽美的翁家山。他不仅为秀丽的山光水色而吸引，更被则生的妹妹——天真善良的莲儿所打动。小说中描写翁莲婚姻不幸，寡居娘家，却有着健康纯洁的自然美，始终保持了一颗淳朴的赤子之心，好似山中盛开的迟桂花一般。由于婚典在即，翁则生担心妹妹触景生情难免伤心，便恳请老郁和莲儿一起同游五云山。山涧秋游途中，莲儿举止烂漫，对一草一木、一花一虫都有着详尽的了解，犹如自然的化身。一男一女的浪漫之旅，让老郁不由心生杂念，唤起对翁莲的情欲。但面对这位纯洁无瑕的女性，老郁坦承内心所想，痛加忏悔，祈求得到对方的宽恕。在这旖旎清澄的自然境界中，应老郁的要求，两人结拜做"最亲爱最纯洁的兄妹"，风景的游览、浪漫的旅途最终转化为欲望的净化和灵魂的救赎。小说结尾，是要返回上海的老郁在火车站和则生、莲儿惜别，并对他们说："再见，再见！但愿得我们都是迟桂花！"[497]

翁莲可以说是按照郁达夫的艺术审美准则所塑造的最为理想、完美的女性形象。但她依旧和郁达夫笔下任何一个女性人物一样，没有面目、没有话语、没有欲望，只为男性主体的自我表述而存在。翁莲的美是因为她和风景一样，没有细节、模糊不清。翁莲的淳朴天真完全是缘于她在情节叙述的发展中不具有表达的权利，她原谅老郁的忏悔，接受结拜为兄妹的要求完全是顺应主角内心为所欲为的情绪流动——她的态度是同意还是拒绝其实都不重要。翁莲最重要的特征是"洁白得同白纸似的天真小孩"，也就是说她没有自己的欲望，更不要说情欲了。这不光是郁达夫的男性视角对女性欲望的阉割，根本上还是源于文中的主体自我不会承认另一个主体的存在，也不会给予其对等的他者地位。贯穿全篇的始终是"我"的欲望萌生、"我"的坦白忏悔、"我"的兄妹之议、"我"的欲情净化、"我"的灵魂升华，完全是借完美的风景和理想的女性来奏响自我的狂想曲，也多少显得一厢情愿甚至自作多情。翁莲作为女性形象与风景的重合，既有文本中的直接描写将她刻画成一个摇曳于山水之间的自然精灵，也体现在她对主体欲望的处理方式上。这一最理想的女性，她并不直接勾引主体的欲望——是在无意间的撩拨中唤起；也不会对欲望给予直接的满足——而是成为主体的镜像供其进行一系列的表演最终返回自身；最终是能将主体的各种欲望——无论是高尚还是卑劣、真诚还是虚伪——完全地予以容纳，就如风景一样。显然，这一自我在确立过程中是逃避、拒绝他者承认的，结尾点题那一句"但愿得我们都是迟桂花"无非是希望所有人（他者）都成为风景中的一部分，而这一风景的观看视角当然还是由"我"来定的。基于对他者的排斥，郁达夫的自我与风景竟成彼此欲望的幻象，自我暴露和风景抒情相互映照。所以《迟桂花》中不仅有郁达夫理想的风景、理想的女性，还有他最为理想的自我图像：一个人置身于没有他者的风景之中，正是那缺失内在深度的自我之终极表述。

　　从瞿秋白的赤都之行到郁达夫的风景游览，铁路旅行实现的不仅是由外及内的异邦、本土置换，更是令终点处的乌托邦与旅程中的自我有了交互的可能——两种匮乏的幻象在火车的同构运动中确立了自身。郁达夫依靠铁路旅行和风景书写而开启的自我转向对于我们理解铁路与火车作为现代性的意象、一种都市生活症候有着重要意义。从此以后，无论路线时间、行车方向，又或车上的乘客怎样来来往往，只要列车仍在运行，风景不断经过，现代个体的自我就有了安置的场所。事实上，当张爱玲1944年置身于香港都市内的有轨电车中，《烬余录》的著名结尾也仍然沿用了这一模式来表达自我：时代的车轰轰地往前开。我们坐在车上，经过的也许不过是几条熟悉的街道，可是在漫天的火光中也自惊心动魄。就可惜我们只顾忙着在一瞥即逝的店铺的橱窗里找寻我们自己的影子——我们只看见自己的脸，苍白，渺小；我们的自私与空虚，我们恬不知耻的愚蠢——谁都像我们一样，然而我们每人都是孤独的。[498]

尾声：风景淡出，他／她者进入

　　虽然我更加关注风景的建构作用及中国语境中的现代主体区别于西方主体脉络的不同之处，但这绝非意味着铁路旅行与风景书写生产的现代主体只此一种。在20世纪20年代至20世纪30年代铁路旅行的文学史脉络里,风景的符号意义随着文学体裁在游记和小说之间的置换以及小说自身的发展而产生了显著变化:从一个主动的建构者变为抽象化的他者,最终成为一个容纳各种隐喻和象征的背景框架。如果说瞿秋白和徐志摩的苏俄之旅是借助异邦风景从认识论和政治学方面为主体的形成搭起框架;而郁达夫旅行书写中的本土风景昭示着主体进入到早期的自觉阶段,风景自身成为表达自我的手段;那么在刘呐鸥的同名小说中风景的象征含义进一步增强,被收编进现代经验"千变万化的景观"之中(phantasmagorical spectacles)——这也意味着曾经作为普遍他者的风景从与主体对立的位置上卸任下来,让位于特殊的他者,即另一个乘客个体。

刘呐鸥1930年创作的短篇小说《风景》讲述的是铁路旅行中一对摩登男女的艳遇故事。男主燃青是一位报社记者,为了参加一个重要会议而搭乘早晨的特别快车前去新都。燃青在行进的车中邂逅了一位摩登女郎,她的外表和举止都宣示了自己是"近代都会的所产"。据后者所讲,她是要去和在沿路某县当着要职的丈夫共度周末。陌生男女在车厢内的偶遇擦出了火花,两人于火车经停的某一站一同下车,在带有田园风味的自然美景中完成了云雨之欢,遂于傍晚返回车站,踏上列车,继续彼此不同的旅程。[499]

小说开头的文字恰如列车一般驶过:"人们是坐在速度的上面的。原野飞过了。小河飞过了。茅舍,石桥,柳树,一切的风景都只是在眼膜中占了片刻的存在就消灭了。"我们可以将其与刘呐鸥在此两年前翻译的日本新感觉派作家片冈铁兵的《色情文化》开头一段加以比较。"山动了。原野动了。森林动了。屋子动了。电杆动了。一切的风景动了。"[500]毋庸置疑，刘呐鸥对片冈铁兵有着明显的借鉴，并在一贯的旅行叙事中营造其所钟爱的浪荡子及摩登女郎形象。[501]但细微的不同之处依然透露出刘呐鸥的两个重要自觉——速度和视觉。人们坐在速度上面，是现代旅行经验和风景显现的根本前提。因为速度，一切风景只能在视觉意义上存在，转瞬即逝。正是基于对速度和视觉的自觉，整篇小说中充满了像电影剪辑般的场景切换和视觉性描写，而风景也不再局限于指涉火车窗外的自然景象，反倒成为这一铁路上的情欲邂逅之最终隐喻。说到底，风景和艳遇都已成为现代都市生产出的千变万化的景观之一种。

小说中对现代都市女性欲望解放、积极主动的刻画一直为学者所重视。[502]但这位都市摩登女郎与风景之间隐藏的关联其实更值得玩味。事实上，正是这位自由、大胆的现代女乘客向男主燃青宣扬了对自然风景的热爱和对原始人赤裸裸真实性情的赞赏，甚至教导后者对机械般的都市加以反省——尽管其本人完全是现代都市的产物。同样是这位"标致的都会人"出乎意料地放弃了在旅店的房间内做爱，而是带着燃青快跑了许多路在美丽又寂寞的郊野风光中野合。这样的设计不只是为了单纯地彰显性欲，其所传递出的是一种被都市驯化了的风景。换言之，这里的风景不再是城市的对立面，而是城市自身不可分割的一部分且对现代人的生活加以适时的调节。用小说中的比喻，就如同"服了一帖健康的汤药一样，把前夜的种种放荡的记忆和一切从都会里带来的不洁的印象抛出脑筋外面"——风景（以及风景化的艳遇），是都市人生活的必需品，具有短暂的疗效。

这场情欲的邂逅或许含有些许爱意，却并无爱情——铁路旅行短促的时空环境不足以发展出一段更深的关系，当然两人均无这样的意愿。这场外遇也完全无关忠诚与背叛等道德考量——铁路提供了一个暂时隔绝日常评判的机会，萍水相逢的两人都是遵照自然的欲望而行事。不过情欲也并不能成为解释一切的最终答案，因为欲望自始至终也是受到节制的。享受完情欲的男女二人，回到彼此各自的轨道上，小说结尾亦再次转换笔触，提醒读者他们的旅行并未完结。"这天傍晚，车站的站长看见了他早上看见过的一对男女走进上行的列车去——一个是要替报社去得会议的智识，一个是要去陪她的丈夫过个空闲的 weekend。"正是这个至关重要的结尾将我们从对性爱的沉溺、自然的歌颂中拉了回来，恍然发觉，这一切不过是铁路旅行的片段而已。进一步讲，风景和艳遇都只是作为火车行止时的插曲而存在，是被身体经验放大、捕捉到的细节。主宰小说中人物和情节走向的是铁路时刻表和火车的运动——当两人约定下车的那一刻就意味着他们终究会返回车上——毕竟，他们是现代的男女，不存在真正逃离都市的自然和性爱，恰如不会有脱离铁路而单独存在的风景。

《风景》这篇小说从某种程度上看其实是现代主体在铁路旅行的过程中发展至一个新阶段的征兆。风景从前台退至幕后，成为铁路旅行经验的背景条件；乘客的目光也从窗外转回内部，车厢中的陌生人越来越占据瞩目位置；主体终于和同为主体的他者相遇，斗争与承认是永远无法回避的主旋律，然而移动的车厢又为裹挟其中的欲望与风险提供了新的演绎方式。列车车厢内的遭遇，是如刘呐鸥笔下艳遇一般的情欲邂逅，还是一种创伤性的臆度体验，抑或仅仅是一场被精心算计的骗局？这将是下一章所要处理的问题。

第六章　邂逅他／她者：
　　　　车厢中的界限与陌生人问题

反思车厢的可能性

　　电影《爱在黎明破晓时》(Before Sunrise, 1995) 讲述了一对陌生男女在一列开往巴黎的火车上相遇，两人被彼此吸引，遂于维也纳下车共度一日。男女主角在无止境的漫游和喋喋不休的交谈中分享一切——了解对方、认识自己、获得爱情，然后注定在第二天各奔东西。对于爱情，短暂的契合并不一定需要胜过长久相伴，仅就为生命烙下的意义而言，便足以刻骨铭心。相比于刘呐鸥 1930 年创作的《风景》，《爱在黎明破晓时》为火车中男女艳遇的故事提供了一个更富当代文艺气息的版本。如果说《风景》是为了凸显火车上陌生男女邂逅这种新奇经验，那么《爱在黎明破晓时》更注重陌生男女感情关系的具体转变。借用波德莱尔的句式，车厢中的不期而遇这种过渡、短暂、偶然的经验已被赋予了不变与永恒的特质——这既是艺术经典化的过程,也是对现代爱情的重新定义。尽管两部作品在历史脉络、文化语境以及表征方式上均存在显著差异,却不约而同地指向了铁路旅行这种叙事模型:车厢邂逅进入文本的生产与流通之中,与陌生人遭遇构成了现代主体的重要经验。20世纪30年代的小说创作中围绕车厢邂逅这一主题的作品不在少数,既有像施蛰存的《魔道》(1933)这样现代风格浓厚的实验性小说,也有张恨水的《平沪通车》(1936)等更为流行畅销的通俗小说。但在进入文本之前,为了打开更广阔的释义空间,我希望能从阅读策略的角度首先反思"车厢"这一对象自身的含义。

第一种理解方式是将车厢视作一个移动的铁盒,一个用来装载乘客的矩形容器,这点在之前提到的西方理论家那里颇为常见。塞尔托将车厢形容为"理性乌托邦的移动监狱";[503] 希弗尔布施因为把铁路旅行视为工业化过程中的一环,其中的乘客像是被运输的包裹一样经历着客体化,所以车厢既是厂房也是滋生犯罪的密室;[504] 维利里奥同样是用"工厂"和"牢笼"的意象来描述车厢,只不过主宰一切的是速度暴力。[505] 车厢是种容器,实质是将空间看作一个静止的、固定的、可分割的东西。这种理解方式伴随着强大的直觉支持,背后的渊源可以追溯至启蒙运动。比如康德(Immanuel Kant)就认为时间、空间既不是经验也并非概念,而是人类获得经验和知识的普遍必要条件,是我们的先天直观形式。为了说明这一点,在探讨空间时他曾提到,人们能够想象一个没有物体存在的空间(类似空的容器),却无法想象任何不占据空间或在空间之外的对象。[506] 需要注意的是，这里标识出的并非人类理性的局限，也不代表空间自身的限度，自然更不应该是对车厢唯一的解释。问题在于当我们想象一个"空的空间"时是否有把空气考虑在内，将其视作空间概念的一部分。"容器"空间的概念对我们来说更为自然，但其实它也只是一个新近的发明。"我们现在看来很直观的东西，皆是过去科学与哲学详细阐释的结果。"[507]

"容器模型"一方面容易将车厢空间看作静止、被动的死物——以福柯为代表的思想家开创的空间研究使这一点得到纠正，他们更加注重具体空间对身体的规训和对主体的形塑；另一方面则倾向于忽略车厢中乘客的能动力与历史性——好在有列斐伏尔提醒我们空间不是一个事物或产品，而是一种充斥着矛盾对立的辩证运动过程：个体自身作为动因在其中不断施加着干预，时而限制，时而扩张，实现政治性介入和斗争。[508]不过，"容器模型"最严重的问题是误把车厢物理性的清晰边界和明确框架当成时空活动的真实界限，造成人与物的截然分离，引发城市与乡村、公共空间与私人领域的二元对立。车厢是公共空间，如同街道或广场那样聚集着不同的个体；车厢也具有私人化的特征，它的空间区隔、卧铺与餐车的设置及装饰都为乘客带来一种家宅般的安全感，虽然这种主体幻觉经常会被另一个乘客的闯入打破。铁轨是都市的延伸，代表着理性的秩序；车厢对于乘客而言却像是城市与乡村模糊不清的边界——作为一个不确定的阈值，一个无定形的容器。在这种暧昧的开放空间中，过去的阴影得以复归，地方的精神

(Spirits of the place）借此进入。[509] 它们不会言谈，也不显现，而是以这种不在场的存在方式融入叙述的发生发展中——让人们想象、谈论、经验自身，作为一种陌生的他者为车厢"着魅"（enchantment）。[510] 事实上，施蛰存和张恨水笔下的车厢邂逅都极为鲜明地捕捉到了这一点：在新旧经验的融合中，由于界限的暧昧和游移引发了怪诞的体验与欲望的破灭。

回到民国的语境中，车厢几乎是社会的代名词。丰子恺1935年写作的散文《车厢社会》以文学的方式将两者结合起来，把车厢视作社会现实的隐喻。在这篇文章中，作者将自己乘坐火车的经历和感受分为三个时期：第一"初乘火车"时期，觉得一切都新奇有趣，贪恋窗外变幻的风景，常嫌火车到得太快；第二"老乘火车"时期，什么风景都厌倦了，只好靠看书来打发时间，埋怨火车行得太慢；第三"惯乘火车"时期，心境再一变，快与慢皆不重要，风景和书本都不必看了，而是把车厢看作人间世的模型，以观察车厢社会里人与人之间的怪状为消遣。[511] 将车厢当作社会现实和人情世态的缩影并不局限于丰子恺个人的经历，这也是20世纪20年代至20世纪30年代旅行小说创作的主旋律。陈建华的《文以载车：民国火车小传》勾勒出了火车在民国通俗文学中的一般形象，特别是搜集整理了众多关于铁路旅行的短篇小说，让我们得以管窥此一时期作家群体对"车厢社会"的关注焦点。[512] 周瘦鹃的《两度火车中》《幻想》（1921），冯沅君的《旅行》（1923），包天笑的《四等车》（1923），王统照的《车中》（1926），凌淑华的《旅途》（1936），老舍的《"火"车》（1939）等，叙述情节均围绕车厢中的观察与交往而展开，或反映现实政治的黑暗与腐败，或揭露新型公共空间中存在的问题——特别是阶级和性别议题。"车厢社会"似乎是现实主义文学天然的思维模式，它将车厢想象成反射现实的一面平滑无瑕的镜子。

车厢固然可以是对现实的投射或对社会生活的某种反映，但倘若我们将这种再现当作车厢的一切而全盘接受，便又悄然陷入"镜子模型"隐藏的陷阱中。"车厢社会"的提法实际上预设了一位中立、客观的理想观察者之姿态，一个超然于车厢和乘客之外的局外人身份，一种社会学家式的看清全域、破解迷思（debunking）的认识路径。我们之所以能将车厢想象为一面透明的镜子，恰是因为站在了与车厢完全无关的立场上，只在乎反射出来的确切结果却抹杀了经验发生的具体过程与情景。不存在先于车厢而出现的主体类型及社会关系，也不意味着有了车厢我们就可以看清、掌握这些类型与关系。从作为当局者的乘客视角出发去想象车厢，既看不到车厢以外的全域，也无法掌握另一位乘客的全部信息；获得的不是社会的真貌，而是与不同陌生人的相遇。

齐美尔在 1908 年的一篇短文中，归纳出现代社会中"陌生人"的诸多特质：陌生人，总是占据一个不属于他／她的空间，也无法为其所处位置赋予内在性质；我们无法将陌生人识别为自身群体中的一员，但也不能像敌人一样对待他／她，因为陌生人可以是朋友也可以是敌人，或者两者皆是，或者什么都不是；陌生人与我们的相似之处总是时刻提醒着他／她与我们的不同，每一个陌生人背后都潜藏着不定数量的他者。总之，陌生人是"遥远与切近的联合"，他与我们之间关系的距离说明这个近在眼前的人其实很疏远，可他身上的陌生之处又暗示这个疏远的人与我们非常相近。[513] 陌生人这一概念具有极强的容纳性，能够同时指涉主体与客体——对另一个主体来说我也只是一个陌生的他者而已。更重要的是，陌生人这一概念没有固定的内核，是在流动之中演绎出阶级、性别、族群等社会关系和范畴供我们辨识。换言之，陌生人要先于任何既定的主体类型，游离于各类普遍的规则——他/她既是又不是某类角色，或者遵守规则也可以随时违反。伴随着陌生人的出现，齐美尔又引入了另一个有关现代主体的重要概念——"冒险家"。在他看来，冒险成为现代经验的一部分，但却是对现代连续性的中断，是脱离日常、无法被纳入整体生活（life as a whole）的碎片，犹如生命中的孤岛对应着连成一片的大陆。在冒险中，我们用力把世界拉向自己，同时又完全将自身摒弃给世界的力量与偶然——这为我们带来快乐同时也可以把我们完全毁灭。有趣的是，齐美尔认为这种现代冒险最佳范例就是艳遇，包含着征服与妥协、快感与幻灭的情欲邂逅（erotic encounter）。[514] 而施蛰存的《魔道》《雾》和张恨水的《平沪通车》恰好都是以车厢中的邂逅来书写情欲的冒险。冒险所要承担的风险轻则幻象破灭，重则无法维系自身身份、丧失主体地位。

陌生人扰乱、模糊着界限，冒险家探索、确定着界限；但彼此都无法真正把握界限，更不用说赋予足够的合法性——他们的角色也是完全可以互换的。所以车厢展示的不是一幅清晰的图画，而是需要译码的谜题：冒险的乘客需要有侦探似的技巧来破译符号背后的蛛丝马迹，并用古老的讲故事手法补充他者不可见的背景信息，然而最终没有任何人或准则来确保他／她关于陌生人——另一个他／她的猜想是真实正确的。由于陌生人无法被冒险家完全掌握，与其相遇的过程中"信不信"就要比"是不是"更为重要——这种开放性也暗示着风险与希望并存。正是因为陌生人与冒险家的存在，车厢不只是对社会关系、分类范畴、主体类型的反映，它本身就包含了扰乱、颠覆，乃至破坏的可能。由此看来，车厢如果是面镜子，也是一面具有"异托邦"（Heterotopia）性质的镜子——火车和镜子恰恰也是福柯文中的例证：现实中外在于任何场所的异质空间，对于日常生活的规范、正常的社会空间兼具再现和倒置的质询功能。[515]

通过以上梳理可以看到，车厢虽然具有容器的性质和镜子的功能，却不能和两者等同。考虑到列斐伏尔将容器和镜子视作社会空间本质上的双重属性[516]，那么这种对车厢理解的简化，很可能是我们脱离时间思考空间、忽略了车厢的时间面向所导致的后果。车厢之为车厢，最显著特征在于它的移动性——移动本身就意味着是在一定的时间内通过距离、穿越空间。同样，叙述也只有在时间内才能够发生、进行下去。所以思考车厢的时间性质其实也是在恢复车厢之于文本的叙述功能。结合时间的角度探讨车厢与文本的关系，至少有以下三点需要我们注意。

首先，车厢中他者的凸显寓意一种成熟主体的出现。这一阶段的铁路旅行已与风景脱节，不再是青年式的成长游历，乘坐火车既不是为了奔向理想也不是为了获得经验和教益。不同于夏目漱石笔下的三四郎或者郁达夫刻画的忧郁病青年，施蛰存和张恨水笔下的乘客可不是什么懵懂无知、不谙世事的少男少女，相反他们是成熟而理性的中年人。他们对社会有相当的了解，具备一定的资本和完整的价值观念；他们对速度的快慢感到麻木，所以将注意力放在车厢内寻觅新的刺激[517]；他们不再追求或抵抗什么，不过偶尔出现的诱惑也会让他们直面自身的欲望；他们也许会时不时地望向窗外的景色用以解乏，可最终的目光永远停留在其他乘客身上——主体欲望的对象从自身或自身的镜像转移到了他者那里。他们的思想和行动充满计算与打量，因为他们不再年轻，不被允许失误，走错一步都可能全盘皆输。然而陌生他者的不确定性对他们来讲永远是可以致命的问题。

其次，车厢不是故事的背景，而是生产叙事的装置，且不需要援引自身以外的理由为叙事提供意义。当车厢邂逅的经验进入小说文本时，决定事件始末、情节走向的不只是铁路时刻表和行车线路，还有来来往往的乘客——随时出现又突然消失的陌生人。相比于家里突然出现了陌生人这样的桥段对叙述连续性造成的破坏——读者忍不住会问为什么，车厢中互不相识的男男女女却是理所当然的存在——无论发生多么新奇古怪、脱离常规的事情都不会超出预期。车厢合理化了陌生人之间的邂逅，但无法将其变成一个可被理性诠释的故事。陌生的他者、信息的匮乏，以及经验的碎片化，使乘客对于车厢像在阅读一部现代主义风格的作品——怀揣着盲目的信任在不确定的风险中进行片面、没有结果的解读。他们既不会在事前获得说明，也无法在事后进行验证。这样看来，《魔道》碎片化的心理描写和荒诞的情节其实应和了乘客经验与文本叙述之间的同构性。张恨水虽然是用章回体的体例来写《平沪通车》，但最后却没落入真相大白的俗套，反倒恪守了陌生人身份的不确定性原则。

再次，车厢不是独立、隔绝的单元，而是一段封闭又开放的流体，与整个时空网络、抽象体系相联结。它的开放是指车厢中的邂逅不只是发生在两个陌生人之间的故事，他们处在与线路、时刻表、座位、车票、旅行用品、乡村与城市、身份、性别、阶级等行动者（actors and actants）共同组建的现代性网络之中——其中任何一者都无法单独充当决定整个网络的根本原因。它的封闭表明车厢的限定时空寄予了交往更多的可能性：车厢中的冒险家（the adventurer）不是街道上的漫游者（the flâneur），凝视不再是单向的、男性的特权，被凝视或自觉被凝视才是一种更常见的体验；由双向凝视触发的对话，更是直接体现了主体对另一主体地位的妥协与承认。车厢中的被动性体验和主体危机，也正是施蛰存和张恨水小说中的重要主题。

区别于用精神分析的批评方法来解读小说这一通常做法，本章试图以铁路的视角探索精神分析与铁路旅行之间的关联，恢复理论背后的经验，实现经验和经验之间的对话。在此基础上，我将论证车厢中与陌生他者的相遇其实是对主体进行的一项试炼：坚持主体欲望的男性无法通过试炼最终陷入否定现实的荒诞与疯狂中，欲望破灭的女性则因放弃主体的幻象——以怀疑自我为代价反而保全自身。本章最后部分会重新审视张恨水《平沪通车》中的艳遇骗局和女性犯罪。我认为《平沪通车》不只是一个包含传统道德说教的现代传奇故事，其对艳遇骗局的刻画指向了现代社会抽象体系中的风险与信任，在理性的推论中得出了不合理性的结果。张恨水对女性主体的塑造除了象征现代性的欺瞒与可怕外，也蕴含着颠覆与解构的要素与动力。车厢中的陌生人，与他者相遇的无可避免，让我们一次又一次重新思考现代主体的界限和可能。

施蛰存笔下的铁路与欲望试炼

铁路旅行的怪诞与幻想

施蛰存因为在创作中有意识地运用弗洛伊德的心理分析学说，同时广泛涉猎意识流、蒙太奇等艺术手法而被称作中国第一个现代主义作家。[518] 他于1933年出版的《梅雨之夕》和《善女人行品》两部小说集，包含了二十多篇主题不同、实验性技巧各异的短篇小说。其中涉及车厢邂逅的有《魔道》与《雾》，如果稍微扩大范围至铁路旅行，那么《夜叉》和《春阳》也可以算进来——恰好与前面两篇在表现主题和情节刻画上遥相呼应。事实上，这四个短篇围绕主角的男女性别、城市乡村的旅行路线体现出一种奇异的对称性：从城市前往乡村度假的男性乘客，在火车中遭遇了不愉快的怪诞体验继而发狂；从乡村前往城市冒险的女性乘客，则在途中经历了欲望的唤起、升腾与破灭，最终从幻想中醒来。[519]

《魔道》全篇由不间断的心理描写和叙述者眼中似真似幻的场景构成。它的叙述策略依旧延续了五四文学的普遍模式——略带神经质的男性乘客从紧张的城市生活中逃离，借助铁路前往乡村疗养休息。与郁达夫的《迟桂花》不同，《魔道》的主人公并没能借这趟旅行在风景之中觅得和谐与解脱，反倒陷入了怪诞与恐怖之中，如题目所示走上了邪门歪道。小说伊始，作为叙述者的"我"在车厢中疑惧着对面座位上的一位老妇人。单是这位身着黑衣的老妇人就让他很不舒服，没有其他乘客来附近就座也令他感到非常奇怪，最重要的是他总觉得老妇人在偷偷地、阴险地凝视自己。他想靠读书来打消疑虑、恢复平静，结果眼光依然忍不住向老妇人瞄去；他试图借窗外的风景来克服恐惧：绿野中的土阜像是古代的陵墓，陵墓中的木乃伊又让他想到美貌的王妃，在这一连串自由联想之后，最终的落脚点依然是那个黑衣老妇人——"难道这个老妇人真的会变作美丽的王妃的木乃伊吗"？不论他的眼睛和思绪投向别的什么地方，"而结果总是仍旧回到她这张可疑的脸上来"。主人公认为自己的感觉和意识被老妇人异样的眼光支配了。等火车到站，他便落荒而逃来到朋友陈君在郊外的住宅。可当他和朋友一起欣赏竹林雨景时，或者当他独自来到绿水的古潭边遇见洗濯的村姑时，黑衣老妇人的身影都时不时地闪现出来——让他认定自己碰上了一个妖妇。晚餐时，他从陈君的妻子身上感受到一种色欲，觉得她在引诱自己，幻想和她接吻。可第二天当他看到她抱了一只碧眼的大黑猫时便咬定"这简直也是个妖妇了"，逃难似的赶到车站，回到上海的寓所——"好像到了一处有担保的安全避难所了"。这时钟表却颇具象征意味地停掉了。他想去奥迪安戏院看电影，最后一张票却被一个身着黑衣的老妇人买走了。他去熟悉的咖啡馆喝了一杯黑啤酒，在幻觉中咖啡女子、陈君妻子和古墓中的美貌王妃、车厢中的老妖妇合为一体。他回到住所，收到一封电报告知他三岁的女儿死了。小说结尾是他在露台上，看见对街碧色的煤气灯下，"一个穿了黑衣裳的老妇人孤独的踅进小巷里去"。[520]

《夜叉》以叙述者"我"前往医院看望朋友卞士明为由，以对话的形式道出他神经错乱的原因——其实全部是卞士明单方面的内心独白。卞士明因为祖母的丧事从上海前往杭州，趁此在乡下休养一段时间。一日，他雇了只小篛篷船到交芦庵去玩，偶然一瞥之间看到对面船舱内的一个白衣女子。从此以后，"一个闪着明亮白光的影子便永远地舞动在他的眼前"，他在唐寅、倪云林的山水画中看见她的身影，水阁中的芦花也都幻化成她的模样。后来他在寄居的小楼房内发现了一本古书，里面记载了此地有关"夜叉"这一吃人的妖怪会化作美丽妇人的故事。"这是一世纪以前的事情，是的，书上这样说。但文字的力量能够打破时间和空间的隔阂，读了这样的记载，我也有些恐怖了。"卞士明越来越怀疑那个白衣女子就是夜叉的化身，于是梦呓般地漫步在山林原野中，仿佛飞鸟和野兔都是夜叉的化身在引诱他。在对幻影的追逐中，他陷入了奇怪的情欲体验和狂想中。最终他来到了夜叉的老巢，冲进去扼死了白衣的妖妇——结果发现却是一个独居在林中小屋内的聋哑村妇。受此刺激，卞士明赶到火车站想逃回上海，在火车上突然看到后面一节车的车窗中，探出了那女人的头。"她迎着风，头发往后乱舞着，嘴张开着，眼皮努起着。这宛然是夜间被我扼死的时候所呈现的那种怖厉的神情。难道她的鬼魂跟着我吗？"回到上海后，本想将心中的秘密向朋友诉说，即叙述者"我"，可偶尔撞见朋友的表妹好似那白衣女子一般，惊吓过度而昏厥，住进了精神病院。[521]

《雾》讲述了一个住在临海小卫城里的大龄待嫁女青年——二十八岁的秦素贞小姐在车厢中的一次偶遇。秦素贞小姐虽然略为守旧但是有才有貌，对自己理想中的丈夫有着严格的标准——"希望着的是一个能做诗，做文章，能说体己的谐话，还能够赏月和饮酒的美男子"。但是在这个小卫城中，现实和理想差距巨大，她的出路不是嫁给一个渔人，就是最终成为老处女。于是素贞小姐决定进行一次冒险，以向结婚的表妹祝贺为名，前去上海旅行。火车出发的当天，浓雾弥漫，她无法观看窗外的风景，只得暂时忘掉羞涩和拘束，开始注视同车的乘客。她发现对面座位的一个青年绅士，在静静地看着一本诗集，俨然是符合自己理想丈夫的实体。素贞小姐沉醉在浪漫的幻想中，内心欢快的欲望也随着两人借由浓雾天气的搭讪逐渐升温。可惜旅程太短，素贞小姐必须在徐家汇站下车了。青年绅士将印有自己姓名"陆士奎"的名片交予素贞小姐，目送着她离开车站。当晚在舅父家和两个表妹闲谈时，素贞小姐拿出名片想一探究竟，被告知陆士奎是上海无人不知的电影明星。然而在素贞小姐的认识里，做影戏的无疑是一个下贱的戏子，更不明白住在都市里的二妹为什么这样羡慕一个戏子。面对热切的询问，素贞小姐感到幻灭，仿佛自己还在火车中，只是回应道："今天的雾真大，一点都看不清楚哪！"[522]

《春阳》同样是一个女性欲望幻灭的故事。来自昆山的寡妇婵阿姨乘坐火车到上海去银行提取息金，春日的阳光却唤醒了她久违的欲望，让她决定在上海来一场冒险，"玩一玩"。她在百货公司闲逛，去一家没有光顾过的餐馆吃饭，想象隔壁桌的陌生男人与她约会，但萦绕心头的还是刚才那位替她打开保险箱的年轻男性职员。婵阿姨约束不住自己的遐想和憧憬，便以记忆中保险箱似乎未锁为由，再去一次上海银行。于是婵阿姨迎来了欲望的幻灭，因为年轻男人称呼她为"太太"却称另一个身着艳服的女子为"密司陈"。婵阿姨走出银行，头也不回地赶到车站，搭上早班的火车逃离上海——就像《魔道》《夜叉》中的男性赶往车站逃离乡村一样。虽然这篇小说中的邂逅场景并非车厢，但铁路依然充当了进出欲望和幻想的唯一途径。[523]

以上四个短篇都明显受到弗洛伊德学说中对欲望解释的影响，城市与乡村之间的空间移动也在其中扮演重要角色。李欧梵从都市文化的角度进入施蛰存的实验性小说，一方面考察施的作品与西方现代主义艺术之间的互文性，另一方面引入弗洛伊德的"诡异"（uncanny）概念探讨都市中的怪诞体验，提出乡村与传统作为现代都市阴魂不散的"他者"在文学中存在。[524] 谢弗（William Schaefer）对此进一步发挥，致力于寻找施蛰存的书写方式与 1930 年代上海以摄影、电影为代表的视觉表征之间的关联。他认为《魔道》等小说通过展示过去和传统错位、流离的意象来消解城市与乡村、现代与传统、西方与中国这些二元对立框架——过去的复归是对都市上海全球化资本主义进程的瓦解。[525] 不过施蛰存的小说是否显示出了这种左翼都市理论的"进步"立场，又或《魔道》中提到的黑影是否指涉当时视觉作品中的"阴影"，这些问题依旧存疑。也有学者关注施蛰存塑造出的各种女性印象，将《魔道》《夜叉》中"神秘女人"和《雾》《春阳》中的"压抑女人"予以比较，认为这些女性始终代表着过去、乡村、虚幻的一面，在男人的凝视下无法成为自主的主体，更无法步入真正的现代。[526]

诚然，对于小说的理解既不能寄托于某一种批评理论而抹杀文本的独特经验，也不能将其完全视作反映现代都市生活的资料而忽略它们的文学性。因此，本节借助铁路的视角重新阐释弗洛伊德学说和施蛰存这四个文本之间的亲缘性，不再将精神分析视作可以套用的现成理论，而是恢复理论背后的经验，促使其与文本中的经验进行沟通与对话。为此我们先转向弗洛伊德本人有关铁路旅行及车厢邂逅的经历和论述。

弗洛伊德和火车的故事

在弗洛伊德 1897 年写给密友弗利斯（Wilhelm Fliess）的

信件中，我们发现他早年的两次铁路旅行对精神分析学说的形成意义重大。第一次涉及弗洛伊德原初性欲的显现：据他回忆是自己两岁半的时候在莱比锡前往维也纳的火车车厢里，无意中看到了母亲的裸体——其实是一位年长的保姆，"我对母亲的力比多在那时被唤醒了"[527]。有学者称之为是铁路旅行发现了"奥狄帕司情结"（Oedipus Complex）。[528] 另一次是弗洛伊德对自己患有铁路旅行焦虑的分析诊断：他三岁的时候随全家从弗莱贝格迁往莱比锡，在行驶的车厢里看见窗外的煤气灯犹如"地狱中燃烧的鬼魂"，仿佛自己也置身于地狱之中。弗洛伊德认为自己对铁路的恐惧源于这一创伤性的童年记忆，由于借助心理分析弄清了两者之间的关联，他宣称自己的焦虑被克服了。[529]

在1899年出版的《梦的解析》一书中，弗洛伊德在探讨梦的运作和荒谬时，以自己在铁路旅行时曾做过的两个梦为例证——均与车厢中的邂逅有关。第一个梦发生在他于旅行中半睡半醒之际：火车经停一个小站，他正在考虑停车时间是否充足，要不要下车去瞧瞧。恍然间，弗洛伊德就发现自己身处另一个车厢中，被不同的陌生人包围着。他看到一对英国兄妹，车厢的书柜上放着一堆书，有亚当·斯密的《国富论》，席勒的部分作品。这些书看起来像是他的，但又似乎是这对兄妹的。就在那位英国绅士问妹妹是否忘带了席勒的一本书时，他感到自己想要插话进去予以确认，就在此时梦醒了，列车也到站了。第二个梦关乎他乘坐头等车厢的一次不愉快经历。弗洛伊德和一对极为粗鲁、不礼貌的夫妇同处一间头等车厢里。当铁路职员验票时弗洛伊德出示了自己花费巨资购买的车票，而对面的夫人则不屑地宣布："我的丈夫有免费待遇。"然后他试着睡觉。在梦中，他对这两个令人厌恶的旅伴采取了可怕的报复行为，然后车厢再次突然变换了。弗洛伊德感兴趣的是为什么自己在梦中处于一种自动游离的状态，突然就去到另一个车厢中。他的解释是自己先前治疗的一位心理病患具有分不清现实场景的特征，故而将此投射进自己的梦中，无意识地将他误认为自己。[530] 这一答案的有效性有待商榷，但弗洛伊德最早以主体自身身份的丧失和无能为力来解释梦中车厢的变换，将无意识的主体与车厢邂逅联系在一起。这从侧面反映出车厢经验在精神分析中的肇始地位：先有了车厢中界限的暧昧含混，我们才可能去思考一个无意识的主体。

此后在弗洛伊德的学说中，车厢经验和主体的危机、潜意识更加紧密地联系在一起，并被裹上理论的术语。1905年出版的《性学三论》中，他更是天马行空地将火车有韵律的机械振动和车厢中身体的性欲联结起来，认为铁路旅行可以激发主体的性欲带来快感，但也可能压抑主体的欲望使性欲机制陷入混乱——遭受创伤性的神经衰弱症。[531] 而在1913年《论治疗的开始》一文中，弗洛伊德让分析对象想象自己置身于车厢内向旁边的乘客描述窗外掠过的事物这一场景，来帮助他/她进入潜意识，实现自由联想。[532] 在这个意义上，车厢成了潜意识的原型空间，在行进中伴随着欲望的出现、升起与幻灭这一时间过程。

最后让我们回到弗洛伊德那篇大名鼎鼎，对文学艺术产生了深远影响的论文——《论诡异》（1919）。诡异（uncanny/unheimlich）不同于奇怪或可怕，尽管它能导致这些后果。诡异是一种陌生与熟悉纠缠在一起的悖谬状态，在像家一样的环境中混入了非家的因素。弗洛伊德认为，诡异根源于主体建立初期，自我认同还不能将自身和外部世界、和他者显著地区别开来，导致了一种界限的含混。[533] 所以诡异这一主体的危机又有两种呈现方式：一是对自我的怀疑，将自己误认作他者，或在他者身上看到了自己；二是对现实的不确定，分不清实在与想象的界限，一直被当作想象的事物突然在现实中出现，或者旧有的、被抛弃的信念似乎又被新的现实予以确认。[534] 潜意识的压抑机制和被压抑之物强制性地重复回归构成诡异的运作原理。[535] 它在经验中的触发条件则归结为婴儿时期被压抑的情结重新苏醒，或是曾被克服的原始信念又一次得到确证。[536] 诡异的概念在都市文学研究中大行其道，常被泛化为对现代城市空间的焦虑——特别是涉及侦探小说、哥特文化时用来解释相关的惊悚、怪诞体验和猎奇快感。[537] 我们暂时悬搁这些理论阐发，将注意力放在原文中的一个注释上——因为弗洛伊德在此仍是用自己在车厢中的亲身经历来帮助读者理解诡异究竟是什么。

行进中的列车猛烈摇晃着，我正独自坐在自己的卧铺车厢内。隔壁洗手间的门被晃开，一个穿着睡袍、头戴旅行帽的年长绅士闯入我的车厢。我猜想是由于洗手间处于两个车厢之间，他不小心转错了方向而进到我的车厢。我跳起来想要告诉他，可马上让我大吃一惊的是那个闯入者居然是我自己反射在门口镜子里的影像。我到现在还能回想起他的显现让我感到一种彻底的不悦。[538]

这一事件中的诡异是指镜子中的自我误认——同时认出又无法认出自己，在自身中发现了异己的存在；但它的触发条件却是车厢自身——界限标识的失效与陌生人对主体空间的侵入。正是弗洛伊德潜意识中明白车厢中私人领域与公共空间界限的模糊，才萌生了有关"闯入者"的不安想象。这一不安借助镜像得以释放，暗示了车厢似家一样的安全其实是脆弱不堪的幻象。所以主体才于不分明的含混状态中引发了认不出自己的怪诞后果。[539] 同理，基于这种界限的暧昧，弗洛伊德早年铁路旅行中犹如置身于地狱里的错觉，梦中车厢的突然变换恰好印证了诡异的另一面——对现实的不确定。车厢中的浮动界限展示了一个熟悉与陌生并存、既像家又非家的原型空间；车厢中的陌生人为主体提供了与他者误认的契机。所以问题不是我们能否用精神分析来解释有关铁路旅行的小说文本，而是诡异本身就是车厢里主体经验的转喻。

怀着以上认识我们再回到施蛰存的小说，会发现这些文本其实和弗洛伊德的理论一同分享了现代主体关于铁路的原初经验。一方面我们不需要刻意否认施蛰存写作中对精神分析的运用，比如《魔道》中的叙述者压抑自己注视、想象邻座老妇人的欲望，同时黑衣、黑影、黑啤酒等黑色意象的重复出现；另一方面也要意识到即使我们不用弗洛伊德的术语，也能从文本中推导出类似诡异的演绎范式。施蛰存曾用三个关键词来界定自己的作品：怪诞（grotesque）、色情（erotic）、幻想（fantastic）。[540] 色情或色欲的表达是施蛰存小说中对主体最主要的书写方式。如同他在评论自己极为推崇的奥地利小说家施尼茨勒（Arthur Schnitzler）时提到的那样：死亡和性爱是人生的两大主力，性爱对于人生的各方面都有密切关系；但是对性爱的描写不是把它局限于事实或行为，而是性心理的分析与刻画。[541] 弥漫生活的一切表征也许都关联着性的暗示，但性本身揭示的是真理的知识论述和主体的权力斗争[542]：性的心理永远关乎自我与他者之间的对立承认，哪怕自我不过是一种误认，抑或他者只是欲望的幻象。在性的牵引下，旅行中的冒险者在与陌生人的相遇中陷入了怪诞和幻想的两难：或者因为无法压抑强烈的欲望，放任自我于漂浮的能指中，导致对现实的否定、进入怪诞——《魔道》与《夜叉》；或者在幻想中为欲望指定了崇高客体（sublime objects）[543]，竭力将他者拉向自己，进而在无可避免的创伤中消除幻觉、丧失自我——《雾》和《春阳》。

马斯科特（Claude Massicotte）详尽分析了铁路在弗洛伊德学说中的隐喻作用，认为火车既是纠缠不休记忆的起源又是检索记忆、驱散过去的工具。这意味着火车为我们带来了两种理解过去的不同方式：过去（像铁轨一样）可以通过恢复联结、追溯踪迹得以复现，也可以（像车厢一样）是移动的实体——只有在无尽的转译、换位、重新配置中得到定义。[544] 这一论点有助于我们理解弗洛伊德和施蛰存如何用不同的路径构造出铁路之于主体的欲望试炼。虽然今天学界对于精神分析的科学性充满了质疑，但在弗洛伊德那里正是因为符合科学规范所以它才合理有效。通过分析诊断，荒诞的梦能够得到合理的解释——梦见自己突然置身于另一车厢是因为将他人的言行投射进来；心中的焦虑是可以克服的——通过回忆将原因归咎于童年时期车窗外燃烧的煤气灯让他误以为自己是在地狱中。可见弗洛伊德主要是在铁轨联结和追溯的意义上理解过去的记忆，火车对于他而言是一种祛魅（Disenchantment）的工具。与之相反，施蛰存则采取了永远处于转换、错位、重写的移动车厢这一模式，铁路经验成了他为文本着魅（enchantment）的法宝。《夜叉》的诞生即源于施蛰存将自己在车厢中的遭遇进行着魅处理——转译、错位并且重新配置。据他本人的说法：

> 一天，在从松江到上海的火车上，偶然探首出车窗外，看见后面一节列车中，有一个女人的头伸出着。她迎着风，张着嘴，俨然像一个正在被扼死的女人。这使我忽然在种种的联想中构成了一个 plot，这就是《夜叉》。[545]

所以施蛰存不仅没有对车厢中的邂逅进行解释、梳理的打算，反而是把它放进一个更宽广的历史资源和文学经验中，搅乱原有的框架，突破文学表达的界限。这恰恰和文中主角卞士明的宣言相呼应："我企图经验古代神怪小说中所记载的事实。我要替人类的恋爱扩大领域。我要从一种不自然的事宜中寻找出自然的美艳来。我真的完全抛撇了理智。"

　　这四篇小说中着魅的契机也非常有趣。《魔道》中的叙述者在火车上读了那些涉及奇异故事、宗教诗歌、性欲犯罪及心理学的书籍后,产生的追问预示了对现实的不确定:"难道中古时代的精灵都还生存在现代吗?……这又有什么不可能?他们既然能够从上古留存到中古,那当然是可以再遗留到现代的。你敢说上海不会有这样的妖魅吗?"《夜叉》中卞士明丧失了把握界限的能力同样是因为阅读书籍:"这是一世纪以前的事情,是的,书上这样说。但文字的力量能够打破时间和空间的隔阂,读了这样的记载,我也有些恐怖了。"而《雾》和《春阳》都是依托自然景色来呈现主体欲望的萌发、上升和幻灭。浓雾让素贞看不到窗外的风景,提供了她与陆士奎搭讪的话题,更成为她"一点看不清楚"自己欲望幻象的托词;春天的太阳光,不仅改变了婵阿姨的体质还简直改变了她的思想,在她内心种下了这样的骚动:"人有的时候得看破些,天气这样好!"书籍与风景作为触发欲望的两种介质,也许能解释主体试炼的不同结果:如同前一章的分析,风景呈现的是一个人的视野,是主体直接的自我确认,让素贞小姐和婵阿姨在与他者创伤性的遭遇后退回原有的避风港;书籍呈现出的记忆从来不独属于某一个人,读者在阅读中获得的正是在他/她之内却又不属于他/她的异己经验,所以主体欲望的实现不是满足或破灭,而是欲望的自我繁殖和阴魂不散——不论男主人公们逃往哪里,他们早已成为这一循环运动的一部分。而一个引申的解读或许是:迷恋历史、想回到过去的总是男人,女人更在意当下的安全感。所以从这个角度来看，我们可以说施蛰存的小说丰富了弗洛伊德以"欧洲白人男性"作为普遍单一主体的"诡异"论述[546]，不是以心理分析的途径，也不是依据作家个人的意志，而是故事情节发展的必然——文学的反讽力量。

与他／她者相遇：凝视和对话

《魔道》中对黑衣老妇人的刻画最令人难忘之处，是她对叙述者难以名状的凝视。从最开始在车厢相遇时，她就好像擅长透视术一般，偷偷地、阴险地对"我"凝看着。当"我"想要借看书来镇静自己、打发旅途时间时，突然发现她又在鬼鬼祟祟地偷看"我"了，越发显得像是个妖妇。读书不成，"我"便转向车窗外的风景，希望通过幻想逃避不愉快的现实，最终的结果却是自己的感觉和意识好像完全被老妇人异样的眼光支配了。如果我们天真地相信叙述者的说法，认为是这个奇怪的黑衣老妇人在一直凝视着他，那就真上了施蛰存的当。这里潜藏的问题是：如果不是"你"一直看着老妇人的话，又怎么知道她在看着"你"呢？凝视对方是意识到自己被对方凝视的前提。车厢中凝视的双向性在《雾》中以一种更为写实的方式呈现出来。素贞小姐由于车窗外的浓雾遮蔽了视野，转而鼓起勇气敢于向同车的乘客注视了。她最先注意到的是对面座位上的青年绅士，一眼就觉得他是一个很可亲的男子，继而偷瞧他看的是什么书。发现他在看的是一本诗集，由此引发了素贞小姐更深切的注意，"她再冒着险看他一眼"，最终确定了这位绅士就是完全符合自己理想丈夫标准的实体。

在继续的凝视中，素贞小姐发现这位绅士也在频频地看着自己，而且是一种全身心凝聚的、很大胆的看法。这种与陌生他者看与被看的凝视游戏，是车厢邂逅经验延伸至都市生活的重要构成，同时也指向自我与他者之间的一般关系。

"在19世纪的巴士、铁路、街车完全建成以前，人们从未被放置在一个地方彼此凝视几分钟甚至几小时却不发一言。"通过引述齐美尔的这句见解，本雅明感慨城市居民那充满防备功能的眼睛早已是负担过重——在这种充满戒备的眼神中，人们甚至能在这种沉沦中感到某种愉悦。本雅明将其归因于凝视的距离，导致人们倾向于认为"有用的幻觉"（useful illusion）比"悲剧的简洁"（tragic concision）更为重要。[547] 凝视的快感和有用的幻觉在《雾》和《春阳》中都有明显体现，这其实是主体在封闭的自我意识中进行着认同游戏，将世界和他者强行拉入自我幻想衍生出的范畴与框架。可是一旦车厢中的乘客意识到无法控制自己的凝视与幻想——如同无法控制急驶的火车一样，那么防护性的眼神就会倒向它的反面——针对被凝视的过度敏感。凝视总是体现为对一个具体可感对象的把握，而被凝视意味着无法捕捉对象、无力把握现实——除了将自身对象化、客体化外别无他法。《魔道》与《夜叉》见证了强烈的凝视导向被凝视的神经敏感，有用的幻觉变成一种伤害——泛滥的幻想与混淆现实的怪诞。

萨特（Jean-Paul Sartre）从"为他者存在"（Being for Others）的角度分析了自我和他人之间看与被看的凝视现象。他借由两个空间意味很浓的故事——独自一人的我在公园中与陌生他者遭遇、我从门后锁眼中窥视他人被发现的窘境，表明自我只有在他者的凝视中才能作为主体而存在。当我一个人坐在公园的长椅上时，周围的对象都呈现出为我的对象性——原则上没有任何对象可以逃离我的凝视，我也沉浸在完全掌握主体视域的快感之中。然而一个突然从椅子旁边经过的人，他的出现改变了这一切。他者的凝视不仅是对我视域的侵占，更将我变成他视野中的对象，我与我凝视对象的关系也在他者的凝视下被改变了。在他者的注视中，一个完整的空间聚集在他的周围，而它所聚集起的是曾经充斥于我的天地中的一切对象。因此，突然出现的对象却从我这里偷去了世界，我再也无法处于这个世界的中心。尽管如此，我的存在却又在他者的注视中得以被认可——只有当我成为他者的注视对象时，我才得以存在。这就是所谓"被他者看见"（Being seen by the Other）才是"看见他者"（seeing the Other）的真相。我从门后锁眼中窥视他人被发现，在他者目光下引发的窘迫与不安却让我显著地意识到自己的存在。萨特将这种自我由于意识到他人的注视而产生的不安划分为羞耻或是骄傲两种状态，正是这两种状态向我揭示了他者的注视以及这目光尽头的我自己，这使我有了生命，让自我又回到了主体的位置上。[548] 尽管主体把他人的注视视为一种"拖在身后的苦难"，可正是这种苦难恢复了主体的绝对性，"在消化这一苦难之后，主体表现出在它自身中获得了肯定，并且通过考验而获得了加强"[549]。相较于男性角色沉溺于被凝视的怪诞中无力自拔，素贞小姐和婵阿姨都在他者的注视中经历由骄傲到羞耻的变化，消化了他者施加的苦难。保全自身的秘密在于放弃主体绝对的欲望,对他者妥协,但这种妥协又是获得他人承认的必要条件。不被承认的主体只得在凝视／被凝视中失去与世界的联系,唯一能惊醒他的是作为界限的死亡——想想《魔道》中突然死去的小女儿以及《夜叉》里被扼死的村妇。

因此,人们只能依靠眼睛以外的力量才能逃脱出凝视／被凝视的诡异循环。当我们有意识地凝视对象或被凝视时,身体的界限总是清晰且僵硬的,主体与世界、自我和他者的分离有明显增强的感觉。但若我们暂时将全部的专注从视觉里撤出,转而与人交谈时,这种分离感就很弱甚至会有融合的错觉。只不过对话的结果往往令我们不情愿地意识到,自己再也不是先前幻想中独一无二、完整独立的个体。《雾》和《春阳》流露出的失落并非是欲望的对象不如人意,因为欲望的幻象早在表述中、对话伊始就被打破了。素贞递出陆士奎的名片向两位表妹打听是否认识此人,二妹的回答是:"谁不认识,陆士奎,电影明星。"而这样的表述在素贞脑海中对应着的想象则是"做影戏的,一个戏子,一个下贱的戏子"。婵阿姨本来在银行职员的注视下充满了期待——虽然窘迫但是欢喜,然而一句"太太"的回应和对另一位女子"密司"的称呼让她如梦初醒。反过来我们也可以设想,假如《魔道》《夜叉》中的男主人公们能够和黑衣老妇人、白衣女子展开对话,小说情节又会如何发展呢?即使不至于完全脱离怪诞,诡异的效果一定会减弱很多。毕竟,会说话的鬼魂、妖怪远没有那么可怕。

巴赫汀(Mikhail Bakhtin)主张主体的存在本质上是对话

性的，只有在自我和他者之间持续的交谈中才能不断加以确定。他认为诗歌语言体现的是一种封闭和权威，小说的文本空间中才有"众声喧哗"（Heteroglossia）之现象。"任何一个具体的论述（说话）都会发现它所指向的对象，已经被各种定义所覆盖，面临着争议，充斥着价值，笼罩在模糊的迷雾之中——或者，恰恰相反，沐浴在那已言说过自身的异乡言语之光线中。言谈的对象早已和共享的思想观点、相异的价值判断及语音腔调纠缠在一起。""对于个体意识而言，语言既是活的、社会意识形态的具体事物，又是异质众声发出的观点，它存在于自我和他者的边界。语言中一半的话语都是他者的。"[550]对话中言语的复杂与多元是对界限的反复消除与重新设定。也许是顽固的话语抵抗着语境的同化（素贞和婵阿姨对于"戏子"和"太太"的理解），也许是话语超出了经验可以把握的框架（两人对于"电影明星"和"密司"的想象），又也许是话语的显现违背了说话者的意图（银行职员称呼婵阿姨为"太太"时并不一定是嫌她年老，而二妹更可能是以憧憬、羡慕的口吻说起"电影明星"）。说到底，视觉是一种专制的体验，无论是凝视还是被凝视，要么是绝对的为我，要么是绝对的为他——这恰好与巴赫汀将诗的语言形容为封闭、权威相一致；或许这也是为什么波德莱尔的散文诗、本雅明的诗意批评总是与单纯的视觉因素完美结合。视觉传达不出言语的歧义性和经验的异质特征，这只有依靠对话才能暴露出来。而对话不管形式有多么随意、内容如何琐碎，始终是无法制服的异质体验，一种我中有他，他中有我的流动。欲望设定的对象，它想要获得、征服，甚至对抗的他者在视觉中达到顶峰；可一旦落入对话中就被摔得粉碎。这倒不是因为交谈揭示出的欲望对象不符合标准这样的"真相"，而是在对话的世界中根本就不会有这样的理想对象存在。对话从一开始就没有一个纯粹的他者（自我）被分裂出去。素贞和婵阿姨所遗憾的是欲望本身而非欲望的对象，她们的失落是接触他者之后成熟主体的失落。开启的对话令她们免遭否定现实后的怪诞惩罚，但在这种与他人的激烈相遇中，她们感到了主体自身的虚妄——"生活的本质是对话性的，而人是一种通过他者才能成为自己的存在"[551]。

值得注意的是，施蛰存本人恰恰对小说中人物的对话持抵触态度。在一篇名为《小说中的对话》的文章中，他直言不讳地宣称小说中最难写的就是对话，对话具有笨拙、幼稚之感，容易让读者揣知作者的企图并为故事平添上一种使命感。这其实是新文学运动后的民国小说对西洋小说中的对话形式生搬硬套的后果——中国古代的小说创作多是以随笔的形式讲故事。施蛰存继而援引另一位讨厌对话的日本小说家谷崎润一郎的言论寻求支持。后者指出现在日本作家在小说创作时越来越不愿意叙写会话了，小说的写法变成了故事风，甚至转向更为冲淡的随笔风，但这其实是对东洋文学之传统精神的领悟。对于这种"从复古中取得新"之论点，施蛰存深以为然，并且反问道："倘若是一个美好的故事，用著者的口气叙述得非常生动，即使没有一点描写，没有一句对话，难道读者会觉得缺少了实感吗？"[552] 可见施蛰存调用传统资源为铁路经验进行新的着魅，不只是在小说内容中也体现在叙述形式上，这也使得

《魔道》《夜叉》等小说在 1930 年代的小说创作中显得别具一格。所以对话在施蛰存的小说中——尤其是《雾》《春阳》这些更加贴近现实主义的作品中——总是起着点破的作用，刚一开头便草草收尾了。我们不禁好奇，倘若车厢中与陌生人的对话能够持续下去又会是怎样的情形呢？

《平沪通车》中的信任危机与欺诈游戏

车厢中的艳遇和骗局

《平沪通车》是著名通俗小说家张恨水的作品，也是中国现代文学史上为数不多的一部以铁路为主题的中篇小说。其最先于 1935 年开始在著名的《旅行杂志》上连载，几乎每期一章，实现了传统章回体小说与现代大众媒体的完美结合。小说文笔老练、叙事流畅，充满对于世间人情冷暖的细致刻画以及出门在外的谆谆教诲。上海百新书店于 1941 年将其单独成书出版，短短五年间就重印七次，畅销程度可见一斑。

故事背景设置在 1935 年 1 月 3 日下午三时五分开行的由北平（北京）直达上海的列车上——与现实中的列车时刻表完全一致。男主人公胡子云是上海的银行家，头等车厢里的乘客。他在餐车里邂逅了一位年轻貌美的摩登女郎柳系春，后者因未买到卧铺票而发愁。两人眉来眼去试探之间开始攀谈，胡子云发现这个萍水相逢的陌生女子居然还算是自己的远方亲戚。面对这位婚姻不幸的新派女子，胡子云难免见色起意，邀请柳系春去自己的头等包厢内休息。柳系春举止优雅、通晓英文、为人大方，胡子云像着了魔似的对她积极追求。在这段艳遇中，势利的茶房、欺软怕硬的查票员都承担不少戏份，他们在车厢中的移动更是引出了其他乘客的故事：隔壁头等车厢内携带爱犬的大少爷齐有明；二等车厢内胡子云的旧友，为人世故的教授李诚夫以及曾有几面之缘的余太太；三等车厢内柳系春曾经的同学，清贫恩爱的张玉清夫妇等。就在两天两夜的旅程即将结束，火车快到上海站时，自以为会抱得美人归的胡子云方从梦中惊醒，发现自己皮箱里的十二万巨款不翼而飞，柳系春也趁他睡着之际在苏州站悄悄下车。借助茶房的报告和齐有明的消息，胡子云才恍然大悟自己是中了骗局，那老鸨出身的余太太更是女骗子柳系春的同伙，而三等车内所谓曾经的同学跟柳系春其实并无多少交际。小说结尾是数年后，已经穷困潦倒、衣衫褴褛的胡子云再次搭乘此趟列车由上海前往北平，只不过这次他成了三等车厢内最底层的乘客。当列车又经过苏州站时，往事不堪回首的胡子云看到车窗外年轻貌美的摩登女郎不禁陷入疯狂。他跳下车去警告女郎身旁大亨模样的男子小心女骗子，却被人视作疯子，为继续前行的列车所抛弃。[553]

早在 1913 年上海至北京就有每星期开行一列的旅客火车。自 1933 年起，改为每日对开一列，旅客要在南京下关至浦口间乘渡轮过江。1934 年开始采用火车轮渡的方式，即乘客可以留在车厢内随原车一起过江，运行时间缩短至三十六个小时。[554] 至此，北京和上海之间的空间距离被嵌入进一个完整封闭的铁路系统中——人只要待在车厢内，依靠机器来克服距离障碍，无关承载其下的是铁轨还是轮船。小说中的"通车"便是寓意在此，作者借余太太之口评论道：现在这样出门算不了什么，只要在北平前门上了火车，就算到了上海北站。这趟在线的列车设备自然是奢华讲究——头等客厅车和餐车的内部样貌可借当时报道的照片加以领略（见图32及图33）[555]；服务水平臻至一流——《旅行杂志》的主编赵君豪乘此线自上海北游后，称沪平通车"引起旅客无限的好感"[556]。

图32 "头等客列车内景　各皮椅均可旋转"

图33 "沪平通车餐室内景"

男性乘客在车厢内邂逅陌生美女的故事在之前的文学作品中已多有出现。除了前述刘呐鸥的《风景》，更早还有另一位鸳鸯蝴蝶派作家朱瘦菊的小说《新歇浦潮》，其中第八十二回就有"彭公子车厢逢艳侣"的情节。但车厢内的美丽女子以一种西化的新女性形象出现——身着高领皮大衣的摩登女郎则是1930年代的文化产物。当时《大众画报》曾刊载广州一个名为"羊社"的文艺绘画社团之作品，有一幅漫画《车厢内的自由神》便是描绘这种西化的时髦女性（见图34）[557]，与《平沪通

图34 《车厢内的自由神》

车》对柳系春的文字描述及所配插图如出一辙（见图 35）。[558]

车厢里的摩登女郎其实是猎取钱财的女骗子，这样的桥段在当时新闻报道中亦屡见不鲜。陈建华发现上海的小报《福尔摩斯》1928 年刊载的一则新闻《宁沪车中之美人计》即是一例，其中有关陌生男女在车厢中相互凝视、借由茶烟之事开始交谈的套路与《平沪通车》的情节极为类似。[559] 除此之外，像《火车中之新骗术》报道的是南洋一位商人在火车中被美艳的泰国少妇用咖啡迷倒，丢失钱财而大发神经病。[560]《火

图 35 "系春呢却是低了头避到一边去"

车中又发现漂亮妙龄女贼》讲的是南京至上海特快列车的头等车厢中，一位有钱少爷邂逅一位陌生女子，两人同样是以借火吸烟为由，互通款曲。该女子打扮时尚，风姿绰约，交谈之中更是显得对于国家大事、社会民生等颇有见解。少年对女郎崇拜至极，心神荡漾，以为遇到了自己理想中的爱人而极力示好。等到他钱财尽失，女郎也自中途下车后，才意识到其"实乃一神技之女偷也"。[561] 无可否认，《平沪通车》的故事和这些新闻报道存在一定的关联性，但这并不意味着它反映的是某种客观事实，况且这些新闻本身都有太多可疑之处，更像是为博人眼球而添油加醋的故事。

　　无论是在中国还是西方，女性刚进入现代公共空间时，作为被害者的概率要远远高于自身成为加害者的概率。街头、公园、车厢，女性在这些公共场合不单是可能和男性一样遭受意外，还会因为自身性别的因素而面临更多的不安与威胁——这是男性漫游者和冒险家无法想象的。维多利亚时期的英国都市和20世纪初的北京城都存在着类似的现象：男性作者主导下的新闻报道、旅游指南以及通俗小说，都在极力告诫女性新的公共空间对她们来说是如何危险，并时刻提醒作为女人身体上的脆弱无力。[562] 与需要男人保护的柔弱女子相对应的，是文本中常出现的另一女性形象：会祸害男人、谜一样的危险女人。如果说前者是针对女性读者的规训，那么后者则是面向男性读者的教诲。车厢中的陌生女人永远都是时尚漂亮、充满诱惑的，她们时刻懂得利用自己的女性特质去勾引、欺诈、诬陷、偷窃那些处在蒙昧和被动之中的男性乘客。所以火车上的骗子一定是由美丽而狡诈的女人担当——她们不可能逾越自己的性别特质去干男劫匪的活，虽然有时会和他们共谋。[563] 柔弱女子和危险女人都有着被男性作者物化、类型化的倾向，甚至一定程度上是对现代公共空间中女人的污名化。但这并非要我们去质疑车厢中骗男人钱财的摩登女郎所具有的历史真实性，只是必须谨记这种"真实"及在文学中的再现同时也是男权意识形态的产物。正如女性主义学者伊丽莎白·威尔逊（Elizabeth Wilson）论述的那样：男性作家及其笔下男主人公挥之不去的焦虑和痛苦是和性的观念紧密联系的，在都市环境中体验无限可能的同时面临致命的危险。由此现代女性在城市中总是被再现为引诱者、妓女、堕落的女人、女同性恋，但也具有遭受危险时的善良女性特质，以及战胜诱惑和苦难的英雄女性特质。出现在现代公共空间中的女人是城市的闯入者，是混乱和问题的症候，是城市中的斯芬克斯（Sphinx）。[564]

恰好周蕾（Rey Chow）为《平沪通车》提供了一个女性主义版本的解读。在她看来，这一铁路旅行中艳遇变骗局的故事关键是神秘危险的女性他者与现代性的结盟，并被越来越商品化的现代世界赋予了合法地位。胡子云沦为这场欺诈游戏的输家，是因为其自身作为传统的、男性沙文主义者，既被新的世界所抛弃又无法回到旧世界中去。尽管他曾尝试对这新的世界进行解释，却意识不到光晕（aura）消散的现代世界危机四伏，只能落入她者的陷阱。而柳系春之所以成为赢家，恰是因为作为社会边缘人的女性身份——她能具有毁灭性的力量不仅是因为艳遇中性的角力，更是因为她自觉地自我贬损为窃贼、妓女、一个西化的女人。柳系春的现代生活方式和火车的运作遥相呼应：冷酷无情、充满效率，从不等待别人。[565] 这种解释背后有着强烈的个人身份政治姿态：鸳鸯蝴蝶派的通俗作品长期被现代文学史中占据正统地位的五四作家所轻视，这为周蕾设定了一个从边缘位置出发的契机。她发现这些作品中所具有的感伤、煽情、说教，以及碎片化、戏仿性的叙述正代表了一种女性化现代性特质，以此挑战占据中心的、代表男性特质的五四作家，把价值评判完全颠倒过来。周蕾对《平沪通车》的阅读不乏启示，却因为对抗性太强——太过在意一种中心/边缘、男性/女性的二元对立框架，导致对文本进行过度阐释。比如银行家、头等车厢乘客胡子云，明明具有显著的理性计算能力和丰富的现代旅行经验，却为了符合上述公式，而被划为传统中国的代表。同样，柳系春成为车厢中的女骗子是否是因为女性主体意志的选择我们不得而知，她所动摇的更像是现代的理性规范而非一种想象的传统。简言之，如果我们重视的是传统/现代、男性/女性在权力关系中所处的位置而不是这一不平等关系本身，那么结果只能是颠倒了中心/边缘位置上的对象而无法真正颠覆这一权力模式。

鉴于此，我将从信任危机和女性主体两个角度对《平沪通车》予以新的解读。首先，车厢不只是艳遇发生的背景，铁路也不只是现代性的象征——它们都切实地参与了这场与陌生人的邂逅。骗倒胡子云的不只是扮演摩登美女的柳系春，还有车厢、铁路及其背后整个的现代抽象体系。其次，柳系春的多重身份扮演及女骗子这一匮乏的主体称谓，正说明主体本质上无法界定,并不绝对存在。她的颠覆力量并非来源于和传统男性对立的现代女性建构,而是作为她者在永远成为主体的过程中一次又一次的展演行为(performative acts)。

主体的困境:抽象信任与展演颠覆

齐美尔将陌生男女之间的艳遇视作现代冒险经验的典范,是因为它同时包含了欲望的强力与理性的妥协。冒险家们要想成功,除了依靠自身的能力之外,还必须祈求外在于个体之上,不可计算的运气。彼得·贝利(Peter Bailey)受此启发,对维多利亚时代火车中的艳遇及其文学表征进行了探讨。车厢从一开始就被视为男女情爱冒险的最佳场所:乘客在其中暂时摆脱了家庭、工作上的身份束缚,与陌生人一起心照不宣地进行角色扮演游戏。与维多利亚时期主流意识形态对性的压抑形成对照,车厢成了逃脱这些教条规范的"法外之地",上演着快餐化的现代"狂欢节"(Carnivals)[566]。另一位学者马修·博蒙特则延续弗洛伊德的脉络,将车厢定义为一种"诡异地方"(locus suspectus),关注西方现代文学和电影是如何以车厢中的犯罪来表现个体的自我异化。而车厢在作为犯罪现场的意义上,构成了诱发、转化现代经验的最佳情景。[567]结合这两方面来看,艳遇和犯罪,快乐与毁灭,从来都是车厢一体两面的存在方式。

《平沪通车》里艳遇最开始是在餐车上发生的。根据文本所述,餐车处在连接三等车厢和头二等车厢中间的位置。不过按照列车的规定,只有头等和二等车厢内的乘客才可入内。这以资本为门槛划定的特定空间给里面的消费者提供了一种归属感，也限定了胡子云去想象另一位陌生女子身份的范围：女学生？姨太太？都不像，但总之是属于阔人之流的摩登女士。而犯罪进行的现场——头等车厢却是整列火车上最为奢华和安全的私密空间。当列车停靠在较大的车站时，茶房为了讨好胡子云表示自己会帮他把房门锁紧，叫他不用担心只管下去走走。对于这种金钱买来的安全与舒适，胡子云自然视作理所应当，但同时又更愿意把它想象成是对自己作为一个现代文明旅客的奖赏。小说中借胡子云之口抒发的两处议论，极为生动地刻画了这种有钱人心态。

> 并不是因为我有饭吃，我就说花不起钱的人不好。的确的，公众场所，总是花钱多的地方，秩序要好些。譬如电影院，卖一块钱门票的影院，里面是咳嗽声都没有，一毛钱门票的电影院，那里面就像倒了鸭笼一样了。[568]
>
> 现在青年人，动不动就说铲除阶级，这是谈何容易的事。你看，就是当小贩的，他们也分阶级，有力量的，自由自在的，在站里面做买卖。没有力量的，就在木栅栏外面等候主顾了。[569]

这种悠然自得的优越论调，和日后胡子云在三等车上遭人嫌弃，因为一身破烂而不敢和人计较的穷困潦倒形成极为鲜明的对比。此时还未遭罪的胡子云自然不会考虑这些，在与李诚夫、余太太的谈话中，他极力想表明自己之所以高人一等，不光是因为有钱，还因为自己的行为举止算得上是"火车上的典型旅客"——一个讲卫生、守秩序的文明现代人。不用说，在胡子云眼中，柳系春除了有钱外，举止文明、态度大方，当然也是属于这种"典型旅客"的范畴。可见美色只是诱因，真正让胡子云安下心来敢于对柳系春展开追求的是后者的言谈和行为。这种有关现代文明旅客的想象无疑在艳遇和骗局的顺利进行背后起了推波助澜的作用。

与此类似，平沪铁路的运行时刻、经停站点以及沿途的地方知识，这些看似客观的信息也在两人的交锋中有着偏向柳系春的嫌疑。余太太在和柳系春的两次秘密对话中，断断续续地涉及火车沿途经过的城市："以不过苏州为宜""镇江最好""常州无锡都没有镇江好"。对于读者来说，已经隐约猜测到她们是在确定下手的地点和时机——这些都是列车会停留较长时间的站点；但对于胡子云而言，这些车站的名字只不过是旅途路线上的符号而已，况且他对这些地方更是了如指掌——比如小说中各个地方的名胜特产往往是以胡子云的视角来为读者介绍的。张恨水通过此种叙述手法一方面让艳遇/骗局的发展配合真实的铁路运行状况使读者信服，另一方面借文中人物的论述为当时《旅行杂志》的读者提供实用的出行信息。那么难免令读者疑惑的是，为什么一个旅行经验如此丰富，掌握了沿途信息的火车乘客胡子云仍然还会上当受骗？真的是因为他色令智昏，失去理智了吗？其实不然。因为《平沪通车》的整个故事都是在提醒读者胡子云之所以上当受骗不是因为他缺乏经验和常识、没坐过火车，恰恰是因为他太依赖于过去的经验,相信自己积累起来的旅行知识,反而落入了陌生人的圈套。

一个典型的例子就是浦口渡江那一段:火车轮渡时,柳系春借口要去下关买咸水鸭而从浦口下车,实际上是为了和余太太商定最终的地点。胡子云对此不以为意,反而觉得这位小姐的举动有名士气,很脱俗。在旁附和的李诚夫由此推断柳系春一定是老走平沪路的常客,解释道:"这一渡江,现在虽是省了旅客下车上船,下船上车,可是这渡江的时间,实在是长得很,几乎要达到四个钟头。所以由北方到南京来的人,虽是坐在车上可以过江,也不愿坐了车过去,总是由浦口下车,坐了渡轮走,因为这样走,至少是要早三个钟头进城的。""老坐这趟车的人,到了浦口,立刻过江,到下关去洗个澡,还可以到馆子里去吃餐晚饭,从从容容地由下关车站上车来一点也不误事的。"[570]李诚夫此番谈话事实上是针对《平沪通车》当时的读者而言,既说明了"通车"一事的来龙去脉,又为潜在的旅客给出了打发时间的建议。但在艳遇/犯罪的发展脉络里,这一旅行常识却成了麻痹胡子云、掩护柳系春行骗的助力——为什么要去怀疑任何一个正常旅客都可能做的事呢?这体现了张恨水在情节铺陈上的巧妙手段,更让整部小说超越了规训旅客行为、传播旅行信息的导览范畴。不论是之前文明现代的"典型旅客"之规范,还是现在有关铁路旅行的常识,都不足以保证乘客在车厢中的安全。一个看似正常的陌生乘客可能是对"我"图谋不轨的骗子,而"我"所获得的知识、积累的信息同样会被他/她加以利用。所以在与陌生乘客的相遇中，知识与经验都不可靠，唯一能做到的是抑制自己的欲望。这并非是欲望本身要为车厢中的罪行负责，只不过追求欲望所要承担的风险远远大过理性计算的考量。鉴于艳遇和犯罪进程中的不可测控因素，主体只有以节制欲望、限制与陌生他者深入交往的办法将这两扇门同时关上。

不得不承认，胡子云在追逐欲望的过程中依然保持了理性谨慎、时刻计算的现代人特征。事实上他从来没有真正对柳系春放心过。在邀请柳系春进入自己的头等车厢后不久，胡子云就趁她出去时偷偷查看她的皮包以探听她的底细，想知道里面是否藏有什么秘密。随意放置的钱票让胡子云相信这是阔少奶奶对金钱不在乎的表现，一枚不戴了的订婚戒指印证了他之前有关柳系春婚姻出现问题的猜想，而一封写给友人的信上面有着在杭州的具体地址更向他证明柳系春不是一个来路不明的人——她有着自己的关系网，有着自己的身份。以结果论来看，胡子云确实不是一个成功的侦探，但我们不能因此否认他的努力，以及他诸多推测中蕴含的合理性。另一处细节更为直接地说明，胡子云即使在满足了性欲，春宵一刻之后，仍然冷酷地盘算着自己和柳系春的关系。"看她的样子，脸上也带了不少的聪明，处世的门槛应该是很精，何以她怎肯这样的，让男子占尽了便宜？是了，她虽说不在乎钱，然而钱这样东西，究竟是可以吸引人的。她必然是以我是个银行家，和我合作起来，无论怎么着，也可以得到一些银钱上的便利。现在她决不会沾我一文钱便宜的。久而久之，恐怕就谈到钱上去了……"[571] 这番思量既透露出胡子云"银行家"的本色，也让我们看到胡子云不是没考虑过柳系春图谋自己钱财的可能性。他只是根本没料到骗局会来得这样快——三十六小时的旅程中，更没想到居然就发生在火车上——安全的车厢、严格的制度、熟悉的线路、文明现代的乘客等幻象转瞬就崩塌了。正因为如此，我们不能将骗局成功的原因简单概括为胡子云被一个陌生的摩登女郎骗取了信任——他的信任从来不只是针对另一个具体的个人，而是一种夹杂着车厢空间、乘客规范、铁路系统、知识经验的"抽象信任"（abstracttrust）。

"抽象信任"是社会学家安东尼·吉登斯最早提出的一个概念。在前现代社会，时间与空间是联系在同一个具体场所中的，社会关系在这种熟悉的在场（presence）和地域性活动中依据家庭氏族、宗教信仰等延展开来。但现代性的来临导致了时间与空间的分离，社会关系从原本彼此互动的地域性关联中脱离，并且在一个无限跨度的抽象时空中以不在场（absence）的方式重新组织起来。有限个体在无限的时空中必然会面临信息的缺乏，而信任即源于时空中的不在场。毕竟，我们不需要对一个永远为我们保持可见的对象或一个让我们彻底掌握的系统怀抱信任。因此吉登斯认为，信任本质上与现代性的制度相关。在现代社会中，信任被授予的对象不再是个体，而是抽象的能力；信任涉及的内容不再局限于承诺和情感，而是包括象征符号、专家系统在内所有知识和信息汇集的抽象体系。抽象信任成了主体必须具备的能力以用来处理时空中的不在场问题，而这问题背后往往指涉另一个主体看不见的活动，即他者的自由。[572] 吉登斯还敏锐地察觉到，这种抽象信任的产生不仅影响了本体论上的安全感——和主体漂浮不定的身份捆绑在一起，也与亲密关系的转变息息相关——在艳遇这种新型的浪漫爱情中，熟悉与陌生的两种状态快速地反复交替。[573]抽象信任所能获得的奖励只不过是使日常生活正常运转，它要承担的风险却是现代世界的动摇及主体自身的毁灭。小说最后安排胡子云数年后看到一个长得像柳系春的女人从而陷入疯狂，这和他当初在车厢中意识到自己被骗时的镇静形成一种有趣的反差。他对火车的无可奈何，对铁路的无力责怪，对自己的懊恼，对女骗子的痛恨，都再次印证了这个故事的教诲：物与抽象体系在现代性中永远处于免责的状态，主体唯一能做的只有节制欲望，提防他者。

胡子云的乘客形象象征了现代主体理性、秩序的一面，但却在一系列看似合理的过程之中推演出了不合理的结果：依赖抽象信任和经济资本建立起的身份看似稳固，实则脆弱不堪。柳系春尽管代表了现代主体非理性、无序的另一面，然而这种混乱无序同样是以合乎理性、遵守秩序的方式表达出来的。这里面体现了现代性的狡计：正如非理性的对象也只能依靠理性的表达方式谈论自身，对现代秩序的颠覆其实也是现代性游戏规则的一部分。我们可以通过省察柳系春扮演的一系列不同身份来理解这一点。

当她刚在车厢中出现时，是一个没买着头等卧铺的摩登女郎；在餐车中和胡子云相遇时，她是一个看着洋装书，会英文，要抽名牌香烟的阔少奶奶；两人间的对话揭示了她是胡子云朋友的亲戚，并且是一个婚姻不幸的新派女子；随着两人交往的深入，胡子云感到她是一个体贴的旅伴；三等车里以前的同学，证明柳系春是曾受过教育的女大学生；在面对穷苦乘客时的大方义举，又让柳系春看起来像是个善良的妇人；她的言行举止也表露出自己是非常熟悉这趟平沪铁路的老乘客；作为胡子云欲望的对象，柳系春是温柔的情人；但在最后胡子云人财两空时，才从别人嘴里得知，她是火车上有名的女骗子——所在地址无人知道，真实姓名始终不明，柳系春这个名字当然也是假的。就算最终我们将她的主体界定为女骗子，这样的谜底也没有任何价值，等于什么都没说。女骗子，只是我们在掌握片面信息的情况下，对无法界定本质的主体给予的暂时称呼。我们甚至无法将女骗子归类进工作女性或家庭妇女等习以为常的分类范畴里。女骗子就像是一个占据着空位的零，拒绝着所有"女人"条目下的名词属性、分类标签，但又可以作为一种流动的主体同时拥有它们全部——这正是柳系春在车厢中的所作所为。

此外，即使确定柳系春是女骗子，这是否意味着她在车厢中展示的一系列形象都是假的呢？倒也未必。我们在不知道什么是真的情况下，很难确定柳系春的多重身份和所具备的现代乘客的言行举止有多少是装出来的。只不过一个曾经的女大学生也可能是现在的女骗子，她对胡子云的"残忍"和对穷人体现出的"善良"并不一定互相冲突。张恨水提醒说："女人的心，很是难揣测的，有时很厉害，有时又很慈悲。那管媳妇的恶婆婆，常是口里念着阿弥陀佛。妓女们常是把忠厚青年，引诱得他倾家荡产。可是对那街上素不相识的贫寒人，也常有把整张钞票施舍的事。"[574] 表面上看，这仍是传统男权社会对于"女人善变"的想象与告诫，但结合车厢邂逅的语境和乘客主体的反思，这种提醒也具有了新的现代内涵：不要根据片面的行为去推断他者的本质，对主体的理解只能局限于她／他在具体情境中的再现活动。这就和朱迪斯·巴特勒（Judith Butler）以展演理论反思现代主体的做法不谋而合。

巴特勒认为，女人作为一个主体，并不绝对存在，也不是作为既存男性主体的绝对她者而存在。其是在永远"成为"主体的过程中，通过不断重复的性别展演，借助具体情境中的言语述行来暂时地建构身份。[575] 展演不只是表演，前者是主体针对他者进行的一切言语述行，后者更多是根据既定的规范或某种角色展开的活动。所以主体可以在再现中容纳个体扮演的各种角色，却没有一个先行存在、能被表征的本质。强调主体的展演性意在提醒我们，不要去想象一个隐藏在言语行为背后的内在自我，因为并不存在一种能脱离展演活动之外的本体论状态。[576] 主体的展演活动，不仅关涉个体的自觉行为，更是涵盖了权力论述、身体实践、意识形态的质询、非人的物、抽象体系等诸多要素的协同运作。由此建立起的身份认同不可能是清晰直接的，也不会一劳永逸，必须要在不断重复之中进行再次确认。如同古希腊哲学家赫拉克利特（Heraclitus）的名言——人不能两次踏进同一条河流，巴特勒也特别强调没有两次完全一样的重复。因为在展演活动的具体情境中时空是变化的，经验是流动的，构建的身份每次都要重新被赋予意义、重新被置于新的情境之中，所以重复之中蕴含了颠覆与改变的可能。展演的颠覆力量不是和既定秩序的对抗，也不在于它对当下权力关系的破坏或超越，而是源于对现存资源、规范、角色的重复利用。[577]

女骗子柳系春实在是上述展演主体的最佳代言人。她展示了一切令人信服的细节，但在本质的位置上永远是空无——谁都无法确定的陌生人。她对铁路秩序的遵守和利用，对各种乘客类型的重复展演，使她构建出的身份比真实还真实，比典范还典范。真假的判定原则在她面前失效了，胡子云却还在致力于弄清什么是真、什么是假。也许是积累起来的资本和符合理性、遵守秩序的生活让胡子云忘了真实在现代性的条件下也是可以建构的，这只能等他丧失资本、陷入落魄时才会重新想起来。《平沪通车》的劝讽意味也显露于此，尽管我们对陌生人一无所知，尽管我们没办法检验信息的真假，但会被骗钱这一点是无可否认的真实也是承担不起的后果。柳系春和铁路的共谋共生，让她的颠覆也落脚为一种游戏：胡子云的失败和柳系春的胜利并不构成两种现代主体的取代关系，而是成了现代性内部的一种自我调整。资本从凝聚走向流动，界限从明确转为模糊，他者从陌生变熟悉并再次变陌生，在这些过程中铁路和现代性的体系始终是毫发无损的。所有的责任都被转嫁到主体自身的欲望上，所有的教训都被归结为亘古不变的箴言：他者不可信、小心陌生人，而火车永远继续向前开。有趣的是，这一现代性颠扑不破的真相偏偏是通过一部与理论无缘，欠缺正面批判力量的通俗小说暴露出来的，这或许再次印证了叙述的意义总是能超越自身的时代，与文字的反讽力量一起持续存在下去。

结语　无尽的铁路

"火车上的时间过得真是又漫长又曲折啊,先生。"
"的确,"福格回答道,"但时间依然在流逝。"
——儒勒·凡尔纳,《环游世界八十天》[①]

铁路是为了让人重新发现世界才诞生的:向着远方延伸的铁轨诉说着空间的消散、重绘着大地的版图,奔驰其上的火车昭示着时间之矢的方向;而一旦置身于行驶的列车中,即使是最强硬的时间 B 理论捍卫者大概也会像福格先生一样相信时间的流动。铁路改变了我们感受时空的方式,重塑了我们对世界的把握。它不仅在社会经济中发挥着实际作用,也在历史文化领域渗透着强力影响。本研究悬搁铁路的既有定义,将其

---

① Jules Verne, *The Extraordinary Journeys*: *Around the World in Eighty Days*, trans. William Butcher (Oxford: Oxford University, 1999), 153.

从固定、静止、被动的物之对象转变为能动性的联结、反思的路径,探讨铁路在晚清民国的具体情境中是如何与现代的想象、经验勾连在一起;以铁路为方法、为契机、为理解中国现代性的钥匙,聚焦语言概念、视觉图像、事件话语、民族国家、风景旅行、陌生他者这六个不同的研究单元,在对它们反复的重组变换中,呈现出铁路之于现代性的派生过程。

由于宣称要用一种新的眼光看待物,对铁路的定义就是不做定义,这使得本研究面临一种悖论式、现代主义美学的危机——界定无法界定之物、言说不可言说之事。为此,我不得不一遍遍重申本书既不是有关铁路的物质文化史,也不是当前时髦的非人类转向下物的理论批评(thing theory)。本书前三章涉及晚清的部分可以看作对前者的回应。我关注铁路在晚清民国的历史细节,不是为了讲述中国人的世界出现了铁路,发生了翻天覆地的变化这样一个连贯的故事;而是当铁路成为人与世界的中介,取代了"人—世界"的解释模型后,"中国""现代的中国人"是如何通过语言认知、视觉感受、事件话语而在"人—铁路—世界"这样一种同时并列、不可分割的图示中于焉成形。所以晚清时的铁路是被处理为流变的概念符号、聚合起来的混杂话语和新兴的经验方式。然而本书后三章关于民国铁路的书写则可看作对"传统"文学研究、文化史研究的一种回归。在这一时期,我逐渐学会坦然接受人与物的纠葛不清,不再刻意强调铁路作为物的一面。就像没有绝对的主体,也不存在纯粹的客体。既然人总是借助非人的物来表达自身,那么我们就不能否认物也可以通过人来显现自己。恰如海德格尔提醒的那样，没有脱离历史情景而独自存在的物本身——人与物、人与技术之间充满了牵连和指涉，由一者导向另一者。① 然而，后人类层出不穷的理论术语经常让我感到有些茫然无谓——我相信它除了生产喧嚣之外还是有着自己的思考，但我的做法还是回到具体的文本中，寻找承载历史隐喻、叙述功能、文学意义的铁路，尽可能看多一点、读细一点、想深一点，如此而已。基于此，本书从铁路梦的角度探讨孙中山的民族主义和民族国家构想，借助铁路旅行与风景观看重新阐释瞿秋白、徐志摩、郁达夫等人的文学作品，在施蛰存、张恨水的小说中反思现代主体与他者的关系，以至于铁路像被文本覆盖遂成为文学、哲学的一部分。但铁路本来不就是和文学、哲学相通的吗？马克思也说过类似的话："正是同一种精神在哲学家的头脑中构筑哲学体系，也借由工人的双手修建起铁路。"② 不过，这种处理铁路的书写方式也许令某些读者失望：一个对火车感兴趣的铁路爱好者读完全文，可能并未找到他／她希望看见的铁路；而一个熟悉中国现代文学、文化的研究者又可能会觉得不相干的东西讲得太多。

除此之外，充斥全书的理论思辨——浓厚的"西化"色彩也曾让本研究遭受质疑。为什么要用西方的理论来解释中

---

① 参见 Martin Heidegger, *Beingand Time*, trans. John Macquarrie and Edward Robins on (New York: Harperand Row, 1962), 95-99。
② 出自马克思1842年所作《〈科隆日报〉第一七九号的社论》一文，转引自 Walter Benjamin, *The Arcades Project*, trans. Howard Eiland and Kevin McLaughlin (Cambridge, Massachusetts, and London, England: Harvard University Press, 2002), 655。

国的现代性议题？既然研究本身是西方话语、思想规训的产物，又如何能推导出一个中国自己的铁路现代性来？这些提问看似持平反思，却非出于对问题和研究本身的发问，而是赤裸裸的权力诉求。其无非是将意识形态的中西之争扩展到思想的领域，一方面要求西方有什么学说，我们也要有什么，而且必须得更好；另一方面又强调西方的理论不适用于中国。的确，理论不是普世的，对理论的思考却可以是；理论也不解决实际的问题，反而是制造更多问题以此给人启发。只要理论不是用来吓唬人的摆设、生搬硬套的教条，又或制造中西对立这类伪问题的伪术，那么它在任何时候任何地方与思考研究发生关联都没什么不可。用王国维的话说："学无新旧也，无中西也，无有用无用也，凡立此名者，均不学之徒，即学焉而未尝知学者也。"[①] 然而需要指出的是，"学无中西"是就思想态度和研究方法而言，这并不意味着在观察和思考的过程中取消物与经验的个性。事实上，本研究一直极为关注铁路现代性在中国和西方具体历史语境中的不同特征。铁路速度获得的迥异对待便是一个显著的例子。在西方现代性中，速度作为宰制时空的关键与个人的身体经验直接联系在一起，是一种有形的、可感的审美消费物；铁路的速度及其诱发的新体验不仅在大量的现代主义文学作品中得到细致的描述，更是与视觉技术相结合宣告了电影时代的来临。反观晚清民国的现代性语境，我们未能在具体的文学文本里或是身体经验的微观层面发现个体对速

---

① 王国维，《国学丛刊序》，《国学丛刊》，1911年第1期，第1—4页。

度的敏感与重视。中国人对速度的思考与追求更多体现在意识形态上，表现为一种群体性的文化症候、政治无意识——害怕落后、渴望领先、强调加速来赶超对手。速度的意识形态欲望与民族主义话语一起穿插在各个历史时期，像一场剧烈、盛大而又语焉不详的梦。当我将中西语境里有关铁路的经验、想象及思考进行并置，或展开对话时，脑海中经常浮现起那幅为维特根斯坦引用而出名的"鸭兔错觉"图。一幅图画——完全同样的墨点、曲线、轮廓及空白，既可以被看作兔子，也可以被看作鸭子，但人却无法同时看出这两者。维氏借此描述看的两种方式，说明我们关于对象的认知不是纯粹的感觉、被动地接受，而是受制于既存的概念联结，这又源于我们过往的经验、时空中的经验。铁路现代性在中西语境中的异同也与此类似。

从横向比较的视角来看，铁路现代性在世界各国都有着独特的显现方式。那些耳熟能详的文学艺术作品最能捕捉到此种自觉。铁路在狄更斯（Charles Dickens）的小说《董贝父子》（*Dombey and Son*，1848）中，既是摧毁旧世界的大地震，也是建立起新秩序的"死神"；柯南·道尔（Conan Doyle）创造的大侦探夏洛克·福尔摩斯经常乘坐火车来往于城市和乡村，探访不同的案发现场，甚至有时直接借助火车时刻表来排查线索；左拉（Émile Zola）的《人面兽心》（*La Bêtehumaine*，1890）讲述了车厢里的谋杀案，而在乔伊斯（James Joyce）的《尤利西斯》（*Ulysses*，1922）中车厢是作为最佳的爱欲场所出现在布鲁姆夫人那著名的幻想里。夏目漱石笔下的三四郎（《三四郎》，1909）搭乘火车从乡下前往大都市东京，注定在现代文明的世界中经历成长的彷徨；而夏目对火车充满厌恶，指控其是文明的铁笼践踏人的个性（《草枕》，1906），这在韩国一部近来大热的反乌托邦科幻电影——《雪国列车》(Snowpiercer, 2013)里得到了新的回响。库什万特·辛格(Khushwant Singh)以1947年印巴分治引起的骚乱为背景创作了历史小说《火车开往巴基斯坦》(Train to Pakistan, 1956)，后由宝莱坞于1998年改编成电影上映；对比另一部同是由小说改编的好莱坞老电影《宝华尼车站》(Bhowani Junction, 1956)，铁路现代性之于移民和后移民的隐喻在两部影片中形成了鲜明对比。如此看来，本书对晚清民国有关铁路、火车的文学作品、文化表征进行整理和阐释，多少有些弥补空白的意义。然而限于篇幅和个人能力，惜未能进一步探讨、比较中日、中印等国家之间铁路现代性的异同。

从纵向反思的角度来看，虽然本书的叙述截止于1937年抗日战争爆发前夕，但铁路现代性的影响并没有就此停止。我们在20世纪50年代依然能看到自洋务运动始孕育出的速度欲望、进步话语，铁路建设、铁路旅行开始在大量的宣传电影中成为社会主义建设的"诗意象征"[①]。20世纪60年代和20世纪70年代的人行经的是同样的铁路路线，火车再一次扮演了宿命论式的角色来哀悼时代的变迁；贾樟柯的电影《站台》

[①] 参见 Emma Yu Zhang, "Socialist Builders on the Rails and Road: Industrialization, Social Engineering, and National Imagination in Chinese Socialist Films, 1949-1965," in *Twentieth Century China*, Volume 42, Number 3, October 2017, pp. 255-273。

（2000）其中一幕是那些从未坐过火车的小镇青年们极力表演着火车行驶的样子，模仿火车的汽笛声，他们对现代世界的想象、对现代性的渴望终究被无情地抛弃在等不到火车的月台上。自20世纪80年代开始，一个糅合了古老时间习俗与现代技术制度的新现象——"春运"逐渐显现；列车上的骗局、女骗子们又卷土重来，《天下无贼》（2004）和《人在囧途》（2010）两部卖座电影对此都有呈现；当然新时代的女骗子最终都需要被塑造成好人，不能像柳系春那样一直处于扑朔迷离的存在状态。进入21世纪后，孙中山的"铁路梦"几乎已经实现，不仅中国步入了"高铁时代"，还要向西方列强、欧美国家出口高铁技术和产品了；曾经纠缠于义利之辨的双方完全调换了位置，现在是中国人自豪于自己的高铁速度，嫌弃老外们冥顽不化、落后守旧，明明有速度的效益却不去追求，有进步的好处却不懂享受。就此而言，本研究针对晚清民国铁路现代性的反思，对于理解当前的政治叙事、文化症候其实也不无裨益。

尽管以上的每一章都有着相对独立的问题意识和论述主题，多少带些对既定结构的怀疑、对合法秩序的反叛，但在最终的行文安排上依然是服从前后相继的时间顺序。按照不可逆的时间流程来叙述是出于对人自身局限性的承认，而超脱这一叙述模式的束缚去思考更多的可能则是学术研究孜孜不倦的追求。遗憾的是，在今天，对不可逆性的挑战并非学术研究的专利，政治领域取得的成就则要快得多。姑且让我抛开种种限制再做一些发散性的跳跃，作为最后的结语。

西伯利亚大铁路将瞿秋白、徐志摩这样的个体旅行者送往他们向往的异邦，造就了形态各异的移动经验；但也是通过它，无数的诗人、艺术家、知识分子、政治犯被同样地装进火车，流放至遥远的古拉格集中营——其中就包括因作诗讽刺独裁者而被迫害致死的伟大诗人曼德尔施塔姆（Osip Mandelstam）。而另一边，纳粹德国对犹太人的大屠杀也正是借助德意志帝国铁路系统完成的。那臭名昭著的大屠杀列车（Holocaust train）及身处其中的绝望，我们也许能从亚伦·雷奈（Alain Resnais）的纪录片《夜与雾》（*Night and Fog*，1956）中窥得一二。铁路与集权、铁路与流亡、铁路与战争、铁路与屠杀，这些极为重要的主题我亦未有能力和机会去涉及。尽管如此，它们还是时刻提醒着我，铁路固然是传统经验的祛魅剂，但更多时候是新型权力的怖梦机，服务于现代的国家和主体。

时代的列车轰隆隆地向前开，势不可挡；无所适从的现代个体，最终孑然一身迎向死亡。这样的意象一旦形成后便会反复浮现在不同的文学作品中，从铁路延伸到它的各种变体。在郁达夫、刘呐鸥笔下，移动的现代交通工具成为孤独旅人最后的落脚点；在朱西甯的《铁浆》中，被铁路改变的过去永远地过去了，个体的死亡也无法阻挡；而在张爱玲的《封锁》与科塔萨尔（Julio Cortázar）的《南方高速》（*Laautopista del sur*，1966）中技术化生活的停摆摧毁了世界的意义，搁浅的电车与莫名其妙的大堵车事件催生又熄灭了突如其来的爱情，只剩下现代生活的荒诞与孤独个体的真实。现代性的苍凉时空里，黑暗与光明混淆的年代，这样一个终有一死的"我"，尽管有时过于自怨自艾、矫揉造作，却仍显得弥足珍贵。小说的虚构恪守了一份经验的真实，铁路借由文学分享了人的超越。本雅明曾摘录了一首关于铁路的小诗，其创作于 1845 年即铁路发明的初期：

> 每个人都被车站之下的铁轨所束缚，
> 无论何处，火车都在大地上交错纵横，
> 从此以后，再也没有谦卑与高贵的分歧，
> 六尺之下，所有的阶级终获平等。[1]

诗人的敏感在于其很早就意识到：不论铁路、火车如何改天换地、缩小世界、撼动贫富贵贱，真正能保证其力量得以施展、影响得以实现的不是技术、不是制度、不是资本、不是权力，而是人终有一死的事实。这比有时会逆向而行的时代列车要更为彻底和坚决。

在起草《拱廊街计划》的研究大纲时，本雅明写下了其中的一条："铁路的入口，进入梦与象征的世界。"[2] 当梦不再是诗意的象征而成为奴役的机器时，铁路理当也有能从噩梦中逃脱的出口。

---

[1] 转引自 Walter Benjamin, *The Arcades Project*, 737。
[2] Ibid.,901.

注 释

1 《道宪照会英领事》,《申报》1876年4月6日, 第1209号, 三版。
2 据李鸿章手札:"铁路已成, 火车试行, 竹儒 (冯焌光) 设法阻扰, 谓将卧铁辙中听其轧死, 威 (妥玛)、梅 (辉立) 等目为疯人。"转引自夏东元,《洋务运动史》, 上海: 华东师范大学出版社, 1992, 第363—364页。
3 Michael Freeman, *Railways and the Victorian Imagination* (New Haven: Yale University Press, 1999); Ian Carter, *Railways and Culturein Britain: The Epitome of Modernity* (Manchester: Manchester University Press, 2001).
4 Nicholas Daly, *Literature, Technology, and Modernity, 1860-2000* (Cambridge: Cambridge University Press, 2004).
5 Anna Despotopoulou, *Women and the Railway, 1850-1915* (Edinburgh: Edinburgh University Press, 2015).
6 宓汝成:《帝国主义与中国铁路 (1847—1949)》, 北京: 经济管理出版社, 2007。
7 熊亚平:《铁路与华北乡村社会变迁 (1880—1937)》, 北京: 人民出版社, 2011。
8 吴兴帜:《延伸的平行线: 滇越铁路与边民社会》, 北京: 北京大学出版社, 2012。
9 陈建华:《文以载车: 民国火车小传》, 北京: 商务印书馆, 2017。
10 Steven D. Spalding and Benjamin Fraser, ed., *Trains, Culture, and Mobility: Riding the Rails* (Lanham, Maryland: Lexington Books, 2012).
11 Wolfgang Schivelbusch, *The Railway Journey: The Industrialization of Timeand Space in the Nineteenth Century* (Berkeley and Los Angeles: The University of California Press, 1986).
12 Michel de Certeau, *The Practice of Everyday Life*, trans. Steven Rendall

(Berkeley: University of California Press, 1998),111-113.
13. Jonathan Crary, *Techniques of the Observer: On Vision and Modernity in the Nineteenth Century* (Cambridge, MA: The MIT Press, 1992), 14.
14. Tom Gunning, "Tracing the Individual Body: Photography, Detectives, and Early Cinema," in *Cinema and the Invention of Modern Life*. Edited by Leo Charney and Vanessa R. Schwartz. (Berkeley, LosAngeles: University of California Press, 1995), 1516.
15. Lynne Kirby, *Parallel Tracks: The Railroad and Silent Cinema* (Durham: Duke University Press, 1997), 317.
16. Marian Aguiar,*Tracking Modernity: Indian's Railways and the Culture of Mobility* (Minneapolis and London: University of Minnesota Press, 2011).
17. 这方面的典型著作是克恩对现代主义文化与科技发展之关联的研究。参见 Stephen Kern, *The Culture of Time and Space 1880-1918* (Cambridge, Massachusetts: Harvard University Press, 2003)。
18. G.W.F.Hegel,*The Phenomenology of Spirit*, trans.A. V. Miller (Oxford, New York, Toronto, Melbourne: Oxford University Press, 1997),104-111.
19. Martin Heidegger, "The Question Concerning Technology," in *Martin Heidegger: Basic Writings*. Edited by David Farrell Krell. (San Francisco: Harper Perennial, 2008), 307-341.
20. Charles Baudelaire, *The Painter of Modern Life and Other Essays*, trans. Jonathan Mayne (London and New York: Phaidon Press, 1995), 13.
21. Georg Simmel, "The Metropolis and Mental Life," in *On Individuality and Social Forms*. Edited by Donald N. Levine. (Chicago and London: The University of Chicago Press, 1971), 324-339.
22. Georg Simmel, "Die Kunst Rodins und das Bewegungsmotiv in der Plastik," 转引自 Todd Cronan, "Georg Simmel's Timeless Impressionism," in *New German Critique* 106, Vol. 36, No. 1, (Winter 2009), pp. 91.
23. Walter Benjamin, *The Arcades Project*, trans. Howard Eiland and Kevin McLaughlin (Cambridge, Massachusetts, and London, England: Harvard University Press, 2002), 544, 842.
24. MichelFoucault, "What Is Enlightenment?," in *The Foucault Rearder: An Introduction to Foucault's Thought*. Edited by Paul Rabinow. (London and New York: Penguin Books, 1991), 39.
25. Paul Virilio, *War and Cinema: the Logistics of Perception*, trans. Patrick Camiller (London and New York: Verso, 1989), 91.
26. Paul Virilio, *Negative Horizon: An Essay in Dromoscopy*, trans.Michael Degener (London and New York: Continuum, 2005), 46.
27. Marshall Berman, *All that is Solid Meltsin to Air: The Experience of Modernity* (Penguin Books, 1988), 15.
28. 李欧梵:《未完成的现代性》，北京：北京大学出版社，2005；《现代性的追求》，北京：人民文学出版社，2010; Leo Oufan Lee, *Shanghai Modern: The Flowering of a New Urban Culturein China, 1930-1945* (Cambridge,

Massachusetts and London, England: Harvard University Press, 1999)。
29 王德威著，宋伟杰译：《被压抑的现代性：晚清小说新论》，台北：麦田出版，2003。
30 王德威：《"有情"的历史——抒情传统与中国文学现代性》，《中国文哲研究集刊》第33期，2008年9月，第77—137页。
31 Martin Heidegger. "The Age of World Picture," in *Off the Beaten Track*. Edited and translated by Julian Young and Kenneth Haynes (Cambridge: Cambridge University Press, 2002), 69.
32 Zygmunt Bauman, *Modernity and Ambivalence* (Cambridge and Malden: Polity, 1991), 5.
33 Henri Lefevbvre, *Introduction to Modernity*, trans. John Moore (London: Verso, 1995), 12.
34 Matei Călinescu, *Five Faces of Modernity: Modernism, Avant-Garde, Decadence, Kitsch, Postmodernism* (Durham: Duke University Press, 1987), 41-46.
35 Leo Strauss. "The Three Waves of Modernity," In *Political Philosophy: Six Essays by Leo Strauss*, edited by Hilail Gildin. (Indianapolis and New York: Bobbs Merrill/Pegasus, 1989), 81-98.
36 Jürgen Habermas, "Modernity—An Incomplete Project," in *The Anti-Aesthetic: Essays on Postmodern Culture*. Edited by Hal Foster. (New York: The New Press, 2002), 315.
37 Mike Featherstone, *Undoing Culture: Globalization, Postmodernism and Identity* (London: Sage, 1995), 10.
38 David Harvey, *The Condition of Postmodernity: An Enquiry into the Origins of Cultural Change* (Cambridge MA & Oxford UK: Blackwell, 1992), 240.
39 Fredric Jameson,*A Singular Modernity* (London and New York: Verso Press, 2002), 34.
40 Fredric Jameson, *Postmodernism, or, the Cultural Logic of Late Capitalism* (London and NewYork: Verso, 1991), 45-54.
41 Anthony Giddens. *The Consequences of Modernity* (Stanford, CA: Stanford University Press, 1991), 14-15, 53-54.
42 Hartmut Rosa, "Social Acceleration: Ethical and Political Consequences of a Desynchronized High Speed Society," in *High Speed Society: Social Acceleration, Powerand Modernity*. Edited by Hartmut Rosaand William E. Scheuerman (University Park, Pennsylvania: The Pennsylvania State University Press, 2009), 77-111.
43 Antoine Compagnon, *The Five Paradoxes of Modernity*, trans. Franklin Philip (New York: Columbia University Press, 1994), 60-64.
44 Joseph R. Levenson, *Confucian Chinaand Its Modern Fate: A Trilogy* (Berkeley: University of California Press, 1965), 109-116.
45 参见 Lydia H. Liu, *Translingual Practice: Literature, National Culture, and Translated Modernity—China, 1900-1937* (Stanford, California: Stanford

University Press, 1995), 29-32.
46 参见 Daniel F. Vukovich, *Chinaand Orientalism: Western Knowledge Production and the P. R. C* (London and New York: Routledge, 2013)。
47 Bruno Latour, *Reassembling the Social: An Introduction to Actor Network Theory* (Oxford, New York: Oxford University Press, 2007), 22-24.
48 Bruno Latour, *Science in Action: How to Follow Scientists and Engineers through Society* (Cambridge, Massachusetts: Harvard University Press, 1988), 248.
49 Bruno Latour, *Reassembling the Social*, 64-65.
50 参见 Gilles Deleuze and Felix Guattari, *A Thousand Plateaus: Capitalism and Schizophrenia*, trans. Brian Massumi (Minneapolis and London: University of Minnesota Press, 1987), 325。
51 Bruno Latour, *Reassembling the Social*, 237.
52 唐·伊德（Don Ihde）在探讨技术的情境时也用过类似表述，比如窗户的存在使得"我—世界"的关系变成了"我—窗户—世界"的关系；在他看来，这种形式上的变化其实反映了技术转化了我们的经验。我想强调的是这里的"技术"不是排除了人之外的东西，它必须要在人与物的重构中才能被正确理解。参见 DonIhde,《技术与生活世界：从伊甸园到尘世》(*Technology and the Lifeworld: from Garden to Earth*)，韩连庆译，北京：北京大学出版社，2012，第50—53页。
53 Martin Heidegger,《存在与时间》(*Seinund Zeit*)（修订译本，第四版），陈嘉映等译，北京：生活·读书·新知三联书店，2012，第61—71、82、222页。
54 Martin Heidegger, "The Origin of the Work of Art," in *Martin Heidegger: Basic Writing*s,143-212, 156-157.
55 Martin Heidegger, "The Thing," *Poetry, Language, Thought*, Trans. Albert Hofstadter (New York: Harper Perenial, 2001), 163-180, 171-179.
56 MartinHeidegger, "Building,Dwelling,Thinking," in *Martin Heidegger: Basic Writings*,347-363.
57 张光直著，刘静、乌鲁木加甫译:《艺术、神话与祭祀》，北京：北京出版社，2017，第60—61页。
58 Ferdinandde Saussure, *Coursein GeneralLinguistics*,trans.Wade Baskin.Edited by Charles Bally and Albert Sechehage. (NewYork: The Philosophical Library, 1959), 65-70.
59 Ludwig Wittgenstein, *Philosophical Investigations*, trans. G. E. M. Anscombe, P. M. S. Hacker, Joachim Schulte, 4th edition.(Wiley Blackwell, 2009), 16-17,49.
60 Walter Benjamin, "The Task of the Translator," in *Illuminations*, trans. Harry Zohn. Edited by Hannah Arendt (New York: Schocken Books, 1969), 69-82.
61 Lydia H. Liu, *Translingual Practice: Literature, National Culture, and Translated Modernity—China,1900-1937* (Stanford, California: Stanford

University Press, 1995), 39-42.
62 本雅明在那篇令他无法获得教职的论文《德意志悲苦剧的起源》之序言中，也对命名的约定俗成论、语言符号的任意性提出过深刻批判，然而他的解决方案是一种神启式的纯粹语言。参见 Walter Benjamin, *The Origin of German Tragic Drama*, trans. John Osborne (New York: Verso, 1998), 38-41。
63 Daniel Miller, *Stuff* (Cambridge and Malden: Polity Press, 2010), 16-17.
64 黄兴涛：《近代中国新名词的思想史意义发微——兼谈对于"一般思想史"之认识》，《开放时代》，2003年第4期，第70—82、71页。
65 王宪群：《蒸汽推动的历史——蒸汽技术与晚清中国社会变迁（1840—1890）》，《"中央研究院"近代史研究所集刊》第64期，2009年6月，第41—85页。
66 Benjamin A. Elman, *On Their Own Terms: Sciencein China, 1550-1900* (Cambridge, Massachusetts and London, England: Harvard University Press, 2005),360-368.
67 Federico Masini, *The formation of modern Chinese lexicon and its evolution toward a national language:the period from 1840 to 1898* (Berkeley, CA: Journal of Chinese Linguistics, 1993), 179, 199.
68 参见〔清〕魏源，《海国图志》（卷一至卷十二），《魏源全集》（第四册），长沙：岳麓书社，2004，第1975—1976页。《海国图志》所摘录内容与原书略有出入，见熊月之：《郭实腊〈贸易通志〉简论》，《史林》2009年第3期，第62—67页。
69 本雅明认为生命的概念应该赋予一切拥有自己的历史而不只是构成历史之背景的事物，事物的生命由自身的历史来决定。参见 Walter Benjamin, "The Task of the Translator," 72。
70 〔清〕林则徐著，张曼评注：《四洲志》，北京：华夏出版社，2002，第158页。
71 〔清〕魏源：《海国图志》，第1386页。
72 同前注，1639、1647—1648页。
73 〔清〕徐继畲：《瀛环志略》（同治癸酉一八七三掞云楼校刊本），上海：上海书店出版社，2001，第238—280页。
74 丁韪良：《格物入门》，北京：同文馆，1868，香港中文大学崇基图书馆胶卷资料 mic/f11，1—12。
75 平心居士：《火轮车考》，《申报》第三版，1876年2月19日。
76 Federico Masini, *The formation of modern Chinese lexicon*, p.179.
77 高理文著，刘路生点校：《美理哥合省国志略》，《近代史资料》92号，北京：中国社会科学出版社，1997，第14页。
78 〔清〕林则徐：《四洲志》，第156—157页。
79 〔清〕魏源：《海国图志》，第1975—1976页。
80 丁拱辰：《西洋火轮车火轮船图说》（第四卷），出版地不详，1843，第13—19页。
81 〔清〕徐继畲：《瀛环志略》，第238页。

82 王韬：《漫游随录》，钟叔河主编：《走向世界丛书》（卷六），长沙：岳麓书社，2008，第116页。
83 参见王宪群：《蒸汽推动的历史——蒸汽技术与晚清中国社会变迁（1840—1890）》，第49—52页。
84 参见 Benjamin A. Elman, "From Pre-Modern Chinese Natural Studies 格致学 to Modern Science 科学 in China," in Michael Lackner and Natascha Vittinghoff,ed., *Mapping Meanings: The Field of New Learning in Late Qing China* (Boston: Brill Academic Pub, 2004), 25-73. Meng Yue, "Hybrid Science versus Modernity: The Practice of the Jiangnan Arsenal," in *EASTM* 1999, no. 16: 1352。
85 孟悦：《什么不算科学》，《人·历史·家园：文化批评三调》，北京：人民文学出版社，2006，第157—203页。
86 丁韪良：《卷二气学 中章论蒸汽》，《格物入门》，香港中文大学崇基图书馆胶卷资料 mic/f11, 1—12。
87 傅兰雅辑：《格致汇编》。上海：格致书院（1876—1892），1876年7月光绪二年六月，香港中文大学崇基图书馆胶卷资料 mic/f11, 13—20。
88 薛福成：《序》，《格致汇编》，1890年春季号。
89 阿梅龙：《重与力——晚清中国对西方力学的接纳》，收入郎宓榭、阿梅龙、顾有信等著，赵兴胜等译：《新词语新概念：西学译介与晚清汉语词汇之变迁》，济南：山东画报出版社，2012，第202—239,239页。
90 Benjamin A. Elman, "From Pre-Modern Chinese Natural Studies to Modern Science in China," 53.
91 丁韪良：《卷三火学 上章论热汽》，《格物入门》。香港中文大学崇基图书馆胶卷资料 mic/f11, 1—12。
92 王韬：《漫游随录》，第117页。
93 转引自中国史学会主编：《洋务运动》（六），中国近代史资料丛刊，上海：上海人民出版社，1961，第137—139页。
94 《咏火轮车》，《申报》第二版，1876年12月18日。
95 《火车遇阻》，《申报》第一、二版，1877年10月13日。
96 《清代火车相撞后续——津塘火车相撞是责任事故》，原刊于《天津青年报》2003年9月13日，检索于新浪网：http://news.sina.com.cn/c/20030913/02121732107.shtml（2014年8月20日）。
97 《火车被毁》，《点石斋画报》亥集七，画师符节，1891年4月24日。
98 中国铁路史编辑研究中心编：《中国铁路大事记：1876—1995》，北京：中国铁道出版社，1996，第91—92页。
99 德龄著，秦瘦鸥译：《御香缥缈录》，沈阳：辽沈书社，1994，第19—20页。
100 〔俄〕马克·奥热著，周伶芝、郭亮廷译：《巴黎地铁上的人类学家》（*Un ethnologue dans le métro*），台北：行人文化实验室，2014，第24—25页。
101 〔俄〕赫尔曼·鲍辛格著，卢晓辉译：《技术世界中的民间文化》（*Volkskultur in der Technischen Welt*），桂林：广西师范大学出版社，2014，第66页。
102 Karatani Kōjin, trans. Brett de Bary,*Origins of Modern Japanese*

Literature, (Durham and London: Duke University Press, 1993), 11-44.
103 湛晓白：《时间的社会文化史：近代中国时间制度与观念变迁研究》，北京：社会科学文献出版社，2013，第9—12页。
104 同前注，序九。
105 转引自 Lydia H. Liu, *Translingual Practice: Literature, National Culture, and Translated Modernity— China, 1900-1937*, 339-340。
106 梁启超：《新史学·史学之界说》，收入张品兴主编：《梁启超全集》，北京：北京出版社，1999，第739页。
107 黄兴涛：《序 探究近代中国的时间之史》，转引自湛晓白：《时间的社会文化史：近代中国时间制度与观念变迁研究》，北京：社会科学文献出版社，2013，第8—9页。
108 王国维：《论新学语之输入》，收入干春松、孟彦弘编：《王国维学术经典集》(上册)，南昌：江西人民出版社，1997，第102—103页。
109 转引自黄兴涛：《序 探究近代中国的时间之史》，第8页。
110 黄遵宪：《今别离》，收入陈铮编：《黄遵宪全集》(上册)，北京：中华书局，2005，第121页。
111 《和味嫩仙史火轮车诗原韵》，《申报》第四版，1877年1月1日。
112 龙湫旧隐：《乘火轮车至吴淞作歌》，《申报》第二版，1877年10月20日。
113 斯蒂文·J. 埃里克森著，陈维、乐艳娜译：《汽笛的声音：日本明治时代的铁路与国家》(*The Sound of the Whistle: Railroads and the State in Meiji Japan*)，南京：江苏人民出版社，2011，第51页。
114 Claude Lévi-Strauss, *Introduction to the Work of Marcel Mauss*. Trans. Felicity Baker. (London: Routledge & Kegan Paul,1987), 30-31.
115 老舍：《"火"车》，《老舍全集》(第七卷)：小说七集，北京：人民文学出版社，1999，第447—458页。
116 David Derwei Wang, *Fictional Realism in Twentieth Century China: Mao Dun, Lao She,Shen Congwen* (New York: Columbia University Press,1992),176-178.
117 〔俄〕奥·彼·博洛京娜：《火车驶往何方？——抗战前夕小说〈火车〉的思想艺术特色》，收入曾广灿等编：《老舍与20世纪：'99国际老舍学术研讨会论文选集》，天津：天津人民出版社，2000，第303—309页。
118 老舍：《一个近代最伟大的境界与人格的创造者》，《老舍文集》(第十五卷)，北京：人民文学出版社，1995，第302页。"郑西谛说我的短篇小说每每有传奇的气味！无论题材如何，总设法把它写成个'故事'——无论他是警告我，还是夸奖我——我以为是正确的。"
119 György Lukács, "Narrateor Describe?" in Arthur D. Kahn, ed., *Writer and Critic and Other Essays* (New York: Grosset and Dunlap, 1971), 112.
120 〔法〕米歇尔·德·塞尔托著，邵炜译：《历史与心理分析：科学与虚构之间》(*Histoire et psychanalyse entre science et fiction*)，北京：中国人民大学出版社，2010，第45—46页。
121 关于铁路、火车事故与现代性的关联参见 Wolfgang Schivelbusch, *The Railway Journey: The Industrialization of Time and Space in the Nineteenth*

Century (Berkeley and Los Angeles: The University of California Press, 1986), 129-133. Nicholas Daly, *Literature, Technology, and Modernity, 1860-2000* (New York: Cambridge University Press, 2009), 20-33。

122 Enda Duffy, *The Speed Handbook Velocity, Pleasure, Modernism* (Durham and London: Duke University Press, 2009), 66.
123 马克思：《1848年至1850年的法兰西阶级斗争》，《马克思恩格斯选集》（第一卷），北京：人民出版社，1995，第456页。
124 仁来：《珍贵的"马拉火车"照片》，《交通与运输》2013年4月，第30页。
125 曾鲲化：《中国铁路史》，北京：燕京书局，1924，第32页。
126 金希编著：《中国铁路史话》，香港：中华书局，1977。
127 在此仅举大众媒体中出现的两个例子：吴晓蕾：《中国近代铁路史专家闵杰——铁路国有与晚清大变局》，《时代在线》2011年8月25日，http://history.sina.com.cn/bk/jds/20150320/1011117650.shtml（检索于2015年3月22日）;《马拉火车，中国铁路的一个笑话》，《齐鲁晚报》2011年4月29日，http://news.163.com/11/0429/07/72PRI88200014AED.html（检索于2015年3月22日）。
128 图片转引自"Swanseaand Mumbles Railway" in WIKIPEDIA, http://en.wikipedia.org/wiki/Swansea_and_Mumbles_Railway（检索于2015年3月22日）。
129 丁韪良：《格物入门》，北京：同文馆，1868，香港中文大学崇基图书馆胶卷资料 mic/f11，1—12。
130 李圭：《环游地球新录》，收入钟叔河主编：《走向世界丛书》（卷六），长沙：岳麓书社，2008，第241页。
131 潘向明：《唐胥铁路史实考辨》，《江海学刊》2009年第4期，第185—191页。另可参见苏生文：《唐胥铁路——"马拉火车"的奇观》，《晚清以降：西力冲击下的社会变迁》，北京：商务印书馆，2017，第240—248页。
132 图片转引自"File:TwohorsecaratoldNorthTorontostation.jpg," in WIKIPEDIA, https://commons.wikimedia.org/wiki/File:Two_horse_car_at_old_North_Toronto_station.jpg; "File:LondonTramways Horsetram.jpg," in WIKIPEDIA, http://en.wikipedia.org/wiki/File:London_Tramways_Horse_tram.jpg（检索于2015年3月22日）。
133 参见 Roland Barthes, "Myth Today," in *A Roland Barthes Reader*. Edited by Susan Sontag. (London: Vintage Classics 2000): 99, 130。
134 Leo Marx, *The Machine in the Garden: Technology and the Pastoral Ideal in America* (Oxford: Oxford University Press, 2000),191-192.
135 Laikwan Pang, *The Distorting Mirror: Visual Modernity in China* (Honolulu: University of Hawaii Press, 2007), 40.
136 Roland Barthes, *Cameral Lucida: Reflectionson Photography*, trans. Richard Howard (NewYork: The Noonday Press, 1981),76-77.
137 参见叶汉明：《〈点石斋画报〉与文化史研究》，《南开学报（哲学社会科学版）》2011年第2期，第117—123页。李孝悌：《走向世界，还是拥抱乡野——观看〈点石斋画报〉的不同视野》,《中国学术》, 2002 年第 11 期, 第 287—293 页。
138 《兴办铁路》,《点石斋画报》1884 年 8 月 26 日, 画师吴贵, 甲集十二, 通检号码 0103。为了方便检索, 本书采用叶汉明、蒋永豪编著的《点石斋画报通检》一书的分类编号, 参见叶汉明、蒋永豪:《点石斋画报通检》, 香港: 商务印书馆, 2007。
139 《龙穴已破》,《点石斋画报》, 具体时间不详, 约为 1897—1898 年, 画师何元俊, 六集元七, 通检号码 4292。
140 陈平原:《左图右史与西学东渐: 晚清画报研究》(香港: 三联书店, 2008), 第 73 页。
141 王尔敏:《中国近代知识普及化传播之图说形式——点石斋画报例》,《"中央研究院"近代史研究所集刊》第 19 期, 1990 年 6 月, 第 166 页。
142 李孝悌:《上海近代城市文化中的传统与现代——1880 年代至 1930 年代》,《恋恋红尘: 中国的城市、欲望和生活》, 上海: 上海人民出版社, 2007, 第 287—288,294 页。
143 Nanny Kim, "New Wine in Old Bottles? Making and Reading an Illustrated Magazine from Late Nineteenth Century Shanghai," in *Joining The Global Public: Word, Image, and City in Early Chinese Newspapers, 1870-1910*. Edited by Rudolf G. Wagner. (Albany: State University of New York Press, 2007), 194.
144 Rania Huntington, "The Weird in the Newspaper," in *Writing and Materiality in China: Essaysin Honor of Patrick Hanan*. Edited by Judith T. Zeitlin and Lydia H. Liu with Ellen Widmer. (Cambridge, Massachusetts, and London: Harvard University Press, 2003), 380.
145 Rudolf G. Wagner, "Joining the Global Imaginaire: the Shanghai illustrated newspaper Dianshizhaihuabao," in *Joining The Global Public: Word, Image, and City in Early Chinese Newspapers, 1870-1910*. Edited by Rudolf G. Wagner. (Albany: State University of New York Press, 2007), 105-173.
146 Laikwan Pang, "The Pictorial Turn: Realism, Modernity and China's Print Culture in the Late Nineteenth Century,"Visual Studies, Vol. 20, No. 1 (April 2005): 16-36.
147 参见 Walter Benjamin, "TheStoryteller:ReflectionsontheWorksofNikolaiLeskov," and "On Some Motifs in Baudelaire," in *Illuminations*, trans. Harry Zohn. Edited by Hannah Arendt. (NewYork: Schocken Books, 1969), 84-87,158-159。
148 王尔敏:《中国近代知识普及化传播之图说形式——点石斋画报例》, 第 167 页。
149 Harold Kahn, "Drawing Conclusions: Illustration and the Prehistory of Mass Culture," in Excursions in Reading History: Three Studies (Taibei: Institute of Modern History, Academia Sinica, 1993), 84.
150 Rudolf G. Wagner, "Joining the Global Imaginaire: The Shanghai Illustrated Newspaper *Dianshizhaihuabao*," 136; Rania Huntington, "The Weird in

the Newspaper," 351.
151 Walter Benjamin, "The Storyteller," in *Illuminations*, trans. Harry Zohn. Edited by Hannah Arendt. (New York: Schocken Books, 1969), 86, 91-92.
152 参见龚产兴:《新闻画家吴友如——兼谈吴友如研究中的几个问题》,《美术史论》第10期,1990年3月,第73页。郑星球:《〈点石斋画报〉图式流传与衍化》,《美术学报》2006年第3期,第36—40页。Rudolf G. Wagner, "Joining the Global Imaginaire: The Shanghai Illustrated Newspaper *Dianshizhaihuabao*," 126-131.
153 〔日〕武田雅哉著,任钧华译:《飞翔吧!大清帝国:近代中国的幻想与科学》,北京:北京联合出版公司,2013,第112页。
154 徐载平、徐瑞芳:《清末四十年申报史料》,北京:新华出版社,1988,第336—337页。
155 董惠宁:《〈飞影阁画报〉研究》,《南京艺术学院学报(美术与设计版)》2011年第1期,第109页。
156 《蚱蜢伤禾》,《点石斋画报》1885年8月25日,画师吴友如,戊集一,通检码0432。
157 《水底行车》,《点石斋画报》1886年5月19日,画师吴友如,庚集四,通检码0682。
158 参见陈平原、夏晓虹编著:《图像晚清:点石斋画报》,天津:百花文艺出版社,2001,第187页。王斌、戴吾三:《从〈点石斋画报〉看西方科技在中国的传播》,《科普研究》2006年第3期,第22页。
159 《伦敦新闻画报》中关于默西隧道施工时的计划图, *The Illustrated London News*, June, 1881. 图片来源于网络:http://www.oldprint.com/cgibin/item/P1780881587T/search/18AntiquePrintof1881MerseyRailwayTunnelWorksProgressBirkenhead(检索于2015年4月10日)。
160 关于具体地方到抽象空间的现代转换,参见 Henri Lefebvre, *The Production of Space*, trans. Donald Nicholson Smith (Oxford and Cambridge: Blackwell, 1991), 242-263. David Harvey, *The Condition of Postmodernity: An Enquiry into the Origins of Cultural Change* (Cambridge and Oxford: Blackwell, 1992),254-258。
161 《海外奇谈》,《点石斋画报》1897年1月28日,画师金桂,信集五,通检号码4169。
162 《西人见龙》,《点石斋画报》1886年4月9日,画师吴友如,己集十二,通检号码0646。
163 Rania Huntington, "The Weird in the Newspaper," 366-367.
164 参见 Laikwan Pang, "The Pictorial Turn," *Visual Studies* 17, No. 1 (2005): 28, 34。
165 《飞龙在天》,《点石斋画报》1885年9月4日,画师吴友如,戊集二,通检号码0441。
166 《龙见》,《点石斋画报》1892年6月20日,画师符节,竹集二,通检号码2625。
167 《双龙取水》,《点石斋画报》1886年7月27日,画师金桂,庚集十一,通检号码 0746。
168 《龙斗为灾》,《点石斋画报》1894 年 1 月 22 日,画师金桂,礼集一,通检号码 3162。
169 李孝悌,《上海近代城市文化中的传统与现代——1880 年代至 1930 年代》,第 281—282 页。
170 分别参见:《火车伤人》,《申报》1876 年 8 月 4 日即礼拜五;《火车毙人案略》,《申报》1876 年 9 月 15 日即礼拜五。
171 〔俄〕赫尔曼·鲍辛格著,卢晓辉译:《技术世界中的民间文化》(*Volkskultur in der Technischen Welt*),桂林:广西师范大学出版社,2014,第 55—66 页。
172 Martin Heidegger, *Being and Time*, trans. Joan Stambaugh (Albany: State University of New York Press, 2010),72-73.
173 Ben Singer, "Modernity, Hyperstimulus, and the Rise of Popular Sensationalism," in *Cinema and the Invention of Modern Life*. Edited by Leo Charney and Vanessa R. Schwartz. (Berkeley, Los Angeles and London: University of California Press, 1995),77-83.
174 Harold Kahn, "Drawing Conclusions: Illustration and the Prehistory of Mass Culture," 康无为,《读史偶得:学术演讲三篇》,台北:"中央研究院"近代史研究所,1993,第 86 页。
175 《吴牛当车》,《点石斋画报》,1890 年 10 月 19 日,画师金桂,西集十二,通检号码 2070。
176 《两败俱伤》,《飞影阁画报》,1890 年 9 月,图片来源于网络:D. B. Dowd, "News From Abroad: Trainwreck!," *GraphicTales* (Tuesday, February 1, 2011) http://ulcercity.blogspot.ca/2011/02/newsfromabroadtrainwreck.html(检索于 2015 年 4 月 10 日)。
177 《断桥脱辐》,《点石斋画报》1887 年 9 月 22 日,画师符节,子集六,通检号码 1132。
178 《毙于车下》,《点石斋画报》1892 年 10 月 16 日,画师金桂,匏集二,通检号码 2735。
179 Martin Heidegger, *Being and Time*, 322-324.
180 参见 Walter Benjamin, "On Some Motifs in Baudelaire," in *Illuminations*, ed. Hannah Arendt, trans. Harry Zohn (NewYork: Schocken Books, 1969),163。
181 Leo Charney, "In a Moment: Film and the Philosophy of Modernity," in *Cinema and the Invention of Modern Life*. Edited by Leo Charney and Vanessa R. Schwartz. (Berkeley, Los Angeles and London: University of California Press, 1995), 285.
182 《海外崇山》,《点石斋画报》1893 年 4 月 21 日,画师何元俊,土集九,通检号码 2910。
183 高居翰著,李渝译:《图说中国绘画史》(*Chinese Painting: A Pictorial History*),北京:生活·读书·新知三联书店,2014,第 21 页。
184 〔明〕何良俊撰:《四友斋丛说》,北京:中华书局,1997,第 257 页。

185　Craig Clunas, *Pictures and Visuality in Early Modern China* (London: Reaktion Books, 1997), 84-85.
186　《英国领事商务报告》，上海，1876，第20—21页二。转引自宓汝成编：《中国近代铁路史资料（1863—1911）》（第一册），北京：中华书局，1963，第37页。
187　席涤尘：《吴淞铁路交涉》，《上海通志馆期刊》第2卷第1期，台北：文海出版社，1934，第111—138页。Peter Crush, *Woosung Road: the Story of China's First Railway* (Hong Kong: The Railway Tavern, 1999). 另可参见苏生文：《1877年的火车》，《晚清以降：西力冲击下的社会变迁》，北京：商务印书馆，2017，第227—239页。
188　宓汝成：《帝国主义与中国铁路（1847—1949）》，北京：经济管理出版社，2007，第28—31页。李国祁：《中国早期的铁路经营》，台北："中央研究院"近代史研究所，1960，第37—45页。
189　David Pong, "Confucian Patriotism and the Destruction of the Woosung Railway, 1877," in *Modern Asian Studies*, Vol. 7, No.4 (1973), pp. 647-676.
190　李长莉：《晚清上海：风尚与观念的变迁》，天津：天津人民出版社，2010，第67—74页。
191　孙昌富、陈蕴茜：《从民众态度看吴淞铁路的兴废》，《开放时代》2005年第1期，第60—71页。
192　《火车伤人》，《申报》1876年8月4日，第1312号，三版。
193　李国祁：《中国早期的铁路经营》，台北："中央研究院"近代史研究所，1960，第42页。
194　北华捷报馆：《中国之问题：1873—1877年》，第66—67页。转引自宓汝成编：《中国近代铁路史资料（1863—1911）》（第一册），北京：中华书局，1963，第41页。
195　同上，另见《火车毙人案略》，《申报》1876年9月15日，第1348号，二版。
196　席涤尘：《吴淞铁路交涉》，《上海通志馆期刊》第2卷第1期，台北：文海出版社，1934，第132—133页。
197　Gilles Deleuze and Felix Guattari, *What is Philosophy*?, trans. Hugh Tomlinson and Graham Burchill (London and New York: Verso, 2009),110-111,154-156.
198　Slavoj Žižek, *Event: A Philosophical Journey Througha Concept* (Brooklyn & London: Melville House, 2014), 4, 159.
199　参见夏东元：《洋务运动史》，上海：华东师范大学出版社，1992；丁贤俊：《洋务运动史话》，北京：社会科学文献出版社，2011；李国祁：《清季自强运动前期国人对西方的认识与其改革思想》，《台湾师范大学历史学报》第17期，1989年6月，第175—240页。
200　丁贤俊：《洋务运动史话》，北京：社会科学文献出版社，2011，第86—97页。夏东元：《洋务运动史》，上海：华东师范大学出版社，1992，第354—380页。
201　夏东元：《洋务运动史》，上海：华东师范大学出版社，1992，第464页。

202 《海军衙门请准建津沽铁路折，光绪十三年二月二十二日》，转引自宓汝成编：《中国近代铁路史资料（1863—1911）》（第一册），北京：中华书局，1963，第130页。
203 《光绪六年十一月初二日前直隶提督刘铭传奏》，转引自中国史学会主编：《洋务运动》（六），中国近代史资料丛刊，上海：上海人民出版社，1961，第137—139页。
204 Richard Crusin,ed., *The Nonhuman Turn* (Minneapolis and London: University of Minnesota Press,2015),xvi,224.
205 Michel Foucault, *Discipline and Punish: The Birth of the Prison*, trans. Alan Sheridan (Penguin Books, 1991), 149.
206 〔美〕雷德哈卡马·马克吉：《时间、技术与社会》(Time, Technics, and Society)，收入约翰·哈萨德编，朱红文、李捷译：《时间社会学》，北京：北京师范大学出版社，2009，第36页。
207 丁贤勇：《新式交通与生活中的时间——以近代江南为例》，《史林》2005年第4期，2005年8月，第99—109页。
208 黄金麟：《历史、身体、国家：近代中国的身体形成（1895—1937）》（北京：新星出版社，2006），第160—186页；湛晓白：《时间的社会文化史：近代中国时间制度与观念变迁研究》，北京：社会科学文献出版社，2013，第190—201，206—212页；李欧梵：《上海摩登：一种新都市文化在中国（1930—1945）》，北京：人民文学出版社，2010，第88—91页。
209 《上海铁路志》载有吴淞道路公司发布的"中国首次铁路时刻表"，但明显经过改写，且来源亦不可考。见《上海铁路志》编纂委员会编：《上海铁路志》，上海：上海社会科学院出版社，1999，第44页。
210 《火轮车路告白》，《申报》1876年7月1日，第1283号，六版。
211 《更改火轮车往来各时》，《申报》1876年7月17日，第1296号，五版。
212 《火轮车公司告白》，《申报》1876年12月2日，第1415号，六版。
213 《火车开行时刻》，《申报》1877年5月9日，第1544号，六版。
214 参见《轮船往东洋各埠》《轮船往汉口》《旗昌轮船公司》，《申报》1877年1月30日，第1465号，六、七版。
215 Peter Crush, *Woosung Road: the Story of China's First Railway* (Hong Kong: The Railway Tavern, 1999), 74, citing "SHANG & WOOSUNG RAILWAY TIME TABLE," *The North China Daily News*, 30 November, 1876.
216 参见 Steven Shapin & Simon Schaffer, *Leviathan and the Air Pump: Hobbes, Boyle, and the Experimental Life* (Princeton: Princeton University Press,2011).
217 Bruno Latour, *We Have Never been Modern*, 27-32, 108.
218 《火轮车驶行规例》，《申报》1876年8月5日，第1313号，三版。
219 《火车遇碰》，《申报》1876年8月17日，第1323号，三版。
220 《铁路复行》，《申报》1876年11月29日，第1412号，一、二版。
221 〔美〕雷德哈卡马·马克吉：《时间、技术与社会》(*Time, Technics, and*

注　释　323

　　　 Society），收入约翰·哈萨德编，朱红文、李捷译：《时间社会学》，北京：北京师范大学出版社，2009，第 36 页。
222　参见《偷拆木栏》，《申报》1877 年 1 月 9 日，第 1447 号，一版；《拆笆提鞠》，《申报》1877 年 6 月 25 日，第 1584 号，二版；《闭门忿争》，《申报》1877 年 7 月 21 日，第 1607 号，三版。
223　《火车遇阻》，《申报》1877 年 10 月 13 日，第 1679 号，一、二版。
224　〔美〕汉娜·阿伦特（Hannah Arendt），《人的境况》（*The Human Condition*），王寅丽译，上海：上海人民出版社，2009，第 112—113 页。
225　《观火车铁路记略》，《申报》1876 年 4 月 8 日，第 1211 号，一版。
226　吴贵芳主编：《上海风物志》，上海：上海文化出版社，1982，第 58 页。
227　《记华客初乘火车情形》，《申报》1876 年 7 月 3 日，第 1284 号，二版；《火车开市》，《申报》1876 年 7 月 4 日，第 1285 号，二版；《民乐火车开行》，《申报》1876 年 7 月 10 日，第 1290 号，一、二版。
228　《民乐火车开行》，《申报》1876 年 7 月 10 日，第 1290 号，一、二版。
229　宓汝成：《帝国主义与中国铁路（1847—1949）》，第 29 页；《中国近代铁路史资料（1863—1911）》（第一册），北京：中华书局，1963，第 39—41 页。
230　叶晓青：《民族主义兴起前后的上海》，收入夏晓虹编：《西学输入与近代城市》，北京：北京大学出版社，2012，第 126—127 页。
231　《英国领事商务报告》，上海，1876，第 20—21 页。转引自宓汝成编：《中国近代铁路史资料（1863—1911）》（第一册），北京：中华书局，1963，第 37 页。
232　《英国公使节略，同治六年十二月初八日》《美国公使照会，同治七年十月》，转引自宓汝成编：《中国近代铁路史资料（1863—1911）》（第一册），北京：中华书局，1963，第 31—32 页。
233　《北华捷报馆，中国之罔顾——1873—1877 年》，第 65—66 页。转引自宓汝成编：《中国近代铁路史资料（1863—1911）》（第一册），北京：中华书局，1963，第 35—36 页。
234　曾鲲化：《中国铁路史》，北京：燕京书局，1924，第 50 页；席涤尘：《吴淞铁路交涉》，第 134 页；Peter Crush, *Woosung Road: the Story of China's First Railway*, 98-99。
235　《道宪照会英领事》，《申报》1876 年 4 月 6 日，第 1209 号，三版。
236　《美国公使西华致总署照会，光绪三年九月十一日》，转引自宓汝成编：《中国近代铁路史资料（1863—1911）》（第一册），北京：中华书局，1963，第 57 页。
237　《总理船政沈葆桢条说，同治六年十一月二十一日》，转引自宓汝成编：《中国近代铁路史资料（1863—1911）》（第一册），北京：中华书局，1963，第 23—24 页。
238　柴萼：《沈葆桢七则》，《梵天庐丛录》（卷六），上海：中华书局，1926，第 1 页。
239　郭嵩焘：《郭嵩焘日记》（第三卷　光绪时期上），长沙：湖南人民出版社，1982，第 255 页。

240 刘锡鸿著，朱纯校点：《英轺私记》，收入钟叔河主编：《走向世界丛书》第 1 辑第 7 册，长沙：岳麓书社，1986，第 62—63 页。
241 同前注，第 76—77 页。
242 《光绪七年正月十六日通政使参议刘锡鸿奏折》，转引自中国史学会主编：《洋务运动》（六），中国近代史资料丛刊，上海：上海人民出版社，1961，第 154—165 页。
243 《上谕，光绪七年正月十六日》，转引自宓汝成编：《中国近代铁路史资料（1863—1911）》（第一册），北京：中华书局，1963，第 102—103 页。
244 〔美〕沟口雄三，孙军悦译：《作为方法的中国》，北京：生活·读书·新知三联书店，2011，第 252—279，265—266 页。
245 刘锡鸿著，朱纯校点：《英轺私记》，收入钟叔河主编：《走向世界丛书》第 1 辑第 7 册，长沙：岳麓书社，1986，第 141—142 页。
246 同前注，第 48—49 页。
247 同前注，第 63 页。
248 同前注，第 98—99 页。
249 有学者认为顽固派对铁路的排斥很大程度上来自士大夫中的清流清议传统，由于害怕两千多年来儒家的民本主义被动摇，致使义理化作成见无法把握历史经验之外的新事物。参见杨国强：《晚清的清流与名士》，《晚清的士人与世相》（增订本），北京：生活·读书·新知三联书店，2017，第 165—191 页。
250 《光绪六年十二月十八日降调顺天府府丞王家璧奏》，转引自中国史学会主编：《洋务运动》（六），中国近代史资料丛刊，上海：上海人民出版社，1961，第 149 页。
251 《湖广总督李鸿章奏折，同治六年十二月初六日》，转引自宓汝成编：《中国近代铁路史资料（1863—1911）》（第一册），北京：中华书局，1963，第 25 页。
252 《两江总督曾国藩奏折，同治六年十一月二十三日》，同前注，第 24 页。
253 《美国驻华代办卫三畏致徐尔德函，1868 年 7 月》，同前注，第 27—28 页。
254 《光绪七年正月初十日翰林院侍读周德润奏》，转引自中国史学会主编：《洋务运动》（六），中国近代史资料丛刊，上海：上海人民出版社，1961，第 152—154 页。
255 《徐致祥论铁路厉害折，光绪十年九月十三日》，同前注，第 167—168 页。
256 《光绪十年十一月二十五日内阁学士徐致祥奏》，同前注，第 172—173 页。
257 参见《上谕，光绪十年十一月二十五日》，转引自宓汝成编：《中国近代铁路史资料（1863—1911）》（第一册），北京：中华书局，1963，第 105 页。
258 《江西巡抚刘坤一奏折，同治六年十一月二十五日》，同前注，第 24 页。
259 《刘坤一议复筹造铁路利弊片，光绪七年正月初八日》，转引自中国史学会主编：《洋务运动》（六），中国近代史资料丛刊，上海：上海人民出版社，1961，第 150—152 页。
260 引自〔法〕约瑟夫·马纪樵，许峻峰译，侯贵信校：《中国铁路：金融与外交（1860—1914）》，北京：中国铁道出版社，2009，第 4 页。
261 李国祁：《中国早期的铁路经营》，台北："中央研究院"近代史研究所，

1960，第27—31页。
262 《光绪六年十一月初二日前直隶提督刘铭传奏》，转引自中国史学会主编：《洋务运动》（六），中国近代史资料丛刊，上海：上海人民出版社，1961，第138页。
263 Paul Virilio, *Speed and Politics*, trans. Marc Polizzotti (Semiotext (e), 2006), 1020. Paul Virilio, *War and Cinema: the Logistics of Perception*, trans. Patrick Camiller (London and New York: Verso, 1989), 91.
264 《李鸿章复奕䜣论铁路函，光绪七年正月初四日》，转引自宓汝成编：《中国近代铁路史资料（1863—1911）》（第一册），北京：中华书局，1963，第94页。
265 《光绪六年十一月初二日前直隶提督刘铭传奏》，转引自中国史学会主编：《洋务运动》（六），中国近代史资料丛刊，上海：上海人民出版社，1961，第137—139页。
266 《光绪六年十二月初一日直隶提督李鸿章奏》，转引自中国史学会主编：《洋务运动》（六），中国近代史资料丛刊，上海：上海人民出版社，1961，第141—149页。
267 《左宗棠复奏海防事宜折，光绪十一年夏》，转引自宓汝成编：《中国近代铁路史资料（1863—1911）》（第一册），北京：中华书局，1963，第106—107页。
268 《光绪六年十二月初一日直隶提督李鸿章奏》，转引自中国史学会主编：《洋务运动》（六），中国近代史资料丛刊，上海：上海人民出版社，1961，第141—149页。
269 王韬：《建铁路篇》，转引自宓汝成编：《中国近代铁路史资料（1863—1911）》（第一册），北京：中华书局，1963，第116页。
270 《光绪六年十一月初二日前直隶提督刘铭传奏》，转引自中国史学会主编：《洋务运动》（六），中国近代史资料丛刊，上海：上海人民出版社，1961，第137—139页。
271 《李鸿章复奕䜣论铁路函，光绪七年正月初四日》，转引自宓汝成编：《中国近代铁路史资料（1863—1911）》（第一册），北京：中华书局，1963，第95页。
272 马建忠：《铁道论 光绪五年》，转引自宓汝成编：《中国近代铁路史资料（1863—1911）》（第一册），北京：中华书局，1963，第110页。
273 刘锡鸿著，朱纯校点：《英轺私记》，收入钟叔河主编：《走向世界丛书》第1辑第7册，长沙：岳麓书社，1986，第148页。
274 同前注，第127—130页。
275 David Harvey, *The Condition of Postmodernity: An Enquiry into the Origins of Cultural Change* (Cambridge MA & Oxford UK: Blackwell, 1992),240-242.
276 参见帕沙·查特吉（Partha Chatterjee）对本尼迪克特·安德森（Benedict Anderson）"想象的共同体"有关民族国家理论的批判。Partha Chatterjee. *Nationalist Thoughtandthe Colonial World: A Derivative Discourse* (Minneapolis: University of Minnesota Press, 1993), 2122.

277 孙中山著，中国社科院近代史研究所中华民国史研究室编：《上李鸿章书》，《孙中山全集》（第一卷），北京：中华书局，1982，第8—18页。

278 孙中山著，中国社科院近代史研究所中华民国史研究室编：《致宋教仁函》"于十年之中，筑二十万里之线"，《在上海与〈民立报〉记者的谈话》，《孙中山全集》（第二卷），北京：中华书局，1982，第404、383—384页。

279 见胡适：《知难，行亦不易》，收入季羡林主编：《胡适全集》第21卷"时论"（一），合肥：安徽教育出版社，2003，第393—396页；唐德刚：《袁氏当国》，台北：远流，2002，第87—90页。

280 萧功秦：《清末"保路运动"的再反思》，《战略与管理》，1996（六），第1—13页。Richard Louis Edmonds, "The Legacy of Sun Yatsen's Railway Plans," *The China Quarterly*, Vol. 111 (1987): 421-443.

281 边巴次仁，成卫东（图）：《青藏铁路——百年梦想的实现》，《中国民族》2006年第7期，第7—9页。

282 孙中山著，中国社科院近代史研究所中华民国史研究室编：《与汤漪的谈话》，《孙中山全集》（第2卷），北京：中华书局，1982，第411页。

283 孙中山著，中国社科院近代史研究所中华民国史研究室编：《与某人的谈话》，《孙中山全集》（第2卷），北京：中华书局，1982，第440页。

284 孙中山著，中国社科院近代史研究所中华民国史研究室编：《在上海与〈民立报〉记者的谈话》，《孙中山全集》（第2卷），北京：中华书局，1982，《孙中山全集》（第2卷），北京：中华书局，1982，第383页。

285 孙中山著，中国社科院近代史研究所中华民国史研究室编：《在上海中华民国铁道协会欢迎会的演说》，《孙中山全集》（第2卷），北京：中华书局，1982，第391页。

286 孙中山著，中国社科院近代史研究所中华民国史研究室编：《在上海中华实业联合会欢迎会的演说》，《孙中山全集》（第2卷），北京：中华书局，1982，第341页。

287 孙中山著，中国社科院近代史研究所中华民国史研究室编：《中国之铁路计划与民生主义》，《孙中山全集》（第2卷），北京：中华书局，1982，《孙中山全集》（第2卷），北京：中华书局，1982，第491页。

288 孙中山著，中国社科院近代史研究所中华民国史研究室编：《在北京报界欢迎会的演说》，《孙中山全集》（第2卷），北京：中华书局，1982，《孙中山全集》（第2卷），北京：中华书局，1982，第433页。

289 尾崎行雄：《论中国之运命——中国处分案第二》，《清议报》（第24册），1899年8月16日，第13页。

290 孙中山著，中国社科院近代史研究所中华民国史研究室编：《国民党宣言》，《孙中山全集》（第2卷），北京：中华书局，1982，第398页。

291 孙中山著，中国社科院近代史研究所中华民国史研究室编：《在烟台各界欢迎会的演说》，《孙中山全集》（第2卷），北京：中华书局，1982，第402页。

292 孙中山著，中国社科院近代史研究所中华民国史研究室编：《在张家口各界欢迎会的演说》，《孙中山全集》（第2卷），北京：中华书局，1982，第 451 页。
293 孙中山著，中国社科院近代史研究所中华民国史研究室编：《在上海中华实业联合会欢迎会的演说》，《孙中山全集》（第 2 卷），北京：中华书局，1982，第 341 页。
294 孙中山著，中国社科院近代史研究所中华民国史研究室编：《在北京全国铁路协会欢迎会的演说》，《孙中山全集》（第 2 卷），北京：中华书局，1982，第 421 页。
295 孙中山著，中国社科院近代史研究所中华民国史研究室编：《在上海与〈民立报〉记者的谈话》，《孙中山全集》（第 2 卷），北京：中华书局，1982，《孙中山全集》（第 2 卷），北京：中华书局，1982，第 384 页。
296 孙中山著，中国社科院近代史研究所中华民国史研究室编：《在上海报界公会欢迎会的演说》，《孙中山全集》（第 2 卷），北京：中华书局，1982，第 500 页。
297 孙中山著，中国社科院近代史研究所中华民国史研究室编：《在北京报界欢迎会的演说》，《孙中山全集》（第 2 卷），北京：中华书局，1982，第 433 页。
298 孙中山著，中国社科院近代史研究所中华民国史研究室编：《在济南各团体欢迎会的演说》，《孙中山全集》（第 2 卷），北京：中华书局，1982，第 481 页。
299 金观涛、刘青峰：《观念史研究：中国现代重要政治术语的形成》，香港：香港中文大学出版社，2008，第 238 页。
300 潘惠祥：《晚年孙中山》，《21 世纪》（网络版），总第 12 期（2003 年 3 月 31 日），http://www.cuhk.edu.hk/ics/21c/media/online/0210025.pdf（检索于 2016 年 10 月 30 日）。
301 孙中山著，中国社科院近代史研究所中华民国史研究室编：《在上海与〈民立报〉记者的谈话》，《孙中山全集》（第 2 卷），北京：中华书局，1982，第 384 页。
302 孙中山著，中国社科院近代史研究所中华民国史研究室编：《在北京招待报界同人时的演说和谈话》，《孙中山全集》（第 2 卷），北京：中华书局，1982，第 459 页。
303 孙中山著，中国社科院近代史研究所中华民国史研究室编：《中国之铁路计划与民生主义》，《孙中山全集》（第 2 卷），北京：中华书局，1982，第 490—491 页。
304 孙中山著，中国社科院近代史研究所中华民国史研究室编：《与袁世凯的谈话》，《孙中山全集》（第 2 卷），北京：中华书局，1982，第 412 页。
305 孙中山著，中国社科院近代史研究所中华民国史研究室编：《在北京与〈大陆报〉记者的谈话》，《孙中山全集》（第 2 卷），北京：中华书局，1982，第 413 页。
306 Nakami Tatsuo "A Protest Against the Concept of the 'Middle Kingdom': The Mongols and the 1911 Revolution", in *The 1911 Revolution in China*. Edited by Etō Shinkichi & Harold Z. Schiffrin. (Tokyo: University of Tokyo Press, 1984), 146-147.

307 王柯：《中国，从天下到民族国家》，台北：台湾政治大学出版社，2014，第 180—195 页。
308 章太炎：《中华民国解》，《民报》第 15 期，1907 年 7 月，第 1—17 页。
309 孙中山著，中国社科院近代史研究所中华民国史研究室编：《在上海与〈民立报〉记者的谈话》，《孙中山全集》（第 2 卷），北京：中华书局，1982，第 385 页。
310 Benedict Anderson, *Imaged Communities: Reflections on the Origin and Spread of Nationalism* (London and New York: Verso, 1991), 22-24, 44-46.
311 孙中山著，中国社科院近代史研究所中华民国史研究室编：《中国之铁路计划与民生主义》，《孙中山全集》（第 2 卷），北京：中华书局，1982，第 488、490—491 页。
312 孙中山著，中国社科院近代史研究所中华民国史研究室编：《中国之铁路计划与民生主义》，《孙中山全集》（第 2 卷），北京：中华书局，1982，第 487 页。
313 Prasenjit Duara, *Rescuing History from the Nation: Questioning Narratives of Modern China* (Chicago and London: The University of Chicago Press, 1995), 53-54.
314 王德威：《想象中国的方法：历史、小说、叙事》，北京：生活·读书·新知三联书店，2003，第 45—62 页。
315 碧荷馆主人：《新纪元》，《中国近代孤本小说精品大系》，呼和浩特：内蒙古人民出版社，1998，第 1 册，第一回。
316 颜健富：《广览地球，发现中国——从文学视角观察晚清小说的"世界"想象》，《中国文哲研究集刊》（41），2012 年 9 月，第 1—44 页。
317 李欧梵：《晚清文学和文化研究的新课题》，《东吴学术》（29），2015 年第 4 期，第 5—20 页。
318 东海觉我：《新法螺先生谭》，上海：小说林社，1905。
319 陆士谔：《新野叟曝言》，上海：亚华书局，1928。
320 剑秋：《环游二十万里铁道记》，《铁道》第 1 卷第 3 期，1912 年，第 148—158 页；《铁道》第 2 卷第 1 期，第 148—157 页。
321 赵妮娜：《展线——即将消失的铁路景观》，《中国国家地理》2014 年第 3 期。转引自中国国家地理网：http://www.dili360.com/cng/article/p5350c3d5f3aea82.htm（检索于 2016 年 10 月 30 日）。
322 孙中山著，中国社科院近代史研究所中华民国史研究室编：《建国方略之二：实业计划（物质建设）》，《孙中山全集》（第 6 卷），北京：中华书局，1982，第 247—411 页。《实业计划》中涉及铁路的地方主要是第一计划的第二部分、第三计划的第三部分和第四计划。
323 日本学者武上真理子从科学传播和技术史角度探讨孙中山科学观的形成过程，提出孙的《实业计划》一书特别是筑港计划及铁路规划等反映了孙中山深刻的科学觉悟，具有重要历史意义。笔者对此不敢苟同。参见〔日〕武上真理子著，袁广泉译：《孙中山与"科学的时代"》，北京：社会科学文献出版社，2016。
324 王志鲜：《孙中山绘制和收藏的地图》，《档案春秋》2009（12），第 36—

38页。
325 孙中山著,中国社科院近代史研究所中华民国史研究室编:《中国现势地图跋》,《孙中山全集》(第1卷),北京:中华书局,1982,第187—188页。
326 Benedict Anderson, *Imaged Communities: Reflections on the Origin and Spread of Nationalism* (London and NewYork: Verso, 1991), 170-178.
327 〔西〕胡安·诺格著,徐鹤林、朱伦译:《民族主义与领土》(*Nacionalismo y territorio*),北京:中央民族大学出版社,2010,第80页。
328 〔清〕轩辕正裔:《瓜分惨祸预记》,上海:上海独立出版,1904。转引自维基文库: https://zh.wikisource.org/zhhans/%E7%93%9C%E5%88%86%E6%85%98%E7%A6%8D%E9%A0%90%E8%A8%80%E8%A8%98(检索于2016年10月30日)。
329 Denis Wood, *The Power of Maps* (New York and London: the Guilford Press, 1992), 412.
330 Sun Yatsen, *The International Development of China, With 16 Maps in the Text and a Folding Map at end* (New York and London: G. P. Putnam's Sons, The Knickerbocker Press, 1929), appendix.
331 Sun Yatsen, *The International Development of China, With 16 Maps in the Text and a Folding Map at end* (New York and London: G. P. Putnam's Sons, The Knickerbocker Press, 1922, 1929); Sun Yatsen, *The International Development of China, With 16 Maps in the Text and a Folding Map at end*, Published on behalf of the London office Chinese Ministry of Information London, New York, and Melbourne: Hutchinson & Co. LTD. Press, 194?); 孙文著,芳贺雄译:《中国の国土计划》,东京:日本电报通讯社出版昭和十七年,1942。
332 David Turnbull, *Mapsare Territories: Scienceis an Atlas* (Chicago: The University of Chicago Press, 1993), 3, 54.
333 〔美〕余定国,姜道章译:《中国地图学史》,北京:北京大学出版社,2006,第240—242页。
334 邹振环:《晚清西方地理学在中国》,上海:上海古籍出版社,2000,第328—329页。
335 上海商务印书馆编印:《大清帝国全图》,上海:上海商务印书馆,1905,第一图。
336 Mike Crang, *Cultural Geography* (London and New York: Routledge, 1998),100-119. Yi Fu Tuan, *Space and Place: The Perspective of Experience* (Minneapolis and London: University of Minnesota Press, 1977), 12, 136.
337 Earl Albert Selle, *Donald of China* (New York: Harper & Bros, 1948), 135-137.
338 中长期铁路网规划(2016年),转引自维基文库 https://zh.wikisource.org/zhhant/%E4%B8%AD%E9%95%BF%E6%9C%9F%E9%93%81%E8%B7%AF%E7%BD%91%E8%A7%84%E5%88%92_(2016%E5%B9%B4(检索于2016年12月14日)。
339 孙中山著,中国社科院近代史研究所中华民国史研究室编:《建国方略之二：实业计划（物质建设）》，《孙中山全集》（第 6 卷），北京：中华书局，1982，第 261—263 页。
340 Jeremy Black, *Maps and Politics* (London: Reaktion Books, 1997), 112. David Turnbull, "Cartography and Science in Early Modern Europe: Mapping the Construction of Knowledge Spaces," in *Imago Mundi*, Vol. 48 (1996), 524.
341 Denis Wood, *The Power of Maps* (New York and London: the Guilford Press, 1992), 126-127.
342 《孙总理实业计划图》，洪懋熙编绘，《最新中华形势一览图》，上海：东方舆地学社，1932，附图。
343 参见鲍国强：《〈孙中山先生建国方略图〉版本解析》，《地图》2006 年第 5 期，第 108—111 页。
344 苏甲荣：《孙中山先生实业计划图》，上海：日新舆地学社，1929 年第三版。
345 杜赞奇将民国时期联省自治运动的失败归咎于话语策略的"道德剧"之影响，从此以后地方对于中央再无争论、异议的可能。参见 Prasenjit Duara, *Rescuing History from the Nation：Questioning Narratives of Modern China* (Chicago and London: The University of Chicago Press, 1995), 187-203。
346 杨度：《金铁主义说》，《中国新报》第 1 卷第 1 期，1907 年，第 9—60 页。孙中山著，中国社科院近代史研究所中华民国史研究室编：《临时大总统宣言书》，《孙中山全集》（第二卷），北京：中华书局，1982，第 2 页。孙中山著，中国社科院近代史研究所中华民国史研究室编：《在北京五族共和合进会与西北协进会的演说》，《孙中山全集》（第 2 卷），北京：中华书局，1982，第 439 页。
347 孙中山，中国社科院近代史研究所中华民国史研究室编：《三民主义》，《孙中山全集》（第 5 卷），北京：中华书局，1982，第 186—188 页。
348 孙中山，中国社科院近代史研究所中华民国史研究室编：《在上海中国国民党本部会议的演说》，《孙中山全集》（第 5 卷），北京：中华书局，1982，第 394 页。
349 孙中山，中国社科院近代史研究所中华民国史研究室编：《中国国民党党纲》，《孙中山全集》（第 7 卷），北京：中华书局，1982，第 4—5 页。
350 Prasenjit Duara, *Rescuing History from the Nation: Questioning Narratives of Modern China* (Chicago and London: The University of Chicago Press, 1995), 75-76.
351 参见王柯：《中国，从天下到民族国家》，台北：台湾政治大学出版社，2014，第 223—235 页。
352 参见郑大华：《论晚年孙中山"中华民族"观的演变及其影响》，《民族研究》2014 年第 2 期，第 61—73 页。另可参见黄兴涛：《重塑中华：近代中国"中华民族"观念研究》，北京：北京师范大学出版社，2017，第 138—149 页。
353 孙中山，中国社科院近代史研究所中华民国史研究室编：《三民主义》，

《孙中山全集》（第 5 卷），北京：中华书局，1982，第 188—189 页。
354 孙中山著，中国社科院近代史研究所中华民国史研究室：《在济南各团体欢迎会的演说》，《孙中山全集》（第 2 卷），北京：中华书局，1982，第 481 页。
355 孙中山著，中国社科院近代史研究所中华民国史研究室编：《在上海中华民国铁道协会欢迎会的演说》，《孙中山全集》（第 2 卷），北京：中华书局，1982，第 391 页。
356 梁启超：《国家思想变迁异同论》，《饮冰室合集·文集之六》，北京：中华书局，1989，第 22 页。
357 梁启超：《新民说·论新民为今日中国第一急务》，《饮冰室合集．文集之四》，北京：中华书局，1989，第 4 页。
358 孙中山著，中国社科院近代史研究所中华民国史研究室编：《中国国民党第一次全国代表大会宣言》，《孙中山全集》（第 9 卷），北京：中华书局，1982，第 116—117 页。
359 同前注，第 119 页。
360 孙中山著，中国社科院近代史研究所中华民国史研究室编：《三民主义》，《孙中山全集》（第 5 卷），北京：中华书局，1982，第 187—188 页。
361 梁启超：《新民说·论新民为今日中国第一急务》，《饮冰室合集·文集之四》，北京：中华书局，1989，第 3—4 页。
362 孙中山，中国社科院近代史研究所中华民国史研究室编：《三民主义》，《孙中山全集》（第 5 卷），北京：中华书局，1982，第 186—187 页。
363 孙中山著，中国社科院近代史研究所中华民国史研究室编：《中国之铁路计划与民生主义》，《孙中山全集》（第 2 卷），北京：中华书局，1982，第 488,490—491 页。
364 Max Horkheimer and Theodor W. Adorno, *Dialectic of Enlightenment: Philosophical Fragments*, trans. Edmund Jephcott, eds. Gunzelin Schmid Noerr. (Stanford: Stanford University Press, 2002),4.
365 孙中山著，中国社科院近代史研究所中华民国史研究室编：《建国方略之二：实业计划（物质建设）》，《孙中山全集》（第 6 卷），北京：中华书局，1982，第 264 页。
366 Paul Theroux, *The Old Patagonian Express: By Train Through the Americas* (Boston: Houghton Mifflin Company Boston, 1979), 56.
367 Wolfgang Schivelbusch, *The Railway Journey: The Industrialization of Time and Space in the Nineteenth Century* (Berkeley and Los Angeles: The University of California Press, 1986), 52-69.
368 Michel de Certeau, The Practice of Everyday Life, trans. Steven Rendall (Berkeley: University of California Press, 1998), 111-112.
369 David Harvey, *The Condition of Postmodernity: An Enquiry into the Origins of Cultural Change* (Cambridge MA & Oxford UK: Blackwell, 1992), 240-242.
370 参见 Walter Benjamin, "The Storyteller" and " On Some Motifs in Baudelaire,"in *Illuminations*, trans. Harry Zohn. Edited by Hannah Arendt. (New York:

Schocken Books,1969), 83-88,157-165.
371 维利里奥认为，我们在乘坐现代交通工具这一被动的加速过程中，人不再是旅行经验的主体，而成为机器运作的物件之一部分。参见 Paul Virilio, *Negative Horizon: An Essay in Dromoscopy*, trans. Michael Degener (London and New York: Continuum, 2005),46。
372 参见 John K. Fairbank and Denis Twitchett (eds), The Cambridge History of China, Vol. 12: Republican China, 1912-1949, Part1 (Cambridge: Cambridge University Press, 1983), 93。
373 Ibid., 95.
374 刘存扑：《西伯利亚大铁路旅行指南》，《汉平新语》第1卷第2期，1928年8月，第154—159页。
375 遥尘：《西伯利亚大铁路之过去及现在》，《铁路协会会报》第124—126期，1923年3月，第32—55页。
376 这种肇始于晚清民国的焦虑，最典型的意像是担心中国因为落后会被地球开除"球籍"。我想指出的是，直至民国以后，中国仍旧饱受此种时间的忧患与速度的焦虑。
377 参见 Enda Duffy, *The Speed Handbook Velocity, Pleasure, Modernism* (Durham and London: Duke University Press, 2009), 19. Sara Danius's *The Senses of Modernism: Technology, Perception, and Aesthetics* (Ithaca & London: Cornell University Press, 2002), 124。
378 也有论者将这种面对他者的焦虑和忧患视作限制中国现代文学艺术自身发展的障碍，然而随着批评范式的转移和历史的继续，所谓"局限"和"障碍"又都可能成为建构自身独特认同的重要资源。参见夏志清著，刘绍铭等译：《现代中国文学感时忧国的精神》，《中国现代小说史》，香港：香港中文大学出版社，2015，第389—403页。
379 斌椿：《乘槎笔记》；志刚：《初使泰西记》，收入钟叔河主编：《走向世界丛书》（卷一），长沙：岳麓书社，2008，第104、262页。
380 王韬：《漫游随录》，收入钟叔河主编：《走向世界丛书》（卷六）（长沙：岳麓书社，2008），第79、82—83、108页。
381 张德彝：《航海述奇》，收入钟叔河主编：《走向世界丛书》（卷一），第484—487页。
382 刘鹗：《抱残守缺斋壬寅日记》，中国哲学书电子化计划网站，http://ctext.org/wiki.pl?if=gb&chapter=299970（检索于2017年4月30日）。
383 参见 W. J. T. Mitchell, "Imperial Landscape," in *Landscape and Power*. Edited by W. J. T. Mitchell. (Chicago and London: University of Chicago Press, 2002, 2nd ed.), 534. Denis E. Cosgrove, *Social Formation and Symbolic Landscape* (Madison: The University of Wisconsin Press, 1998), 1, 61-64。
384 〔日〕小川环树：《风景的意义》，《论中国诗》，香港：香港中文大学出版社，2018，第3—36页。
385 Karatani Kōjin, *Origins of Modern Japanese Literature*, trans. Brett de Bary (Durham and London: Duke University Press, 1993), 22.

386 参见刘熊祥：《清季十年之联俄政策》，重庆：三友书店，1943。
387 参见寇兴军：《中国近代铁路体制演变史（1835—1949）》，北京：中华书局，2016，第366—376页。柳书琴：《"满洲他者"寓言网络中的新朝鲜人形象——以舒群《没有祖国的孩子》为中心》，《韩中言语文化研究》第21辑（首尔：韩国现代中国研究会），2009年10月，第189—193页。
388 瞿秋白：《饿乡纪程》，《瞿秋白文集（文学编·第1卷）》，北京：人民文学出版社，1985，第43页。
389 愈之：《西伯利亚大铁路谈》，《东方杂志》1917年第14卷第12期，第58—64页。
390 遥尘：《西伯利亚大铁路之过去及现在》，《铁路协会会报》第124—126期，1923年3月，第32—55页。
391 参见梁嘉彬：《帝俄时代之中东铁路》，《清华周刊》1929年第31卷第1期，第31—38页；《中东铁路问题之研究》，《国闻周报》1929年第6卷第28—31期，第1—6,1—8,1—5,1—6页；梁孝植：《中东铁路与国际关系——中东铁路和国际交通，中东铁路和国际经济，宣传共产和远东和平》，《同泽半月刊》1929年第3卷第1/2期，第18—23页；毋忘：《中东铁路大事年纪》，《人文（上海1930）》，1930年第1卷第2期，第1—17页；叶翔之：《中东铁路之由来及现状》，《国家与社会》，1933年第27、28期，第22—28、28—31页。另可参见石荣暲编：《东省铁路沿革史》（[俄]尼罗斯撰，朱与忱译——吉敦铁路沿线调查录），近代中国史料丛刊三编：第二十四辑，台北：文海出版社，1987；宓汝成编：《中东铁路问题》，《中华民国铁路史资料（1912—1949）》，北京：社会科学文献出版社，2002，第324—406页。
392 参见"Trans-Siberian Railway" in WIKIPEDIA, https://en.wikipedia.org/wiki/Trans%E2%80%93Siberian_Railway（检索于2015年3月22日）
393 谭桂恋：《中东铁路的修筑与经营（1896—1917）：俄国在华势力的发展》，台北：联经，2016，第202—203页。
394 Karl Baedeker, *Russia with Teheran, Port Arthur, and Peking: Handbook for Travellers* (Leipzig: KarlBaedeker, 1914), 523-547.
395 佚名：《西伯利亚大铁路游记（未完）》，《铁路协会会报·杂俎》1916年5月第44期，第160—164页；《西伯利亚大铁路游记（续）》，《铁路协会会报·杂俎》1916年6月第45期，第169—176页。
396 遥尘：《西伯利亚大铁路之过去及现在（续）》，《铁路协会会报》第127—129期，1923年4—6月，第62页。
397 Christian Wolmar, *To the Edge of the World: The Story of the Trans-Siberian Express, the World's Greatest Railroad* (New York: Public Affairs, 2013), 108-112.
398 黎庶昌：《西洋杂志》，收入钟叔河主编：《走向世界丛书》（卷一），长沙：岳麓书社，2008，第549—558页。
399 梁启超：《欧游心影录》，《梁启超游记》，上海：东方出版社，2006，第69页。
400 徐志摩著，蒋复璁、梁实秋编：《欧游漫录》，《徐志摩全集》（第3卷），北京：中央编译出版社，2013，第208—213页。
401 佚名：《中东铁路调查记》，《交通月刊》第36期，1919年12月，第79—91页。
402 瞿秋白：《饿乡纪程》，《瞿秋白文集（文学编·第1卷）》，北京：人民文学出版社，1985，第42页。
403 Christian Wolmar, *To the Edge of the World: The Story of the Trans-Siberian Express, the World's Greatest Railroad*, 185.
404 瞿秋白：《饿乡纪程》，《瞿秋白文集（文学编·第1卷）》，北京：人民文学出版社，1985，第70页。
405 同前注，第4—5页。
406 同前注，第31页。
407 夏济安：《瞿秋白》，《黑暗的闸门：中国左翼文学运动研究》，香港：香港中文大学出版社，2016，第17—18页。
408 张历君：《镜影乌托邦的短暂航程——论瞿秋白游记中的乌托邦想象》，《当代作家评论》，2006年第1期，第111—117页。
409 瞿秋白：《饿乡纪程》，《瞿秋白文集（文学编·第1卷）》，北京：人民文学出版社，1985，第57—59页。
410 参见 Isaiah Berlin, *The Roots of Romanticism*. Edited by Henry Hardy. (Princeton, New Jersey: Princeton University Press, 1999), 814. Isaiah Berlin, *Freedom and Its Betrayal*. Edited by Henry Hardy. (Princeton and Oxford: Princeton University Press, 2014, 2nd edition), 68-71.
411 〔丹麦〕勃兰兑斯著，刘半九译：《19世纪文学主流第二分册：德国的浪漫派》，北京：人民文学出版社，2009，第165—184页。
412 瞿秋白：《饿乡纪程》，《瞿秋白文集（文学编·第1卷）》，北京：人民文学出版社，1985，第80页。
413 Franco Moretti, *The Way of the World: The Bildungsroman in European Culture*, trans. Albert Sbragia (London and New York: Verso, 2007), 28-32, 52-55. 夏目漱石的《三四郎》是成长小说和铁路旅行相结合的典范。
414 David Derwei Wang, *The Lyrical in Epic Time: Modern Chinese Intellectuals and Artists Through the 1949 Crisis* (New York: Columbia University Press, 2015), 61.
415 Leo Oufan Lee, *The Romantic Generation of Modern Chinese Writers* (Cambridge, Massachusetts: Harvard University Press, 1973), 143, 170. 李欧梵：《现代中国文学中的浪漫个人主义》，《现代性的追求》，北京：人民文学出版社，2010，第48—49页；苏明：《质疑与消解——从〈欧游漫录〉看徐志摩苏俄观之转变》，《南京大学学报（哲学·人文科学·社会科学）》2008年第5期，第106—113页。
416 徐志摩著，蒋复璁、梁实秋编：《欧游漫录》，《徐志摩全集》（第3卷），北京：中央编译出版社，2013，第215页。
417 夏济安：《瞿秋白》，《黑暗的闸门：中国左翼文学运动研究》，香港：香港中文大学出版社，2016，第48—49页。
418 Karatani Kōjin, *Origins of Modern Japanese Literature*, 22-36.

419 我以为，"颠倒说"的内在逻辑依然是辩证法。但辩证法的威力只有在作用于自身以外的世界时才分外耀眼，尽管在它将世界纳入其中之际，世界亦会完成辩证化；在这样的世界里，曾经的灵光一闪会被自动重置，发现与批评变得没有意义：它们丧失了确立自我最基本的条件——真诚性。换言之，借助风景发现而确立的现代主体是早已成形、先被允诺的一次性主体。它存在却不生长。而辩证意象唯一胜过辩证逻辑之处正是在于它不够全面、不够开放，只固守攫取到世界的一角，所以不做预设。
420 瞿秋白：《饿乡纪程》，《瞿秋白文集（文学编·第1卷）》，北京：人民文学出版社，1985，第85—86页。
421 黎庶昌：《西洋杂志》，收入钟叔河主编：《走向世界丛书》（卷一），长沙：岳麓书社，2008，第512—513页。
422 薛福成：《出使英法义比四国日记》，收入钟叔河主编：《走向世界丛书》（卷八），长沙：岳麓书社，2008，第320—321页。
423 朱自清：《欧游杂记》，江苏：凤凰出版社，2008，第63页。
424 徐志摩，蒋复璁、梁实秋编：《西伯利亚》，《徐志摩全集》（第2卷），北京：中央编译出版社，2013，第120—121页。
425 徐志摩：《西伯利亚道中忆西湖秋雪庵芦色作歌》，《晨报副刊》1925年9月7日，第7页。
426 〔明〕张岱：《西湖梦寻注评》，上海：上海古籍出版社，2013，第183—184页。
427 徐志摩：《沪杭道中》，《小说月报》1923年第14卷第11期，第98页。
428 参见唐宏峰：《日常生活、视觉经验与文学叙事——近代文学中的新式交通工具（1870s—1910s）》，《东华人文学报》第20期，2012年1月，第107—136，119页；湛晓白：《时间的社会文化史：近代中国时间制度与观念变迁研究》，北京：社会科学文献出版社，2013，第175页；丁贤勇：《新式交通与社会变迁：以民国浙江为中心》，北京：中国社会科学出版社，2007，第384—385页。
429 王德威：《"有情"的历史——抒情传统与中国文学现代性》，《中国文哲研究集刊》第33期，2008年9月，第77—137页。
430 徐志摩著，蒋复璁、梁实秋编：《欧游漫录》，《徐志摩全集》（第3卷），北京：中央编译出版社，2013，第214—216页。
431 瞿秋白：《饿乡纪程》，《瞿秋白文集（文学编·第1卷）》，北京：人民文学出版社，1985，第93页。
432 瞿秋白：《自赤塔至莫斯科的见闻记》，由俞颂华附录于其通讯稿件之后，分别刊于《赤俄通信——旅程琐记》，《时事新报》1921年8月26日—29日；及《通信——俄国旅程琐记》，《晨报》1921年9月11日—15日。
433 瞿秋白：《饿乡纪程》，《瞿秋白文集（文学编·第1卷）》，北京：人民文学出版社，1985，第106—107页。
434 陈相因：《自我的符码与戏码——论瞿秋白笔下"多余的人"与〈多余的话〉》，《中国文哲研究集刊》第44期，2014年3月，第79—142,130—134页。
435 瞿秋白：《赤都心史》，《瞿秋白文集（文学编·第1卷）》，北京：人民文学出版社，1985，第220页。
436 瞿秋白：《赤都心史》，《瞿秋白文集（文学编·第1卷）》，北京：人民文学出版社，1985，页二四七。
437 瞿秋白：《多余的话》，《瞿秋白文集（政治理论编·第7卷）》，北京：人民出版社，1991，第716页。
438 徐志摩：《列宁忌日——谈革命》，《晨报副刊》1926年1月21日，第37—39页。
439 徐志摩著，蒋复璁、梁实秋编：《欧游漫录》，《徐志摩全集》（第3卷），北京：中央编译出版社，2013，第238—239页。
440 瞿秋白：《饿乡纪程》，《瞿秋白文集（文学编·第1卷）》，北京：人民文学出版社，1985，第13—14页；《赤都心史》，《瞿秋白文集（文学编·第1卷）》，北京：人民文学出版社，1985，第209—211页。
441 Hannah Arendt, *On Revolution* (Penguin Classics, 2006), 50-53.
442 瞿秋白：《赤都心史》，《瞿秋白文集（文学编·第1卷）》，北京：人民文学出版社，1985，第221,172页。
443 瞿秋白：《游记——赤俄之归途》，《晨报副刊》1923年1月30日，第二版二页。
444 张历君：《镜影乌托邦的短暂航程——论瞿秋白游记中的乌托邦想象》，《当代作家评论》，2006年第1期，第114—115页。
445 Carl L. Becker, *The Heavenly City of the Eighteenth century Philosophers* (New Heaven and London: Yale University Press, 2nd edition, 2003), 8.
446 Hannah Arendt, *On Revolution*, 65.
447 John Urry, *The Tourist Gaze* (London, Thousand Oaks and New Delhi: SAGE Publications, 2002, 2nd edition), 13.
448 京沪沪杭甬铁路管理局：《全国幽秀风景，萃集两路沿线》，《铁路杂志》1935年第1卷第6期，第58页。
449 赵君豪：《编辑室十年记》，《旅行杂志》1936年第10卷第1期，第197页。
450 孙恩霖：《片段的回忆》，《旅行杂志》1936年第10卷第1期，第57页。
451 赵君豪：《编辑室十年记》，《旅行杂志》1936年第10卷第1期，第197页。
452 赵尔谦：《我的旅行哲学》，《旅行杂志》1929年第3卷第2期，第8—9页。
453 高梧轩：《寸心尘远话萍踪》，《旅行杂志》1932年第6卷第1期，第4页。
454 Madeleine Yue Dong, "Shanghai's China Traveler," in *Everyday Modernity in China*. Edited by Madeleine Yue Dong and Joshua Goldstein. (Seattle and London: University of Washington Press, 2006), 195-226.
455 陈光甫：《发刊词》，《旅行杂志》1927年第1卷第1期，第1页。
456 赵尔谦：《我的旅行哲学》，《旅行杂志》1929年第3卷第2期，第7—8页。
457 叶秋原：《旅行之片忆与话》，《旅行杂志》，1933年第7卷第11期，第3页。
458 图片分别选自《旅行杂志》1927年第1卷第1期，1927年第1卷第2期，及1927年第1卷第3期中的广告插页。
459 参见黎昭寰：《游览建国》，《旅行杂志》1936年第10卷第1期，第7页；黄伯樵：《导游与爱国》，《旅行杂志》1936年第10卷第1期，第3—4页。
460 张恨水：《所望于旅行杂志》，《旅行杂志》1936年第10卷第1期，第61页。

461 编者:《敬告读者》,《旅行杂志》1937年第11卷第9期,第1页。
462 《联运时刻表》,《旅行杂志》1927年第1卷第1期,第24页。
463 郁达夫:《迷羊》,《郁达夫全集·第二卷·小说(下)》,杭州:浙江大学出版社,2007,第127—131页。
464 Lynne Kirby, *Parallel Tracks: The Railroad and Silent Cinema*, 144-147.
465 《莫干山避暑之便利》,《申报》1916年7月9日,三张十版。
466 西谛:《山中通信——第一信》,《文学周报》第236期,1926年,第5—7页;《月夜之话——山中杂记之三》,《文学周报》第242期,1926年,第1—3页;《山中的历日——山中杂记之四》,《文学周报》第243期,1926年,第1—3页。
467 赵君豪:《莫干山小记》,《旅行杂志》1927年第1卷第2期,第29—40页;《莫干山消夏记》,《旅行杂志》,1931年第5卷第7期,第13—24页;《莫干山碧坞风景》(封面),《旅行杂志》1931年第5卷第9期,页A1。
468 赵君豪:《编辑室十年记》,《旅行杂志》1936年第10卷第1期,第198页。
469 有关风景与民族性的建构,可参见张箭飞对于英国作家司各特(Walter Scott)的研究,其对苏格兰风景的书写实际上是把浪漫主义的自然之爱转变为一种文化民族主义的表达。张箭飞:《风景与民族性的建构——以华特·司各特为例》,《外国文学研究》2004年第4期,第135—141页。
470 《介绍全国铁路旅行指南》,《京沪沪杭甬铁路日刊》,第1120期,1934年,第31页。
471 《旅行杂志》1937年第11卷第7期:"全国铁路沿线名胜专号"。
472 编者:《一月一谭》,《旅行杂志》1937年第11卷第7期,页A1。
473 Roland Barthes, "Myth Today," in *A Roland Barthes Reader*. Edited by Susan Sontag. (London: Vintage Classics 2000): 99, 130.
474 郁达夫:《杭江小历纪程》,《屐痕处处》,上海:上海复兴书局印行,1936,第1页。
475 郁达夫:《二十二年的旅行》,《十日谈》1934年新年特辑,第24页。
476 冰心女士:《冰心游记》,上海:北新书局印行,1935。
477 郑振铎:《西行书简·文学研究会创作丛书第二集》,上海:商务印书馆,1937。
478 出自郁达夫1935年所作《咏西子湖》一诗:楼外楼头雨似酥,淡妆西子比西湖。江山也要文人捧,堤柳而今尚姓苏。
479 郁达夫:《浙东景物纪略》,《屐痕处处》,上海:上海复兴书局印行,1936,第56页。
480 冰心女士:《冰心游记》,上海:北新书局印行,1935,第4页。
481 Leo Oufan Lee, "The Solitary Traveler: Images of the Self in Modern Chinese Literature," in *Expressions of Self in Chinese Literature*. Edited by Robert E. Hegel and Richard C. Hessney. (New York: Columbia University Press, 1985), 282-307, 294.
482 郁达夫:《五六年来创作生活的回顾》,《郁达夫全集·第十卷·文论(上)》,杭州:浙江大学出版社,2007,第312页;《五四文学运动之历史的意义》,《郁达夫全集·第十一卷·文论(下)》,杭州:浙江大学出版社，2007，第 82 页。
483 吴晓东：《郁达夫与中国现代 "风景的发现"》，《中国现代文学研究丛刊》2012 年第 10 期，第 80—89 页。
484 李欧梵：《追求现代性（1895—1927）》，《现代性的追求》，北京：人民文学出版社，2010，第 212 页。
485 郁达夫：《银灰色的死》，《郁达夫全集·第一卷·小说（上）》，杭州：浙江大学出版社，2007，第 28 页。
486 郁达夫：《沉沦》，《郁达夫全集·第一卷·小说（上）》，杭州：浙江大学出版社，2007，第 51 页。
487 郁达夫：《南迁》，《郁达夫全集·第一卷·小说（上）》，杭州：浙江大学出版社，2007，第 95—96 页。
488 郁达夫：《沉沦·自序》，《郁达夫全集·第十卷·文论（上）》，杭州：浙江大学出版社，2007，第 18—19 页。
489 Stephen Kern, *The Culture of Time and Space 1880-1918* (Cambridge, Massachusetts, London, England: Harvard University Press, 2003),126-127.
490 Mark C. Taylor, *Speed Limits: Where Time Went and Why We Have So Little Left* (New Haven and London: Yale University Press, 2014), 22-24.
491 Wolfgang Schivelbusch, *The Railway Journey: The Industrialization of Time and Space in the Nineteenth Century* (Berkeley and Los Angeles: The University of California Press, 1986),113-119, 134-139.
492 郁达夫：《忏余独白》，《北斗》1931 年第 1 卷第 4 期，第 55—57 页。
493 郁达夫：《山水及自然景物的欣赏——附照片》，《申报·每周增刊》1936 年第 1 卷第 3 期，第 68—69 页。
494 G. W. F. Hegel, *The Phenomenology of Spirit*, trans. A. V. Miller (Oxford, New York, Toronto, Melbourne: Oxford University Press, 1997), 108-112.
495 吴晓东：《中国现代审美主体的创生——郁达夫小说再解读》，《中国现代文学研究丛刊》2007 年第 3 期，第 3—34、19 页。
496 参见 Jacques Lacan, *Ecrits*, trans. Bruce Fink (New York, London: W. W. Norton & Company, 2006), 675-685. 另见 Slavoj Žižek, *The Sublime Object of Ideology* (London, New York: Verso, 2008), 115-118。
497 郁达夫：《迟桂花》，《郁达夫全集·第二卷·小说（下）》，杭州：浙江大学出版社，2007，第 372—404 页。
498 张爱玲：《烬余录》，《天地》1944 年第 5 期，第 20—25 页。
499 刘呐鸥：《风景》，《都市风景线》，哈尔滨：黑龙江人民出版社，1999，第 9—14 页。
500 片冈铁兵著，刘呐鸥译：《色情文化》，上海：水沫书店，1929，第 55 页。
501 参见彭小妍：《浪荡子美学与跨文化现代性：1930 年代上海、东京及巴黎的浪荡子、漫游者与译者》，台北：联经，2012，第 60—80 页。
502 参见 Leo Oufan Lee, *Shanghai Modern: The Flowering of a New Urban Culturein China, 1930-1945* (Cambridge and London: Harvard University Press, 1999),206-210. 陈建华，《文以载车：民国火车小传》，北京：商务印书馆，2017，第 148—150 页。

503 Michel de Certeau, *The Practice of Everyday Life*, trans. Steven Rendall (Berkeley, Los Angeles, London: University of California Press, 1984), 111.

504 Wolfgang Schivelbusch, *The Railway Journey: The Industrialization of Time and Space in the 19th Century* (Berkeley and Los Angeles: The University of California Press, 1986), 72-73, 79.

505 Paul Virilio, *Negative Horizon: An Essay in Dromoscopy*, trans. Michael Degener (London & New York: Continuum, 2005),42-46, 75, 146. 另参见 Paul Virilio, *The Aesthetics of Disappearance*, trans. Philip Beitchman (Semiotext, 1991), 50-60。

506 Immanuel Kant, *Critique of Pure Reason*, trans. Paul Guyer and Allen W. Wood (Cambridge,UK: Cambridge University Press, 1998), 174-176.

507 Carlo Rovelli, *The Order of Time*, trans. Erica Segreand Simon Carnell (New York: Riverhead Books, 2018), 48-49.

508 参见 Henri Lefebvre, *The Production of Space*, trans. Donald Nichosan Smith (Oxford, UK and Cambridge, USA: Blackwell, 1991), 73, 182-184。

509 "地方的精魂"是建筑现象学的术语，指人和所处环境所具有的一种具象化经验，是地方先天存在于个人自我认同中的部分。参见 Christian Norberg Schulz, *Genius Loci: Towards a Phenomenology of Architecture* (New York: RIZZOLI, 1980), 18-23。

510 这里借鉴了塞尔托有关"城市中的鬼魂"的探讨，参见 Michel de Certeau, Luce Giard, Pierre Mayol, *Practice of Everyday-life: Volume 2, Living and Cooking* (Minneapolis and London: University of Minnesota Press, 2014), 133-137。

511 丰子恺：《车厢社会》，《丰子恺散文精品集：车厢社会》，北京：海豚出版社，2014，第1—19页。

512 陈建华，《文以载车：民国火车小传》，北京：商务印书馆，2017，第62—82、179—202页。

513 参见 Georg Simmel, "The Stranger," *Georg Simmel On Individuality and Social Forms*, edited by Donald N. Levine. (Chicago and London: The University of Chicago Press, 1971), 143-149。

514 参见 Georg Simmel, "The Adventurer," *Georg Simmel On Individuality and Social Forms*, edited by Donald N. Levine. (Chicago and London: The University of Chicago Press, 1971), 187-198。

515 参见 Michel Foucault, "Of Other Spaces: Utopias and Heterotopias," in *Rethinking Architecture: A Reader in Cultural Theory*. Edited by Neil Leach. (New York: Routledge, 1997), 330-336。

516 Henri Lefebvre, *The Production of Space*, 182-183.

517 达菲（Enda Duffy）认为19世纪末至20世纪初的英美文学中，侦探、惊悚小说的流行，对静止密闭空间（车厢等）的恐惧，都和慢（slowness）的出现有关。参见 Enda Duffy, *The Speed Handbook: Velocity, Pleasure, Modernism* (Durham and London: Duke University Press, 2009), 64-68。

518 施蛰存：《关于"现代派"一席谈》，《北山散文集》（一），上海：华东师范大学出版社，2001，第 678 页。另见 Leo Oufan Lee, *Shanghai Modern: The Flowering of a New Urban Culture in China, 1930-1945* (Cambridge and London: Harvard University Press, 1999), 154。

519 李欧梵曾以西化城市／传统乡村作为《善女人行品》和《梅雨之夕》里旅途的空间模型：他（她）或者是抵达都市因力比多的提升而变得兴奋；或者是去乡村做一次短暂的旅行，遭遇充满色欲、着魔似的可怕经历。Leo Oufan Lee, *Shanghai Modern*, 182-183.

520 施蛰存著，刘凌、刘效礼编：《魔道》，《施蛰存全集第一卷：十年创作集》，上海：华东师范大学出版社，2011，第 159—168 页。

521 施蛰存：《夜叉》，《施蛰存全集第一卷：十年创作集》，上海：华东师范大学出版社，2011，第 191—198 页。

522 施蛰存：《雾》，《施蛰存全集第一卷：十年创作集》，上海：华东师范大学出版社，2011，第 230—237 页。

523 施蛰存：《春阳》，《施蛰存全集第一卷：十年创作集》，上海：华东师范大学出版社，2011，第 256—261 页。

524 参见 Leo Oufan Lee, *Shanghai Modern*, 168-189。在之后的一篇文章中，李欧梵对先前的西方都市理论框架予以反省和质疑，强调施蛰存从中国传统的文化艺术中获取资源以此为怪诞的现代经验进行着魅，提升文学的创造力。李欧梵：《"怪诞"与"着魅"——重探施蛰存的小说世界》，《现代中文学刊》第 36 期（2015 年第 3 期），第 4—11 页。

525 William Schaefer, "Shadow Photographs, Ruins, and Shanghai's Projected Past," in *PMLA: Publications of the Modern Language Association of America*, 2007 Jan, Vol. 122 (1), pp. 124-134.

526 Christopher Rosenmeier's "Women Stereotypes in Shi Zhecun's Short Stories," in *Modern China*, Vol. 37, 1 (2010), pp. 44-68.

527 Sigmund Freud, *The Complete Letters of Sigmund Freud to Wilhelm Fliess 1887-1904*, trans. Jeffery Moussaieff Masson (Cambridge: Harvard University Press, 1985), 267-269.

528 马库斯（Laura Marcus）认为铁路为精神分析提供了基本的概念和隐喻框架，恰如铁路旅行发现了恋母情结，铁路事故则启发了弗洛伊德的"震惊"（shock）理论。参见 LauraMarcus, "Psychoanalytic Training: Freudand the Railways," in *The Railway and Modernity: Time, Space, and the Machine Ensemble*. Edited by Matthew Beaumont and Michael Freeman. (Bern: Peter Lang, 2007), 155-175。

529 Sigmund Freud, *The Complete Letters of Sigmund Freud to Wilhelm Fliess 1887-1904*, 285.

530 Sigmund Freud, *The Interpretation of Dreams*, trans. James Strachey (New York: Basic Books, 2010),462-466.

531 Sigmund Freud, *Three Essays on the Theory of Sexuality*, trans. Ulrike Kistner (London and New York: Verso, 2016), 54-55.

532 Sigmund Freud, "On Beginning the Treatment," in *The Standard Edition of the Complete Psychological Works of Sigmund Freud, Volume XII (1911-*

1913): *The Case of Schreber, Papers on Technique, and Other Works*, trans. James Strachey and Anna Freud. (London: The Hogarth Press, 1958), 135. 狄更斯（Charles Dickens）也曾描述过在移动的车厢中犹如步入梦境、丧失自我的感觉：“我从某个地方要到另一个地方去，除此之外我不想知道更多。为什么有些东西在我脑海里闪进又闪出，它们从哪里来为什么要来，它们要往哪里去为什么要去，我无力思考这些……我对自身一无所知……”参见 Charles Dickens, "Railway Dreaming," in *Household Words*, Volume XIII, Magazine No. 320, 10 May 1856, Pages:385-388。

533 Sigmund Freud, "The'Uncanny'," in *The Standard Edition of the Complete Psychological Works of Sigmund Freud, Volume XVII (1917-1919): An Infantile Neurosis and Other Works*, trans. James Strachey and Anna Freud. (London: The Hogarth Press, 1958), 218-252,236.

534 Ibid.,234-248.

535 Ibid.,238-241.

536 Ibid.,249.

537 参见 Richard Lehan, *The City in Literature: An Intellectual and Cultural History* (Berkeley, Los Angeles and London: University of California Press, 1998), 74.

538 Ibid.,248.

539 汤姆·冈宁从视觉角度对弗洛伊德这一车厢经历进行了分析；安东尼·维德勒（Anthony Vidler）则把这一插曲视作拉康"镜像阶段"（mirror stage）的预演。参见 Tom Gunning, "TheExteriorasIntérieur:Benjamin's OpticalDetective," in *Boundary 2*, 30:1 (2003): pp. 105-130, 125-128. Anthony Vidler, *The Architectural Uncanny: essays in the modern unhomely* (Cambridge, MA: MIT Press, 1992), 222-223。

540 参见李欧梵,《"怪诞"与"着魅"——重探施蛰存的小说世界》,《现代中文学刊》第 36 期，2015 年第 3 期，第 4—11 页。

541 参见施蛰存,《〈妇心三部曲〉译者序》及《〈薄命的戴丽莎〉译者序》,《北山散文集》(二)，上海：华东师范大学出版社，2001，第 1169—1170、1204 页。

542 Michel Foucault, *The History of Sexuality, Volume1: An Introduction*, trans. Robert Hurley (New York: Vintage Books, 1990), 70, 83.

543 关于客体的崇高化及堕落，参见 Slavoj Žižek, *The Sublime Object of Ideology* (Verso, 2008), 221。

544 Claude Massicotte, "Mapping Memory through the Railway Network: Reconsidering Freud's Metaphors from the *Project for a Scientific Psychology to Beyond the Pleasure Principle*," in *Trains, Literature, and Culture: Reading and Writing the Rails*. Edited by Steven D. Spalding and Benjamin Fraser. (Lexington Books Press, 2012), 159-177.

545 施蛰存：《梅雨之夕·后记》,《施蛰存全集第一卷：十年创作集》，上海：华东师范大学出版社，2011，第 624 页。

546 参见 Edward Said, *Freud and the Non-European* (London and New York:

Verso, 2014)。
547 参见 Walter Benjamin, "On Some Motifs in Baudelaire," in *Illuminations*, trans. Harry Zohn. Edited by Hannah Arendt. (New York: Schocken Books, 1969), 191。
548 Jean Paul Sartre, *Being and Nothingness: An Essay on Phenomenological Ontology*, trans. Hazzel E. Barnes (London and New York: Routledge, 2003), 277-288.
549 Maurice Merleau Ponty, *Adventures of the Dialectic*, trans. Joseph Bien (Evanston: Northwestern University Press, 1973), 155.
550 Mikhail Bakhtin, "Discourse in the Novel," in *The Dialogic Imagination: Four Essays*, trans. Caryl Emerson and Michael Holquist (Austin: University of Texas Press, 1981), 276, 293-294.
551 参见 Tzvetan Todorov, *Mikhail Bakhtin: The Dialogical Principle*, trans. Wlad Godzich (Minneapolis: University of Minnesota Press, 1984), 94-98。
552 施蛰存：《小说中的对话》，《北山散文集》（一），第488—494页。
553 张恨水：《平沪通车》，载于《旅行杂志》1935年第9卷第1期至1935年第9卷第12期。
554 参见《上海铁路志》编纂委员会编：《上海铁路志》，上海：上海社会科学院出版社，1999，第116—117页。
555 图38："头等客列车内景 各皮椅均可旋转"，图39："沪平通车餐室内景"转引自《记两路新备沪平联运客列车》，《旅行杂志》，1934年第8卷第3期，页A2。
556 赵君豪：《北游旅程》，《旅行杂志》1937年第11卷第6期，第3—15页。
557 图片引自容衍：《羊社漫画——车厢内的自由神》，《大众画报》1934年第6期，第42页。
558 图片引自张恨水：《平沪通车——第二章萍水相逢成了亲戚》，《旅行杂志》1935年第9卷第2期，第107页。
559 陈建华，《文以载车：民国火车小传》，北京：商务印书馆，2017，第215—218页。
560 《旅行——火车中之新骗术》，《游历》1930年第8期，第1页。
561 三叔：《火车中又发现漂亮妙龄女贼》，《风光》1946年第10期，第5页。
562 参见 Anna Despotopoulou, "'Running onlines': Women and the Railway in Victorian and Early Modernist Culture," in *Women in Transit through Literary Liminal Spaces*. Edited by Teresa Gómez Reusand Terry Gifford. (Palgrave Macmillan, 2013), 47-60. Anna Despotopoulou, *Women and the Railway, 1850-1915* (Edinburgh: Edinburgh University Press, 2015), 23-40. Weikun Cheng, *City of Working Women: Life, Space, and Social Control in Early Twentieth Century Beijing* (Berkeley: University of California, Berkeley, Institute of Eastern Asian Studies, 2011), 85-91。
563 Anna Despotopoulou, *Women and the Railway, 1850-1915*, 29-30.
564 Elizabeth Wilson, *The Sphinx in the City: Urban Life, the Control of Disorder, and Women* (Berkeley, Los Angeles and Oxford: University of

California Press, 1992), 59, 86-87.
565 Rey Chow, *Woman and Chinese Modernity: The Politics of Reading between West and East* (Minneapolis: University of Minnesota Press, 1991), 76-83.
566 Peter Bailey, "Adventures in Space: Victorian Railway Erotics, or Taking Alienation for a Ride," in *Journal of Victorian Culture*, 01 January 2004, Vol. 9 (1), p.121.
567 Matthew Beaumont, "Railway Mania: The Train Compartment as the Scene of a Crime," in *The Railway and Modernity: Time, Space, and the Machine Ensemble*. Edited by Matthew Beaumont and Michael Freeman. (Bern: Peter Lang, 2007), 125-153.
568 张恨水:《平沪通车——第四章二等车上的典型旅客》,《旅行杂志》1935年第9卷第4期,第107页。
569 张恨水:《平沪通车——第七章大家心神不安》,《旅行杂志》1935年第9卷第7期,第98页。
570 张恨水:《平沪通车——第十一章浦口渡江时》,《旅行杂志》1935年第9卷第11期,第125页。
571 张恨水:《平沪通车——第九章甜言蜜语》,《旅行杂志》1935年第9卷第9期,第154页。
572 Anthony Giddens, *The Consequences of Modernity* (Cambridge, Oxford, Boston and New York: Polity Press, 1991), 21-36, 79-99.
573 Ibid.,112-124,137-144.
574 张恨水:《平沪通车——第八章求人助者亦愿助人》,《旅行杂志》1935年第9卷第8期,第113页。
575 Judith Butler, *Gender Trouble: Feminism and the Subversion of Identity* (New York and London: Routledge, 1999), 23-33.
576 Ibid.,173-180.
577 Judith Butler, *Bodies That Matter: On the Discursive Limits of "Sex"* (New York and London: Routledge, 1993), 226-241.

参考文献

英文书目

Agamben, Giorgio. *Infancy and History On the Destruction of Experience*. translated by Liz Heron. London, New York: Verso, 2007.

Aguiar, Marian. *Tracking Modernity: Indian's Railways and the Culture of Mobility*. Minneapolis and London: University of Minnesota Press, 2011.

Anderson, Benedict. *Imaged Communities: Reflections on the Origin and Spread of Nationalism*. London and New York: Verso, 1991.

Arendt, Hannah. *On Revolution*. Penguin Classics, 2006.

Bakhtin, Mikhail. *The Dialogic Imagination: Four Essays*, translated by Caryl Emerson and Michael Holquist. Austin: University of Texas Press, 1981.

Barthes, Roland. *A Roland Barthes Reader, edited by Susan Sontag*. London: Vintage Classics, 2000.

Barthes, Roland. *Cameral Lucida: Reflections on Photography*, translated by Richard Howard. New York: The Noonday Press, 1981.

Baudelaire, Charles. *The Painter of Modern Life and Other Essays*, translated by Jonathan Mayne. London and New York: Phaidon Press, 1995.

Bauman, Zygmunt. *Modernity and Ambivalence*. Cambridge and Malden: Polity, 1991.

Beaumont, Matthew. and Michael Freeman ed. *The Railway and Modernity: Time, Space, and the Machine Ensemble*. Bern: Peter Lang, 2007.

Becker, Carl L. *The Heavenly City of the Eighteenth century Philosophers*. New

Heaven and London: Yale University Press, 2nd edition, 2003.

Benjamin, Walter. *Illuminations*, translated by Harry Zohnand, edited by Hannah Arendt, New York: Schocken Books, 1969.

Benjamin, Walter. *The Arcades Project*, translated by Howard Eiland and Kevin McLaughlin. Cambridge, Massachusetts, and London, England: Harvard University Press, 2002.

Berlin, Isaiah. *Freedom and Its Betrayal*, edited by Henry Hardy. Princeton and Oxford: Princeton University Press, 2014, 2nd edition.

Berlin, Isaiah. *The Roots of Romanticism*, edited by Henry Hardy. Princeton, New Jersey: Princeton University Press, 1999.

Berman, Marshall. *All that is Solid Meltsinto Air: The Experience of Modernity*. London and New York: Penguin Books, 1988.

Black, Jeremy. *Maps and Politics*. London: Reaktion Books, 1997.

Butler, Judith. Bodies That Matter: On the Discursive Limits of "Sex". New York and London: Routledge, 1993.

Butler, Judith. *Gender Trouble: Feminism and the Subversion of Identity*. New York and London: Routledge, 1999.

Călinescu, Matei. *Five Faces of Modernity: Modernism, Avant-Garde, Decadence, Kitsch, Postmodernism*. Durham: Duke University Press, 1987.

Carter, Ian. *Railways and Culture in Britain: The Epitome of Modernity*. Manchester: Manchester University Press, 2001.

Chatterjee, Partha. *Nationalist Thought and the Colonial World: A Derivative Discourse*. Minneapolis: University of Minnesota Press, 1993.

Chen, Kuan Hsing. *Asiaas Method: Toward Deimperialization*. Durham: Duke University Press, 2010.

Cheng, Weikun. *City of Working Women: Life, Space, and Social Control in Early Twentieth Century Beijing*. Berkeley: University of California, Berkeley, Institute of Eastern Asian Studies, 2011.

Chow, Rey. *Woman and Chinese Modernity: The Politics of Reading between West and East*. Minneapolis: University of Minnesota Press, 1991.

Claude Lévi-Strauss, *Introduction to the Work of Marcel Mauss*, translated by Felicity Baker. London: Routledge& Kegan Paul, 1987.

Clunas, Craig. *Pictures and Visuality in Early Modern China*. London: Reaktion Books, 1997.

Compagnon, Antoine. *The Five Paradoxes of Modernity*, translated by Franklin Philip. New York: Columbia University Press, 1994.

Cosgrove, Denis E. *Social Formation and Symbolic Landscape*. Madison: The University of Wisconsin Press, 1998.

Crang, Mike. *Cultural Geography*. London and New York: Routledge, 1998.

Crary, Jonathan. *Techniques of the Observer: On Vision and Modernity in the Nineteenth Century*. Cambridge, MA: The MIT Press, 1992.

Crush, Peter. *Woosung Road: the Story of China's First Railway*. Hong Kong: The

Railway Tavern, 1999.

Crusin, Richard, edited. *The Nonhuman Turn*. Minneapolis and London: University of Minnesota Press, 2015.

Daly, Nicholas. *Literature, Technology, and Modernity, 1860-2000*. Cambridge: Cambridge University Press, 2004.

De Certeau, Michel, Luce Giard, and Pierre Mayol. *Practice of Everyday life: Volume 2, Living and Cooking*. Minneapolis and London: University of Minnesota Press, 2014.

De Certeau, Michel. *The Practice of Everyday Life*, translated by Steven Rendall. Berkeley: University of California Press, 1998.

De Saussure, Ferdinand. *Course in General Linguistics*, translated by Wade Baskin, edited by Charles Bally and Albert Sechehage. New York: The Philosophical Library, 1959.

Deleuze, Gilles and Felix Guattari, *What is Philosophy?*, translated by Hugh Tomlinson and Graham Burchill. London and New York: Verso, 2009.

Deleuze, Gilles and Felix Guattari. *A Thousand Plateaus: Capitalism and Schizophrenia*, translated by Brian Massumi. Minneapolis and London: University of Minnesota Press, 1987.

Despotopoulou, Anna. *Women and the Railway, 1850-1915*. Edinburgh: Edinburgh University Press, 2015.

Duara, Prasenjit. *Rescuing History from the Nation: Questioning Narratives of Modern China*. Chicago: University of Chicago Press, 1995.

Duffy, Enda. *The Speed Handbook Velocity, Pleasure, Modernism*. Durham and London: Duke University Press, 2009.

Elman, Benjamin A. *On Their Own Terms: Science in China, 1550-1900*. Cambridge, Massachusetts and London, England: Harvard University Press, 2005.

Fairbank, John K. and Twitchett, Denis, edited. *The Cambridge History of China, Vol. 12: Republican China, 1912-1949*, Part 1. Cambridge: Cambridge University Press, 1983.

Featherstone, Mike. *Undoing Culture: Globalization, Postmodernism and Identity*. London: Sage, 1995.

Foucault, Michel. *Discipline and Punish: The Birth of the Prison*, translated by AlanSheridan.PenguinBooks,1991.

Foucault, Michel. *The History of Sexuality, Volume 1: An Introduction*, translated by Robert Hurley. New York: Vintage Books, 1990.

Freeman, Michael. *Railways and the Victorian Imagination*. New Haven: Yale University Press, 1999.

Giddens, Anthony. *The Consequences of Modernity*. Stanford, CA: Stanford University Press, 1991.

Harvey, David. *The Condition of Postmodernity: An Enquiry into the Origins of Cultural Change*. Cambridge MA & Oxford UK: Blackwell, 1992.

Hegel, G. W. F. *The Phenomenology of Spirit*, translated by A. V. Miller. Oxford, New York, Toronto, Melbourne: Oxford University Press, 1997.

Heidegger, Martin. *Being and Time*, translated by Joan Stambaugh. Albany: State University of New York Press, 2010.

Heidegger, Martin. *Martin Heidegger: Basic Writings*, edited by David Farrell Krell. San Francisco: Harper, 1993.

Heidegger, Martin. *Off the Beaten Track*, edited and translated by Julian Young and Kenneth Haynes. Cambridge: Cambridge University Press, 2002.

Horkheimer, Max and Theodor W. Adorno. *Dialectic of Enlightenment: Philosophical Fragments*, translated by Edmund Jephcott, edited by Gunzelin Schmid Noerr. Stanford: Stanford University Press, 2002.

Hung, Wu. *The Double Screen: Medium and Representation in Chinese Painting*. The University of Chicago Press, 1996.

Jameson, Fredric. *A Singular Modernity*. London and New York: Verso Press, 2002.

Jameson, Fredric. *Postmodernism, or, the Cultural Logic of Late Capitalism*. London and New York: Verso, 1991.

Kahn, Harold. *Excursions in Reading History: Three Studies*. Taibei: Institute of Modern History, Academia Sinica, 1993.

Kant, Immanuel. *Critique of Pure Reason*, translated by Paul Guyer and Allen W. Wood. Cambridge, UK: Cambridge University Press, 1998.

Kern, Stephen. *The Culture of Time and Space 1880-1918*. Cambridge, Massachusetts: Harvard University Press, 2003.

Kirby, Lynne. *Parallel Tracks: The Railroad and Silent Cinema*. Durham: Duke University Press, 1997.

Kōjin, Karatani. *Origins of Modern Japanese Literature*, translated by Brett deBary. Durham and London: Duke University Press, 1993.

Lacan, Jacques. *Ecrits*, translated by Bruce Fink. New York, London: W. W. Norton & Company, 2006.

Latour, Bruno. *Reassembling the Social: An Introduction to Actor Network Theory*. Oxford, New York: Oxford University Press, 2007.

Latour, Bruno. *Science in Action: How to Follow Scientists and Engineers through Society*. Cambridge, Massachusetts: Harvard University Press, 1988.

Latour, Bruno. *We Have Never been Modern*, translated by Catherine Porter. Cambridge, Massachusetts: Harvard University Press, 1993.

Lee, LeoOufan. *The Romantic Generation of Modern Chinese Writers*. Cambridge, Massachusetts: Harvard University Press, 1973.

Lee, LeoOufan. *Shanghai Modern: The Flowering of a New Urban Culture in China, 1930-1945*. Cambridge, Massachusetts and London, England: Harvard University Press, 1999.

Lefebvre, Henri. *Introduction to Modernity*, translated by John Moore. London: Verso, 1995.

Lefebvre, Henri. *The Production of Space*, translated by Donald Nicholson Smith. Oxford and Cambridge: Blackwell, 1991.

Lehan, Richard. *The City in Literature: AnIntellectual and Cultural History*. Berkeley, Los Angeles and London: University of California Press, 1998.

Levenson, Joseph R. *Confucian China and Its Modern Fate: A Trilogy*. Berkeley: University of California Press, 1965.

Liu, Lydia H. *Trans-lingual Practice: Literature, National Culture, and Translated Modernity—China, 1900-1937*. Stanford,California:StanfordUniversityPress,1995.

Lukács, Georg. *Writer and Critic and Other Essays*, edited by Arthur D. Kahn. New York: Grosset and Dunlap, 1971.

Marx, Leo. *The Machine in the Garden: Technology and the Pastoral Ideal in America*. Oxford: Oxford University Press, 2000.

Masini, Federico. *The formation of modern Chinese lexicon and its evolution toward a national language: the period from 1840 to 1898*. Berkeley,CA: Journal of Chinese Linguistics, 1993.

Merleau Ponty, Maurice. *Adventures of the Dialectic*, translated by Joseph Bien. Evanston: Northwestern University Press, 1973.

Miller, Daniel. *Stuff*. Cambridge and Malden: Polity Press, 2010.

Mitchell, W. J. T. *Iconology: Image, Text, Ideology*. Chicago: University of Chicago Press, 1987.

Moretti, Franco. *The Way of the World: The Bildungsroman in European Culture*, translated by Albert Sbragia. London and New York: Verso, 2007.

Norberg Schulz, Christian. *Genius Loci: Towards a Phenomenology of Architecture*. New York: RIZZOLI, 1980.

Pang, Laikwan. *The Distorting Mirror: Visual Modernity in China*. Honolulu: University of Hawaii Press, 2007.

Rabinow, PaulM. edited. *The Foucault Reader: An Introduction to Foucault's Thought*. London and New York: Penguin Books, 1991.

Said, Edward. *Freud and the Non-European*. London and New York: Verso, 2014.

Sartre, Jean Paul. *Being and Nothingness: An Essay on Phenomenological Ontology*, translated by Hazzel E. Barnes. London and New York: Routledge, 2003.

Schein, Louisa. *Minority Rules: the Miao and the Feminine in China's Cultural Politics*. Durham: Duke University Press, 2000.

Schivelbusch, Wolfgang. *The Railway Journey: The Industrialization of Time and Space in the Nineteenth Century*. Berkeley and Los Angeles: The University of California Press, 1986.

Selle, Earl Albert. *Donald of China*. New York: Harper & Bros, 1948.

Shapin, Steven and Simon Schaffer, *Leviathan and the Air Pump: Hobbes, Boyle, and the Experimental Life*. Princeton: Princeton University Press, 2011.

Shinkichi, Etō and Harold Z. Schiffrin edited. *The 1911 Revolution in China*.

Tokyo: University of Tokyo Press, 1984.

Simmel, Georg. *Georg Simmel On Individuality and Social Forms*, edited by Donald N. Levine. Chicago and London: The University of Chicago Press, 1971.

Spalding, Steven D. and Benjamin Fraser, ed. *Trains, Culture, and Mobility: Riding the Rails*. Lanham, Maryland: Lexington Books, 2012.

Spalding, Steven D. and Benjamin Fraser, ed. *Trains, Literature, and Culture: Readingand Writing the Rails*. Lanham, Maryland: Lexington Books, 2012.

Taylor, Mark C. *Speed Limits: Where Time Went and Why We Have So Little Left*. New Haven and London: Yale University Press, 2014.

Thomas, Bryn. *Trans-Siberian Handbook*. Surrey, UK: Trailblazer Publications, 2003.

Todorov, Tzvetan. *Mikhail Bakhtin: The Dialogical Principle*, translated by Wlad Godzich. Minneapolis: University of Minnesota Press, 1984.

Tuan, Yi Fu. *Space and Place: the Perspective of Experience*. Minneapolis and London: University of Minnesota Press, 1977.

Turnbull, David. *Mapsare Territories: Scienceisan Atlas*. Chicago: The University of Chicago Press, 1993.

Urry, John. *The Tourist Gaze*. London, Thousand Oaks and New Delhi: SAGE Publications, 2002, 2nd edition.

Vidler, Anthony. *The Architectural Uncanny: essays in the modern unhomely*. Cambridge, MA: MIT Press, 1992.

Virilio, Paul. *Negative Horizon: An Essay in Dromoscopy*, translated by Michael Degener. London and New York: Continuum, 2005.

Virilio, Paul. *Speed and Politics*, translated by Marc Polizzotti. Semiotext《e》, 2006.

Virilio, Paul. *The Aesthetics of Disappearance*, translated by Philip Beitchman. Semiotext, 1991.

Virilio, Paul. *War and Cinema: the Logistics of Perception*, translated by Patrick Camiller. London and New York: Verso, 1989.

Vukovich, Daniel F. *China and Orientalism: Western Knowledge Production and the P. R. C.* London and New York: Routledge, 2013.

Wagner, Rudolf G., edited. *Joining The Global Public: Word, Image, and City in Early Chinese Newspapers, 1870-1910*. Albany: State University of New York Press, 2007.

Wang, David Derwei. *Fictional Realism in Twentieth Century China: Mao Dun, Lao She, Shen Congwen*. New York: Columbia University Press, 1992.

Wang David Derwei. *The Lyrical in Epic Time: Modern Chinese Intellectuals and Artists Through the 1949 Crisis*. New York: Columbia University Press, 2015.

Wilson, Elizabeth. *The Sphinx in the City: Urban Life, the Control of Disorder, and Women*. Berkeley, Los Angeles and Oxford: University of California Press, 1992.

Wittgenstein, Ludwig. *Philosophical Investigations*, translated by G. E. M. Anscombe, P. M. S. Hacker, and Joachim Schulte. Wiley Blackwell, 2009.

Wolmar, Christian. *To the Edge of the World: The Story of the Trans-Siberian Express, the World's Greatest Railroad*. New York: Public Affairs, 2013.

Wood, Denis. *The Power of Maps*. New York and London: the Guilford Press, 1992.

Yue, Madeline and Joshua Goldstein, edited. *Everyday Modernity in China*. Seattle and London: University of Washington Press, 2006.

Zeitlin, Judith T. and Lydia H. Liuwith Ellen Widmer, edited. *Writing and Materiality in China: Essays in Honor of Patrick Hanan*. Cambridge, Massachusetts, and London: Harvard University Press, 2003.

Žižek, Slavoj. *Event: A Philosophical Journey Through a Concept*. Brooklyn & London: Melville House, 2014.

Žižek, Slavoj. *The Sublime Object of Ideology*. London, New York: Verso, 2008.

英文文章

Bailey, Peter. "Adventures in Space: Victorian Railway Erotics, or Taking Alienation for a Ride," in *Journal of Victorian Culture*, 01 January 2004, Vol. 9 (1), pp. 121.

Cronan, Todd. "Georg Simmel's Timeless Impressionism," in *New German Critique* 106, Vol. 36, No. 1, (Winter 2009), pp. 83–101.

David Turnbull, "Cartography and Science in Early Modern Europe: Mapping the Construction of Knowledge Spaces," in *Imago Mundi*, Vol. 48 (1996), pp. 524.

Despotopoulou, Anna. "'Runningonlines': Women and the Railway in Victorian and Early Modernist Culture," in Reus, Teresa Gómez and Terry Gifford (ed.), *Women in Transit through Literary Liminal Spaces* (Palgrave Macmillan, 2013), pp. 47-60.

Edmonds, Richard Louis. "The Legacy of Sun Yatsen's Railway Plans," in *The China Quarterly*, Vol.111 (1987), pp. 421-443.

Elman, Benjamin A. "From Pre-Modern Chinese Natural Studies 格致学 to Modern Science 科学 in China," in Lackner, Michael and Natascha Vittinghoff (ed.), *Mapping Meanings: The Field of New Learning in Late Qing China* (Boston: Brill Academic Pub, 2004), pp. 25-73.

Feenberg, Andrew. "Modernity Theory and Technology Studies: Reflections on Bridging the Gap,"in Misa, Thomas J. Philip Brey, and Andrew Feenberg (ed.), *Modernity and Technology* (Cambridge, Massachusetts and London, England: The MIT Press, 2003), pp. 73-104.

Foucault, Michel. "Of Other Spaces: Utopias and Heterotopias," in Leach, Neil (ed.), *Rethinking Architecture: A Reader in Cultural Theory* (New York: Routledge, 1997), pp. 330-336.

Gunning, Tom. "The Exterior as Intérieur: Benjamin's Optical Detective," in *Boundary* 2, 30: 1 (2003), pp. 105-130.

Gunning, Tom. "Tracing the Individual Body: Photography, Detectives, and Early Cinema," in Charney, Leoand VanessaR. Schwartz (ed.), *Cinema and the Invention of Modern Life* (Berkeley, Los Angeles: University of California Press, 1995), pp. 15-45.

Habermas, Jürgen. "Modernity—An Incomplete Project," in Foster, Hal (ed.), *The Anti-Aesthetic: Essays on Postmodern Culture* (New York: The New Press, 2002), pp. 315.

Lee, Leo Oufan. "The Solitary Traveler: Images of the Self in Modern Chinese Literature," in Hegel, Robert E. and Richard C. Hessney (ed.), *Expressions of Self in Chinese Literature* (New York: Columbia University Press, 1985), pp. 282-307.

Mitchell, W. J. T. "Imperial Landscape," in Mitchell, W. J. T. (ed.), *Landscape and Power* (Chicago and London: University of Chicago Press, 2002, 2nd ed.), pp. 534.

Pang, Laikwan. "The Pictorial Turn: Realism, Modernity and China's Print Culture in the Late Nineteenth Century," in *Visual Studies*, Vol. 20, No. 1 (April 2005), pp. 16-36.

Pong, David. "Confucian Patriotism and the Destruction of the Woosung Railway, 1877," in *Modern Asian Studies*, Vol. 7, No. 4 (1973), pp. 647-676.

Rosa, Hartmut. "Social Acceleration: Ethical and Political Consequences of a Desynchronized High Speed Society," in Rosa, Hartmut and William E. Scheuerman (ed.), *High Speed Society: Social Acceleration, Power and Modernity* (University Park, Pennsylvania: The Pennsylvania State University Press, 2009), pp. 77-111.

Rosenmeier, Christopher. "Women Stereotypes in Shi Zhecun's Short Stories," in *Modern China*, Vol. 37, 1 (2010), pp. 44-68.

Schaefer, William. "Shadow Photographs, Ruins, and Shanghai's Projected Past," in *PMLA: Publications of the Modern Language Association of America*, 2007 Jan, Vol. 122 (1), pp. 124-134.

Simmel, Georg. "The Metropolis and Mental Life," in Levine, Donald N. (ed.), *On Individuality and Social Forms* (Chicago and London: The University of Chicago Press, 1971), pp. 324-339.

Strauss, Leo. "The Three Waves of Modernity," in Gildin, Hilail (ed.), *Political Philosophy: Six Essays* (Indianapolis and New York: Bobbs Merrill/Pegasus, 1989), pp. 81-98.

Yue, Meng. "Hybrid Science versus Modernity: The Practice of the Jiangnan Arsenal," in *EASTM* 1999, no. 16, pp. 13-52.

Zhang, EmmaYu. "Socialist Builders on the Rails and Road: Industrialization, Social Engineering, and National Imagination in Chinese Socialist Films, 1949-1965," in *Twentieth Century China*, Volume 42, Number 3, October 2017, pp. 255-273.

中文书目

《上海铁路志》编纂委员会编：《上海铁路志》，上海：上海社会科学院出版社，1999。
丁贤俊：《洋务运动史话》，北京：社会科学文献出版社，2011。
丁贤勇：《新式交通与社会变迁：以民国浙江为中心》，北京：中国社会科学出版社，2007。
中国史学会主编：《洋务运动》（六），中国近代史资料丛刊，上海：上海人民出版社，1961。
中国铁路史编辑研究中心编：《中国铁路大事记：1876—1995》，北京：中国铁道出版社，1996。
王柯：《中国，从天下到民族国家》，台北：国立政治大学出版社，2014。
王德威著，宋伟杰译：《被压抑的现代性：晚清小说新论》，台北：麦田出版，2003。
王德威：《想象中国的方法：历史、小说、叙事》，北京：生活·读书·新知三联书店，2003。
石荣暲编：《东省铁路沿革史》（〔俄〕尼罗斯撰，朱与忱译），台北：文海出版社，1987。
吴兴帜：《延伸的平行线：滇越铁路与边民社会》，北京：北京大学出版社，2012。
李孝悌：《恋恋红尘：中国的城市、欲望和生活》，上海：上海人民出版社，2007。
李长莉：《晚清上海：风尚与观念的变迁》。天津：天津人民出版社，2010。
李国祁：《中国早期的铁路经营》，台北："中央研究院"近代史研究所，1960。
李欧梵著，毛尖译：《上海摩登：一种新都市文化在中国（1930—1945）》，北京：人民文学出版社，2010。
李欧梵：《现代性的追求》，北京：人民文学出版社，2010。
孟悦：《人·历史·家园：文化批评三调》，北京：人民文学出版社，2006。
宓汝成：《帝国主义与中国铁路（1847—1949）》，北京：经济管理出版社，2007。
宓汝成编：《中国近代铁路史资料（1863—1911）》（第一册），北京：中华书局，1963。
宓汝成编：《中华民国铁路史资料（1912—1949）》。北京：社会科学文献出版社，2002。
金希编著：《中国铁路史话》，香港：中华书局香港有限公司，1977。
金观涛、刘青峰，《观念史研究：中国现代重要政治术语的形成》，香港：香港中文大学出版社，2008。
唐德刚：《袁氏当国》，台北：远流，2002。
夏志清著，刘绍铭等译：《中国现代小说史》，香港：香港中文大学出版社，2015。
夏东元：《洋务运动史》，上海：华东师范大学出版社，1992。
夏济安：《黑暗的闸门：中国左翼文学运动研究》，香港：香港中文大学出版社，2016。
徐载平、徐瑞芳：《清末四十年申报史料》，北京：新华出版社，1988。
高理文，刘路生点校：《美理哥合省国志略》，《近代史资料》92号，北京：中国社会科学出版社，1997。
寇兴军：《中国近代铁路体制演变史（1835—1949）》，北京：中华书局，2016。
陈平原、夏晓虹编著：《图像晚清：点石斋画报》，天津：百花文艺出版社，2001。
陈平原：《左图右史与西学东渐：晚清画报研究》，香港：三联书店，2008。
陈建华：《文以载车：民国火车小传》，北京：商务印书馆，2017。
曾鲲化：《中国铁路史》，北京：燕京书局，1924。
湛晓白：《时间的社会文化史：近代中国时间制度与观念变迁研究》，北京：社会科学文献出版社，2013。
黄金麟：《历史、身体、国家：近代中国的身体形成（1895—1937）》，北京：新星出版社，2006。
黄兴涛：《重塑中华：近代中国"中华民族"观念研究》，北京：北京师范大学出版社，2017。
彭小妍：《浪荡子美学与跨文化现代性：1930年代上海、东京及巴黎的浪荡子、漫游者与译者》，台北：联经，2012。
杨国强：《晚清的士人与世相》（增订本），北京：生活·读书·新知三联书店，2017。
叶汉明、蒋永豪编著：《点石斋画报通检》，香港：商务印书馆，2007。
叶晓青著，夏晓虹编：《西学输入与近代城市》，北京：北京大学出版社，2012。
葛兆光：《宅兹中国：重构有关"中国"的历史论述》，北京：中华书局，2011。
葛兆光：《何为中国：疆域民族文化与历史》，香港：牛津大学出版社，2014。
邹振环：《晚清西方地理学在中国》，上海：上海古籍出版社，2000。
刘熊祥：《清季十年之联俄政策》，重庆：三友书店，1943。
德龄，秦瘦鸥译：《御香缥缈录》，沈阳：辽沈社，1994。
谭桂恋：《中东铁路的修筑与经营（1896—1917）：俄国在华势力的发展》，台北：联经，2016。
苏生文：《晚清以降：西力冲击下的社会变迁》，北京：商务印书馆，2017。

〔明〕何良俊撰:《四友斋丛说》,北京:中华书局,1997。
〔明〕张岱:《西湖梦寻评》,上海:上海古籍出版社,2013。
〔清〕林则徐,张曼评注:《四洲志》,北京:华夏出版社,2002。
〔清〕斌椿:《乘槎笔记》,载钟叔河主编:《走向世界丛书》(卷一),长沙:岳麓书社,2008。
〔清〕志刚:《初使泰西记》,载钟叔河主编:《走向世界丛书》(卷一),长沙:岳麓书社,2008。
〔清〕张德彝:《航海述奇》,载钟叔河主编:《走向世界丛书》(卷一),长沙:岳麓书社,2008。
〔清〕黎庶昌:《西洋杂志》,载钟叔河主编:《走向世界丛书》(卷一),长沙:岳麓书社,2008。
〔清〕王韬:《漫游随录》,载钟叔河主编:《走向世界丛书》(卷六),长沙:岳麓书社,2008。
〔清〕李圭:《环游地球新录》,载钟叔河主编:《走向世界丛书》(卷六),长沙:岳麓书社,2008。
〔清〕刘锡鸿:《英轺私记》,载钟叔河主编:《走向世界丛书》(卷七),长沙:岳麓书社,1986。
〔清〕薛福成:《出使英法义比四国日记》,载钟叔河主编:《走向世界丛书》(卷八),长沙:岳麓书社,2008。
〔清〕魏源:《海国图志》(卷一至卷十二),《魏源全集》第四册,长沙:岳麓书社,2004。
〔清〕徐继畬:《瀛环志略》(同治癸酉一八七三揆云楼校刊本),上海:上海书店出版社,2001。
〔清〕郭嵩焘:《郭嵩焘日记》(第三卷),长沙:湖南人民出版社,1982。
〔丹麦〕勃兰兑斯著,张道真等译:《19世纪文学主流》,北京:人民文学出版社,2009。
〔日〕沟口雄三著,孙军悦译:《作为方法的中国》,北京:生活·读书·新知三联书店,2011。
〔日〕武田雅哉著,任钧华译:《飞翔吧!大清帝国:近代中国的幻想与科学》,北京:北京联合出版公司,2013。
〔日〕武上真理子著,袁广泉译:《孙中山与"科学的时代"》,北京:社会科学文献出版社,2016。
〔西〕胡安·诺格著,徐鹤林、朱伦译:《民族主义与领土》,北京:中央民族大学出版社,2010。
〔英〕约翰·哈萨德编,朱红文、李捷译:《时间社会学》,北京:北京师范大学出版社,2009。
〔法〕亨利·伯格森著,吴士栋译:《时间与自由意志》。北京:商务印书馆,2014。
〔法〕米歇尔·德·塞尔托著,邵炜译:《历史与心理分析:科学与虚构之间》,北京:中国人民大学出版社,2010。
〔法〕马克·欧杰著,周伶芝、郭亮廷译:《巴黎地铁上的人类学家》,台北:行人文化实验室,2014。

〔法〕约瑟夫·马纪樵著，许峻峰译，侯贵信校：《中国铁路：金融与外交（1860—1914）》，北京：中国铁道出版社，2009。
〔美〕斯蒂文·埃里克森著，陈维、乐艳娜译：《汽笛的声音：日本明治时代的铁路与国家》，南京：江苏人民出版社，2011。
〔美〕高居翰著，李渝译：《图说中国绘画史》，北京：生活·读书·新知三联书店，2014。
〔美〕余定国著，姜道章译：《中国地图学史》，北京：北京大学出版社，2006。
〔德〕赫尔曼·鲍辛格著，卢晓辉译：《技术世界中的民间文化》，桂林：广西师范大学出版社，2014。
〔德〕马丁·海德格尔，陈嘉映等译：《存在与时间》修订译本，北京：生活·读书·新知三联书店，2012。
〔德〕汉娜·阿伦特著，王寅丽译：《人的境况》，上海：上海人民出版社，2009。

中文文章

丁贤勇：《新式交通与生活中的时间——以近代江南为例》，载《史林》2005年第4期，2005年8月，第99—109页。
王志鲜：《孙中山绘制和收藏的地图》，载《档案春秋》2009年第12期，第36—38页。
王国维：《论新学语之输入》，载干春松、孟彦弘编：《王国维学术经典集》（上册），南昌：江西人民出版社，1997，第102—103页。
王斌、戴吾三：《从〈点石斋画报〉看西方科技在中国的传播》，载《科普研究》2006年3期，第20—28页。
王尔敏：《中国近代知识普及化传播之图说形式——点石斋画报例》，《"中央研究院"近代史研究所集刊》第19期，1990年6月，第135—172页。
王德威：《"有情"的历史——抒情传统与中国文学现代性》，载《中国文哲研究集刊》第33期，2008年9月，第77—137页。
王宪群：《蒸汽推动的历史——蒸汽技术与晚清中国社会变迁（1840—1890）》，《"中央研究院"近代史研究所集刊》第64期，2009年6月，第41—85页。
吴晓东：《中国现代审美主体的创生——郁达夫小说再解读》，载《中国现代文学研究丛刊》2007年第3期，第31—34页。
吴晓东：《郁达夫与中国现代"风景的发现"》，载《中国现代文学研究丛刊》2012年第10期，第80—89页。
李孝悌：《走向世界，还是拥抱乡野——观看〈点石斋画报〉的不同视野》，载《中国学术》2002年第11期，第287—293页。
李国祁：《清季自强运动前期国人对西方的认识与其改革思想》，载《台湾师范大学历史学报》第 17 期，1989 年 6 月，第 175—240 页。
李欧梵：《"怪诞"与"着魅"——重探施蛰存的小说世界》，载《现代中文学刊》第 36 期（2015 年第 3 期），第 4—11 页。
李欧梵：《晚清文学和文化研究的新课题》，载《东吴学术》2015 年第 29 期，第 5—20 页。
阿梅龙：〈重与力——晚清中国对西方力学的接纳〉，载〔德〕郎宓榭、阿梅龙、顾有信等著，赵兴胜等译：《新词语新概念：西学译介与晚清汉语词汇之变迁》，济南：山东画报出版社，2012，第 202—239 页。
柳书琴：《"满洲他者"寓言网络中的新朝鲜人形象——以舒群〈没有祖国的孩子〉为中心》，载《韩中言语文化研究》第 21 辑，首尔：韩国现代中国研究会，2009 年 10 月，第 189—193 页。
胡适，《知难，行亦不易》，载季羡林主编：《胡适全集》第 21 卷，合肥：安徽教育出版社，2003，第 393—396 页。
唐宏峰：《日常生活、视觉经验与文学叙事——近代文学中的新式交通工具（1870s—1910s）》，载《东华人文学报》第 20 期，2012 年 1 月，第 107—136 页。
孙昌富、陈蕴茜：《从民众态度看吴淞铁路的兴废》，载《开放时代》2005 年第 1 期，第 60—71 页。
张箭飞：《风景与民族性的建构——以华特·司各特为例》，《外国文学研究》2004 年第 4 期，第 135—141 页。
张历君：《镜影乌托邦的短暂航程——论瞿秋白游记中的乌托邦想象》，载《当代作家评论》2006 年第 1 期，第 111—117 页。
陈相因：《自我的符码与戏码——论瞿秋白笔下"多余的人"与〈多余的话〉》，载《中国文哲研究集刊》，第 44 期，2014 年 3 月，第 79—142 页。
黄兴涛：《近代中国新名词的思想史意义发微——兼谈对于"一般思想史"之认识》，载《开放时代》，2003 年第 4 期，第 70—82 页。
叶汉明：《〈点石斋画报〉与文化史研究》，载《南开学报》（哲学社会科学版）2011 年第 2 期，第 117—123 页。
熊月之：《郭实腊〈贸易通志〉简论》，载《史林》2009 年第 3 期，第 62—67 页。
潘向明：《唐胥铁路史实考辨》，载《江海学刊》2009 年第 4 期，第 185—191 页。
郑大华：《论晚年孙中山"中华民族"观的演变及其影响》，载《民族研究》2014 年第 2 期，第 61—73 页。
郑星球：《〈点石斋画报〉图式流传与衍化》，载《美术学报》2006 年第 3 期，第 36—40 页。
萧功秦：《清末"保路运动"的再反思》，载《战略与管理》1996 年第 6 期，第 1—13 页。
鲍国强：《〈孙中山先生建国方略图〉版本解析》，《地图》2006 年第 5 期，第 108—111 页。
颜健富：《广览地球，发现中国——从文学视角观察晚清小说的"世界"想象》，载《中国文哲研究集刊》，第 41 期，2012 年 9 月，第 1—44 页。
苏明：《质疑与消解——从〈欧游漫录〉看徐志摩苏俄观之转变》，载《南京大学学报（哲学·人文科学·社会科学）》2008 年第 5 期，第 106—113 页。

龚产兴：《新闻画家吴友如——兼谈吴友如研究中的几个问题》，载《美术史论》1990年第10期，第68—76页。

〔俄〕奥·彼·博洛京娜，《火车驶往何方？——抗战前夕小说〈火车〉的思想艺术特色》，载曾广灿等编：《老舍与20世纪：'99国际老舍学术研讨会论文选集》，天津：天津人民出版社，2000，第303—309页。

原著作品

片冈铁兵著，刘呐鸥译：《色情文化》，上海：水沫书店，1929。
冰心女士：《冰心游记》，上海：北新书局印行，1935。
朱自清：《欧游杂记》，江苏：凤凰出版社，2008。
老舍：《"火"车》，《老舍全集》（第七卷），北京：人民文学出版社，1999，第447—458页。
老舍：《老舍文集》，北京：人民文学出版社，1995。
东海觉我：《新法螺先生谭》，上海：小说林社，1905。
施蛰存：《北山散文集》，上海：华东师范大学出版社，2001。
施蛰存著，刘凌、刘效礼编：《施蛰存全集第一卷：十年创作集》，上海：华东师范大学出版社，2011。
郁达夫：《二十二年的旅行》，《十日谈》1934年新年特辑，第24页。
郁达夫：《山水及自然景物的欣赏——附照片》，《申报．每周增刊》，1936年第1卷第3期，第68—69页。
郁达夫：《忏余独白》，《北斗》1931年第1卷第4期，第55—57页。
郁达夫：《郁达夫全集》，杭州：浙江大学出版社，2007。
郁达夫：《屐痕处处》，上海：上海复兴书局印行，1936。
孙中山：《孙中山全集》，中国社科院近代史研究所中华民国史研究室编，北京：中华书局，1982。
徐志摩：《西伯利亚道中忆西湖秋雪庵芦色作歌》，《晨报副刊》，1925年9月7日，第7页。
徐志摩：《沪杭道中》，《小说月报》，1923年第14卷第11期，第98页。
徐志摩：《徐志摩全集》，蒋复璁、梁实秋编，北京：中央编译出版社，2013。
张爱玲：《烬余录》，《天地》1944年第5期，第20—25页。
梁启超著，张品兴主编：《梁启超全集》，北京：北京出版社，1999。
梁启超：《梁启超游记》，上海：东方出版社，2006。
梁启超：《饮冰室合集》，北京：中华书局，1989。
陆士谔：《新野叟曝言》，上海：亚华书局，1928。
黄遵宪著，陈铮编：《黄遵宪全集》，北京：中华书局，2005。
碧荷馆主人：《新纪元》，《中国近代孤本小说精品大系》，呼和浩特：内蒙古人民出版社，1998。
赵君豪编辑：《旅行杂志》，1927年第一卷第一期至1937年第11卷第12期，上海：中国旅行社发行。
刘呐鸥：《都市风景线》，哈尔滨：黑龙江人民出版社，1999。
郑振铎：《西行书简·文学研究会创作丛书第二集》，上海：商务印书馆，1937。
瞿秋白：《瞿秋白文集》，北京：人民文学出版社，1985。
丰子恺：《丰子恺散文精品集：车厢社会》，北京：海豚出版社，2014。
Dickens, Charles. "Railway Dreaming," in *Household Words*, Volume XIII, Magazine No. 320, (10 May 1856), pp. 385-388.
Freud, Sigmund. *The Complete Letters of Sigmund Freud to Wilhelm Fliess 1887-1904*, translated by Jeffery Moussaieff Masson. Cambridge: Harvard University Press, 1985.
Freud, Sigmund. *The Interpretation of Dreams*, translated by James Strachey. New York: Basic Books, 2010.
Freud, Sigmund. *The Standard Edition of the Complete Psychological Works of Sigmund Freud*, translated by James Strachey and Anna Freud. London: The Hogarth Press, 1958.
Freud, Sigmund. *Three Essays on the Theory of Sexuality*, translated by Ulrike Kistner. London and New York: Verso, 2016.
Theroux, Paul. *The Old Patagonian Express: By Train Through the Americas*. Boston: Houghton Mifflin Company Boston, 1979.
Verne, Jules. *The Extraordinary Journeys: Around the World in Eighty Days*, translated by William Butcher. Oxford: Oxford University, 1999.

档案资料

丁拱辰：《西洋火轮车火轮船图说》，出版地不详，1843。
丁韪良：《格物入门》。北京，同文馆，1868。
傅兰雅辑：《格致汇编》。上海：格致书院（1876——一八九二）。
《点石斋画报》：
《兴办铁路》，《点石斋画报》甲集十二，画师吴贵，1884年8月26日。
《蚱蜢伤禾》，《点石斋画报》戊集一，画师吴友如，1885年8月25日。
《飞龙在天》，《点石斋画报》戊集二，画师吴友如，1885年9月4日。
《西人见龙》，《点石斋画报》己集十二，画师吴友如，1886年4月9日。
《水底行车》，《点石斋画报》庚集四，画师吴友如，1886年5月19日。
《双龙取水》，《点石斋画报》庚集十一，画师金桂，1886年7月27日。
《断桥脱辐》，《点石斋画报》子集六，画师符节，1887年9月22日。
《吴牛当车》，《点石斋画报》酉集十二，画师金桂，1890年10月19日。
《火车被毁》，《点石斋画报》亥集七，画师符节，1891年4月24日。
《龙见》，《点石斋画报》竹集二，画师符节，1892年6月20日。

《毙于车下》,《点石斋画报》匏集二,画师金桂,1892年10月16日。
《海外崇山》,《点石斋画报》土集九,画师何元俊,1893年4月21日。
《龙斗为灾》,《点石斋画报》礼集一,画师金桂,1894年1月22日。
《海外奇谈》,《点石斋画报》信集五,画师金桂,1897年1月28日。
《龙穴已破》,《点石斋画报》六集元七,画师何元俊,具体时间不详,约为1897—1898年。
申报编:《咏火轮车》,《申报》1876年2月18日,第二版。
申报编:《道宪照会英领事》,《申报》1876年4月6日,第1209号,三版。
申报编:《观火车铁路记略》,《申报》1876年4月8日,第1211号,一版。
申报编:《火轮车路告白》,《申报》1876年7月1日,第1283号,六版。
申报编:《记华客初乘火车情形》,《申报》1876年7月3日,第1284号,二版。
申报编:《火车开市》,《申报》1876年7月4日,第1285号,二版。
申报编:《民乐火车开行》,《申报》1876年7月10日,第1290号,一、二版。
申报编:《更改火轮车往来各时》,《申报》1876年7月17日,第1296号,五版。
申报编:《火车伤人》,《申报》1876年8月4日,第1312号,三版。
申报编:《火轮车驶行规例》,《申报》1876年8月5日,第1313号,三版。
申报编:《火车遇碰》,《申报》1876年8月17日,第1323号,三版。
申报编:《火车毙人案略》,《申报》1876年9月15日,第1348号,二版。
申报编:《铁路复行》,《申报》1876年11月29日,第1412号,一、二版。
申报编:《火轮车公司告白》,《申报》1876年12月2日,第1415号,六版。
申报编:《和味嫩仙史火轮车诗原韵》,《申报》1877年1月1日,第四版。
申报编:《偷拆木栏》,《申报》1877年1月9日,第1447号,一版。
申报编:《轮船往东洋各埠》《轮船往汉口》《旗昌轮船公司》,《申报》1877年1月30日,第1465号,六、七版。
申报编:《火车开行时刻》,《申报》1877年5月9日,第1544号,六版。
申报编:《拆笆提鞠》,《申报》1877年6月25日,第1584号,二版。
申报编:《闭门忿争》,《申报》1877年7月21日,第1607号,三版。
申报编:《火车遇阻》,《申报》1877年10月13日,第1679号,一、二版。
申报编:《莫干山避暑之便利》,《申报》1916年7月9日,三张十版。
三叔:《火车中又发现漂亮妙龄女贼》,《风光》1946年第10期,第5页。
佚名:《中东铁路调查记》,《交通月刊》1919年12月第36期,第79—91页。
佚名:《旅行,火车中之新骗术》,《游历》1930年第8期,第1页。
京沪沪杭甬铁路日刊编:《介绍全国铁路旅行指南》,《京沪沪杭甬铁路日刊》1934年第1120期,第31页。
京沪沪杭甬铁路管理局:《全国幽秀风景,萃集两路沿线》,《铁路杂志》1935年第1卷第6期,第58页。
容衍:《羊社漫画,车厢内的自由神》,《大众画报》1934年第6期,第42页。
席涤尘:《吴淞铁路交涉》,《上海通志馆期刊》第2卷第1期,台北:文海出版社,1934,第111—138页。
梁孝植:《中东铁路与国际关系——中东铁路和国际交通,中东铁路和国际经济,宣传共产和远东和平》,《同泽半月刊》1929年第3卷第1/2期,第

18—23 页。

梁嘉彬:《帝俄时代之中东铁路》,《清华周刊》1929 年第 31 卷第 1 期,第 31—38 页。

愈之:《西伯利亚大铁路谈》,《东方杂志》1917 年第 14 卷第 12 期,第 58—64 页。

叶翔之:《中东铁路之由来及现状》,《国家与社会》1933 年第 27、28 期,第 22—28,28—31 页。

遥尘:《西伯利亚大铁路之过去及现在》,《铁路协会会报》1923 年 3 月,第 123—126 期,第 32—55 页。

剑秋:《环游二十万里铁道记》,《铁道》第 1 卷第 3 期,1912,第 148—158 页;《铁道》第 2 卷第 1 期,1913,第 148—157 页。

平心居士:《火轮车考》,《申报》1876 年 2 月 19 日,第三版。

龙湫旧隐:《乘火轮车至吴淞作歌》,《申报》1877 年 10 月 20 日,第二版。

尾崎行雄:《论中国之运命——中国处分案第二》,《清议报》第 24 册,1899 年 8 月 16 日,第 13 页。

佚名:《西伯利亚大铁路游记(未完)》,《铁路协会会报·杂俎》1916 年 5 月第 44 期,第 160—164 页;《西伯利亚大铁路游记(续)》,《铁路协会会报·杂俎》1916 年 6 月第 45 期,第 169—176 页。

瞿秋白:《自赤塔至莫斯科的见闻记》,由俞颂华附录于其通讯稿件之后,分别刊于《赤俄通信——旅程琐记》,《时事新报》,1921 年 8 月 26 日—29 日;及《通信——俄国旅程琐记》,《晨报》1921 年 9 月 11 日—15 日。

瞿秋白:《游记——赤俄之归途》,《晨报副刊》1923 年 1 月 30 日,第二版第 2 页。

徐志摩:《列宁忌日——谈革命》,《晨报副刊》1926 年 1 月 21 日,第 37—39 页。

刘存扑:《西伯利亚大铁路旅行指南》,《汉平新语》1928 年 8 月第 1 卷第 2 期,第 154—159 页。

杨度:《金铁主义说》,《中国新报》1907 年第 1 卷第 1 期,第 9—60 页。

梁嘉彬:《中东铁路问题之研究》,《国闻周报》1929 年第 6 卷第 28—31 期,第 1—6,1—8,1—5,1—6 页。

毋忘:《中东铁路大事年纪》,《人文(上海 1930)》1930 年第 1 卷第 2 期,第 1—17 页。

章太炎:《中华民国解》,《民报》第 15 期,1907 年 7 月,第 1—17 页。

西谛:《山中通信——第一信》,《文学周报》1926 年第 236 期,第 5—7 页;《月夜之话——山中杂记之三》,《文学周报》1926 年第 242 期,第 1—3 页;《山中的历日——山中杂记之四》,《文学周报》1926 年第 243 期,第 1—3 页。

新闻媒体

Baedeker, Karl. *Russia with Teheran, Port Arthur, and Peking: Handbook for Travellers*. Leipzig: Karl Baedeker, 1914.

Yatsen, Sun. *The International Development of China, With 16 Maps in the Text and a Folding Map at end.* New York and London: G. P. Putnam's Sons, The Knickerbocker Press, 1929.

Yatsen, Sun. *The International Development of China, With 16 Maps in the Text and a Folding Mapatend, Published on behalf of the London office Chinese Ministry of Information London.* New York, and Melbourne: Hutchinson & Co. LTD. Press, 194?.

王国维：《国学丛刊序》，《国学丛刊》1911 年第一期，第 1—4 页。

王翚：《仿李营丘江干七树图轴》，《中国古代名家作品选粹：王翚》，北京：人民美术出版社，2003。

武上真理子：《孙文の鉄道计画と日本：鉄道技术者たちの视点から》，《孙文研究》第 59 号（孙文研究会，2016 年 12 月），第 14—35 页。

洪懋熙编绘：《孙总理实业计划图》，《最新中华形势一览图》，上海：东方舆地学社，1932，附图。

孙文著，芳贺雄译：《中国の国土计划》，东京：日本电报通讯社出版昭和十七年，1942。

边巴次仁，成卫东（图）：《青藏铁路——百年梦想的实现》，《中国民族》2006 年第七期，第 7—9 页。

苏甲荣：《孙中山先生实业计划图》，上海：日新舆地学社，1929，第三版。

网络资源

〔清〕轩辕正裔：《瓜分惨祸预言记》，上海：上海独立出版，1904。转引自维基文库：https://zh.wikisource.org/zhhans/%E7%93%9C%E5%88%86%E6%85%98%E7%A6%8D%E9%A0%90%E8%A8%80%E8%A8%98（查询日期：2016 年 10 月 30 日）。

〔清〕刘鹗：《抱残守缺斋壬寅日记》，中国哲学书电子化计划网站：http://ctext.org/wiki.pl?if=gb&chapter=299970（查询日期：2017 年 4 月 30 日）。

《清代火车相撞后续——津塘火车相撞是责任事故》，原刊于《天津青年报》，2003 年 9 月 13 日，转引自新浪网：http://news.sina.com.cn/c/20030913/02121732107.shtml（查询日期：2014 年 8 月 20 日）。

《中长期铁路网规划（2016 年）》，转引自维基文库：https://zh.wikisource.org/zhhant/%E4%B8%AD%E9%95%BF%E6%9C%9F%E9%93%81%E8%B7%AF%E7%BD%91%E8%A7%84%E5%88%92_(2016%E5%B9%B4)（查询日期：2016 年 12 月 14 日）。

上海商务印书馆编印：《大清帝国全图》，上海：上海商务印书馆，1905，第一图。图片来源于书格：https://shuge.org/ebook/daqingdiguoquantu/（查询日期：2016 年 12 月 14 日）。

吴友如：《两败俱伤》，《飞影阁画报》，1890 年 9 月，图片来源于网络：D.B.Dowd, "NewsFromAbroad:Trainwreck!," Graphic Tales (Tuesday, February 1, 2011) http://ulcercity.blogspot.ca/2011/02/newsfromabroadtrainwreck.html（查

日期：2015 年 4 月 10 日）。

吴晓蕾：《中国近代铁路史专家闵杰——铁路国有与晚清大变局》，《时代在线》2011 年 8 月 25 日。http://history.sina.com.cn/bk/jds/20150320/1011117650.shtml（查询日期：2015 年 3 月 22 日）。

赵妮娜：《展线——即将消失的铁路景观》，《中国国家地理》2014 年第三期。转引自中国国家地理网：http://www.dili360.com/cng/article/p5350c3d5f3aea82.htm（查询日期：2016 年 10 月 30 日）。

齐鲁晚报编：《马拉火车，中国铁路的一个笑话》，《齐鲁晚报》2011 年 4 月 29 日。http://news.163.com/11/0429/07/72PRI88200014AED.html（查询日期：2015 年 3 月 22 日）。

潘惠祥：《晚年孙中山》，《21 世纪》（网络版）总第十二期，2003 年 3 月 31 日。http://www.cuhk.edu.hk/ics/21c/media/online/0210025.pdf（查询日期：2016 年 10 月 30 日）。

"File: Two horse car at old North Toronto station.jpg," in WIKIPEDIA, https://commons.wikimedia.org/wiki/File:Two_horse_car_at_old_North_Toronto_station.jpg; "File: London Tramways Horse tram.jpg," in WIKIPEDIA, http://en.wikipedia.org/wiki/File:London_Tramways_Horse_tram.jpg.（查询日期：2015 年 3 月 22 日）。

"Mersey Railway Tunnels," in The Illustrated London News, June, 1881. 图片来源于网络：http://www.oldprint.com/cgibin/item/P1780881587T/search/18AntiquePrintof1881MerseyRailwayTunnelWorksProgressBirkenhead（查询日期：2015 年 4 月 10 日）。

"Swansea and Mumbles Railway" in WIKIPEDIA, http://en.wikipedia.org/wiki/Swansea_and_Mumbles_Railway（查询日期：2015 年 3 月 22 日）。

图书在版编目（CIP）数据

铁路现代性 / 李思逸著 .-- 上海：上海三联书店，
2023.9（2024.9 重印）
ISBN 978-7-5426-8225-3

I. ①铁… II. ①李… III. ①中国历史-近代史
IV. ① K25

中国国家版本馆 CIP 数据核字（2023）第 165581 号

版权所有 © 李思逸
本书版权经由时报文化出版公司授权银杏树下（上海）图书有限责任公司简体中文版
委任安伯文化事业有限公司代理授权

铁路现代性

李思逸　著

责任编辑 / 宋寅悦	选题策划 / 后浪出版公司
出版统筹 / 吴兴元	编辑统筹 / 林立扬
特约编辑 / 方　宇　林立扬	装帧制造 / 杨　慧
内文制作 / 李红梅	责任校对 / 张大伟
责任印制 / 姚　军	

出版发行 / 上海三联书店
　　　　　（200041）中国上海市静安区威海路 755 号 30 楼
邮购电话 / 021-22895540
印　　刷 / 天津联城印刷有限公司
版　　次 / 2023 年 12 月第 1 版
印　　次 / 2024 年 9 月第 2 次印刷
开　　本 / 889mm × 1194mm　1/32
字　　数 / 249 千字　　　　　　　　　　　　印　张 / 12
书　　号 / ISBN 978-7-5426-8225-3/K・738　　定　价 / 88.00 元

后浪出版咨询(北京)有限责任公司　版权所有，侵权必究
投诉信箱 / editor@hinabook.com　　fawu@hinabook.com
未经许可，不得以任何方式复制或者抄袭本书部分或全部内容
本书若有印、装质量问题，请与本公司联系调换，电话 010-64072833

后浪微信	hinabook
筹划出版	银杏树下
出版统筹	吴兴元
编辑统筹	林立扬
责任编辑	宋寅悦 ｜ 特约编辑 ｜ 方　宇　林立扬
装帧制造	墨白空间 ｜ mobai@hinabook.com
封面设计	杨　慧
后浪微博	@后浪图书
读者服务	reader@hinabook.com 188-1142-1266
投稿服务	onebook@hinabook.com 133-6631-2326
直销服务	buy@hinabook.com 133-6657-3072

后浪出版咨询(北京)有限责任公司
POST WAVE PUBLISHING CONSULTING (BEIJING) CO.,LTD